KB071424

정서지향 **해결중심**치료

Beyond Technique in
Solution-Focused Therapy

| Eve Lipchik 저 | 김유순 · 이재원 공역 |

학지사

　오늘날 해결중심치료는 한국에서 매우 잘 알려진 모델이 되었다. 하지만 해결중심치료는 많은 오해를 받기도 한다. 치료자-내담자 관계나 정서에 대한 고려 없이 기법만을 기계적으로 적용하는 모델로 오해받는 경우가 많은 것 같다. 이 책의 원제는 *Beyond Technique in Solution-Focused Therapy: Working with Emotions and the Therapeutic Relationship*이다. 번역하자면 '기법을 넘어서: 해결중심치료의 정서 활용과 치료적 관계'라고 할 수 있겠다. 이 제목에서 알 수 있듯이 저자의 생각에 해결중심치료는 기법 그 이상인데 상담자들이 기법으로만 생각하는 것을 안타까워한 것으로 보인다. 가족치료 등의 치료 효과에 대한 연구 결과들을 보면, 치료의 효과에 영향을 주는 주요 요인으로는 40%가 내담자 요인, 30%가 치료자-내담자 관계, 15%가 상담 모델과 기법, 그리고 나머지 15%가 위약 효과라고 한다.

　이 책의 저자인 Eve Lipchik은 밀워키의 단기가족치료센터에서 해결중심모델의 개발에 참여했던 가족치료 전문가 중 한 명이다. 해결중심치료를 적용하고자 한 상담자들은 치료 효과에 영향을 주는 30%의 치료자-내담자 관계 요인을 미처 의식하지 못하는 경우가 많은 현실, 그리고 해결중심치료에서 정서에 대한 고려가 이루어지고 있음에도 그렇지 않은 것으로 오해받고 있는 현실을 안타까워하였다. 따라서 이 책에서 저자는 내담자와의 관계 형성 방법과 관계 유지 방법, 해결책을 찾기 위한 내담자의 정서 활용 방법, 치료자 자신의 정서 활용 방법 등에 대해서 사례를 통해 상세히 제시하고 있다.

이 책은 크게 두 부분으로 구성되어 있다. 1부는 '이론과 실제'라는 제목으로 해결중심 이론과 가정에 대해 논의하고 이론이 실제에서 어떻게 적용되는지 사례를 통해 상세히 설명한다. 특히 저자는 자신의 이론을 정서를 포함한 생물학적 관점과 통합한 구성주의 이론이라고 규명하고 있으며, 이 책의 권두언을 쓴 팰러앨토 소재 정신건강연구소(Mental Research Institute)의 소장인 Wendel A. Ray는 Eve Lipchik의 모델을 정서지향 해결중심치료(emotion-centered solution-focused therapy)라고 평하고 있다. 2부는 '적용'이라는 제목으로 커플치료, 가족치료, 비자발적 내담자 상담, 장기 사례, 해결중심 위기개입에 대하여 사례와 함께 구체적인 개입 방법을 제시하고 있다. 좀 더 구체적으로는 장별로 다음과 같은 내용을 담고 있다.

1장에서는 이 책 전체를 통하여 상담의 성공적 결과를 위해서는 상담 기법이 아닌 치료자–내담자 관계와 정서 활용이 중요하다는 점을 설명하고자 해결중심모델의 기본이 되는 이론적 가정을 사례와 함께 설명하고 있다.

2장은 내담자와의 관계 형성 방법과 관계 유지 방법에 대해 논한다. 해결중심 기법의 사용보다는 서서히 전개되는 정서적 분위기를 중시하는 치료자의 자세를 사례를 통하여 상세히 보여 주고 있다.

3장에서는 해결중심 기법보다 듣기와 경청을 통한 내담자에 대한 이해가 해결중심치료에서 무엇보다도 중요하다는 것을 사례를 통하여 자세히 설명하고 있다.

4장에서는 해결중심모델에서 정서가 내담자를 이해하고 내담자와 관계를 맺는 중요한 방법임을 설명하고, 해결책 발견을 위한 내담자의 정서 활용과 치료자 자신의 정서 활용 방법을 사례를 통하여 자세히 제시한다.

5장에서는 해결중심상담의 목표 설정에 관해서 설명하는데, 목표 설정을 과업으로 보기보다는 지속적 과정으로 보아야 하며, 이 과정에서 내담자의 정서를 반영함으로써 좀 더 내담자의 요구에 가까운 목표 설정을 이루어야 한다고 설명하며, 이 방법에 대해 사례를 통하여 설명한다.

6장에서는 치료실 옆의 관찰실에서 팀이 치료를 관찰하는 것이 치료자에게 주는 이점과 내담자에게 주는 이점에 대해 논하고, 이 경우에 내담자에게 팀의 존재를 설명하는 방법, 팀과 일할 때 정서적으로 고려해야 할점 등 실질적인 점들에 대해서 소개한다.

7장에서는 해결중심상담 시 요약 메시지를 작성하고 맞춤형 제안을 만드는 방법에 대해서 사례와 함께 논하고 있다.

8장에서는 해결중심 커플(부부)치료의 사정과 치료 방법을 제시하고 있다. 특히 공동 회기와 개별 회기를 활용하는 방법과 치료에서 부드럽게 직면하는 방법, 회기 중 갈등 다루기, 공통의 해결책 구축하기, 의사소통 촉진하기, 심리교육, 성적 친밀감 다루기 등의 치료 기술을 사례와 함께 설명한다.

9장에서는 가족 사정, 아동과 청소년이 있는 가족의 상담, 치료에 개입되기를 원하지 않는 부모, 아동만 만나기, 아동과 부모의 관계를 중재하기, 노인과 성인 자녀가 있는 가족의 가족치료 등 해결중심 가족치료의 중요한 주제를 사례와 함께 설명한다.

10장에서는 비자발적 내담자 상담의 원리를 소개하기 위하여 치료자·내담자 관계, 내담자와 협력하기, 정서, 기법의 사용, 치료 체계에 대하여논한다. 특히 해결중심 사고뿐만 아니라 생태체계적인 사고의 필요성에대해서도 논하고 있다.

11장에서는 장기 사례라는 주제에 관하여 논한다. 해결중심 치료자는해당 사례가 단기 사례인가 장기 사례인가의 관점에서 생각하지 않는 것이 좋다. 즉, 중요한 것은 치료가 얼마나 긴가가 아니라 특정 내담자에게가장 좋은 해결책은 무엇인가를 찾아야 한다는 관점에서 접근해야 한다는 것을 사례를 통하여 논하고 있다.

12장에서는 해결중심 위기개입에 관하여 논하는데, 치료자의 역할과 사회통제 대리인의 역할, 긴급성, 경청 등의 주제를 사례와 함께 설명하고 있다.

다시 한 번 이 책의 장점을 들자면 해결중심치료가 받아 온 오해, 특히 감정과 정서를 무시하는 치료법이라는 오해를 불식시키는 데 좋은 자료가 된다는 점이다. 특히 다양한 사례를 통하여 해결중심치료에서 정서를 활용하는 방법과 치료자−내담자 관계의 중요성 및 이 관계를 활용하는 방법에 대하여 상세히 알 수 있다는 것이다. 해결중심치료에서 잘 다루지 않았던 부분에 대해서 생각해 보게 함으로써 우리가 치료자로서 성장하는 데 촉진제가 될 수 있는 책이라고 생각한다.

2015년 5월

김유순

아마 이브 립칙(Eve Lipchik)은 그녀가 가르칠 때 만났던 수많은 교육생을 기억하지 못할 것이다. 그러나 나는 1983년 5월에 단기가족치료센터의 심화훈련 프로그램에서 그녀를 처음 만난 것을 또렷이 기억한다. 그 프로그램은 스티브 드세이저(Steve de Shazer), 인수 버그(Insoo Berg)와 팀의 작업에 대해 일주일간 깊이 공부하는 과정이었고 그 과정의 하이라이트는 이브가 상담하는 것을 지켜보고 이브와 이야기를 나누었던 오후였다. 이브는 이론을 잘 이해하고 있었고 가르치는 기술도 있었으며 대단한 치료적 능력이 있어서 나는 그녀의 상담 방식을 곧바로 따라 하기 시작했다. 여러 해에 걸쳐 나는 기회가 있을 때마다 해결중심치료와 단기가족치료에 대한 이브의 저술을 읽었고 그녀의 세미나나 워크숍에 참석했는데, 매우 복잡한 생각을 임상적으로 현실에 구현하여 적용하는 그녀의 능력에 깊이 자극받고 떠나오곤 했다.

이 책의 앞부분은 해결중심치료의 발달에 참여한 내부자의 역사에서 시작하므로 해결중심치료의 이론과 실제를 매우 명확하게 설명하고 있다. 해결중심치료에 대한 초보적인 이해에서 나오는 손쉬운 대답들에 대한 저자의 불편함으로 시작하여 이브 립칙 브랜드의 해결중심치료를 펼치는 여행으로 끝나게 되며, 나는 이것을 정서지향 해결중심치료(emotion-centered solution-focused therapy)라고 일컫겠다.

이 책이 주요하게 공헌하는 점은 치료 실제에 이론을 재도입해 보았다는 점이다. 특히 대인관계 지향 심리치료의 주요 개념을 재통합해 보았다는 점이다. 저자는 효과적이고 효율적이며 인간적인 단기치료를 행하는 방법의 절대 기본인 원칙을 제공하고 있다.

과거를 무시하며, 복잡한 질문에 대해 끊임없이 더 간단하고 덜 복잡한 대답을 하려는 시대에는 '새로운' 것이라면 무엇이든 과대평가하는 경향이 있다. 그런데 이브는 이와 완벽히 반대되는 것을 했다. 그녀는 기존의 지식에서 중요한 요소를 재활성화시키면서도 '새로운' 것을 탐색하고 포용하였다. 해리 스택 설리반(Harry Stack Sullivan), 그레고리 베이트슨(Gregory Bateson), 돈 D. 잭슨(Don D. Jackson), 밀튼 에릭슨(Milton Erickson), 제이 헤일리(Jay Haley), 존 위클랜드(John Weakland), 리처드 피시(Richard Fisch), 폴 와츨라빅(Paul Watzlawick) 등이 행한 독창적인 연구에 기초하여, 해결중심치료와 MRI 단기치료모델의 기초인 이론과 개념에 생명을 불어넣었다.

이러한 토대를 바탕으로 이브는 생물학, 언어학, 사이버네틱스, 구성주의, 인류학, 사회구성주의 같은 다양한 분야의 생각을 통합하였다. 마투라나(Maturana)와 바렐라(Varela)의 세련된 연구에 대해 수정같이 명료한 해석을 한 것은 특별히 가치 있고 시기적절한 것이었다.

이에 대한 예시를 들면 다음과 같다. 이브의 노력의 결과로서 시간이 증명해 준 것과 새롭고 신선한 것을 유용하게 통합하게 되었으며, 그것은 마투라나의 사랑에 대한 정의를 해리 스택 설리반의 정의와 나란히 놓고 비교한 것이었다. 이브가 마투라나를 인용한 것 중의 하나로 사랑은 '다른 사람이 합법적인 타자로 자신과 함께 공존하도록 허락하며' '타인을 보고 타인의 말에 귀를 기울이게 해 주는' 행동이다. 설리반은 다음과 같이 정리했다. "타인의 만족이나 안전이 자신의 만족이나 안전처럼 중요해질 때 사랑이 존재하는 것이다."(1953a, pp. 42-43) 최근 심리치료의 세계에서는 단선적인 인과의 논리로 이해하려는 경향과 몸과 마음을 이분법적으로 분리시켜 생각하는 경향이 정신건강에서 인간관계의, 특히 사랑과 같은 끈끈한 것의 중요성을 평가 절하했다. 인간의 스트레스에 대한 이해와 심리치료에 기본적 정서가 관련된다는 것을 인정하지 않는 독자들은 귀를 막고 졸 것이다. 왜냐하면 그들과 우리는 동일한 주파수에 있지 않기 때문이다.

그러나 이브 립칙이 이루어 낸 또 다른 발전은 개입 방법에 대하여 탐색한 것이다. 이것은 심리치료 분야에서 일어난 가장 중요한 발전 중의 하나로, 내가 알기로는 이브 립칙, 지안프랑크 체친(Gianfranco Cecchin), 리처드 피시 등이 각자 연구하고 실천하여 이 경이적인 혁신을 더 세련화했다.

과거에 개발된 전제와 현재의 최첨단 사고를 연결시킨 것, 그리고 개입에 대한 탐구가 이루어진 것이 이 중요한 책이 뛰어나게 공헌한 점이다. 그러나 내 견해로는 이 점이 가장 뛰어난 공헌은 아니라고 본다. 이브는 이 넓은 분야들을 종합하고 접근법의 미묘한 차이와 논리를 구체화하여 만들어 내면서 임상 실천에 커다란 공헌을 하였다. 즉, 단기치료 실천에 인간의 정서를 재도입한 것이다(해리 스택 설리반, 돈 D. 잭슨, 밀튼 에릭슨 등 초기 선구자들의 연구에서는 정서가 중요한 것이었기에 나는 재도입이라는 말을 사용한다).

해리 스택 설리반은 1949년 사망 직전에 워싱턴 정신의학대학원에서 전공의들에게 다음과 같은 예언을 했다.

다른 사람에게 정신의학이 어려워 보이는 동일한 이유로 나에게도 정신의학이 어려워 보인다. 정신의학에서는 잘못 생각하기가 매우 쉽다. 그러나 불안을 피하거나 불안으로 생기는 증상을 다루려고 하기보다는, 대인관계에서 불안이 일어날 수 있는 위험성을 발견하려 할 때 훨씬 더 실용적인 심리치료가 가능해 보인다(1953b, p. 11).

이브 립칙은 스트레스가 되는 정서를 대인관계에서 불안이 명백히 야기된 적응이라고 감히 거론함으로써 이 능란하게 쓰인 실용서에서 이 분야를 해리 스택 설리반의 예언이 실현되는 쪽으로 한 단계 더 움직이게 하였다.

Wendel A. Ray, Ph.D
캘리포니아 팰러앨토 소재 MRI 소장,
루이지애나–먼로 대학교 가족치료 전공 교수

해결중심치료(solution-focused therapy)는 강점에 기반을 둔 모델이자 단기치료모델로서 단단히 자리 잡았다. 의료보험이 해결중심치료를 인정했고, 해결중심치료의 효율성에 관한 보고서도 많이 발표되었다. 그러나 해결중심치료의 영구적 변화 초래 능력에 대한, 그리고 내담자의 정서적 요구를 다루는 면에서의 의문이 종식되지는 않은 것 같다. 이 책의 의도는 해결중심치료에 대한 생각과 해결중심치료의 실천 방법을 제시함으로써 이러한 의문을 불식시키고 해결중심치료의 깊이와 넓이를 보여 줄 수 있도록 해결중심치료에 대한 사고방식과 실천 방식을 제시하는 것이다.

해결중심치료는 완전히 새로운 어떤 것은 아니다. Gregory Bateson, Milton Erickson, Don Jackson, John Weakland, Jay Haley, Paul Watzlawick과 그 밖의 체계론적 관점을 발달시킨 많은 사람이 이미 만들어 낸 것에 바탕을 두고 있다. 해결중심치료는 사반세기 전 밀워키의 단기가족치료센터(Brief Family Therapy Center: BFTC)에 모인 몇 사람이 열정을 가지고 사람들을 변화시키는 방법에 대한 새로운 생각을 하면서 서로 격려하며 노력해 만든 결과다. 그 집단의 핵심 구성원은 Steve de Shazer, Insoo Berg, Jim Derks, Elam Nunnally, Marilyn LaCourt와 지금 이 글을 쓰는 나(Eve Lipchik)였다. 시간이 지나면서 John Walter, Jane Peller, Alex Molnar, Kae Kowalski와 Michele Weiner-Davis가 배우려고 왔다가 동료가 되어 합류하였고, Gale Miller와 Wally Gingerich 같은 학자가 참여함으로써 더 홀륭한 집단이 되었다. 단기가족치료라는 이름으로 출발한 모델은 발전하여 해결중심치료가 되었으며, 점차 이 집단에서 탈퇴하는 사람이 생겼고 새로 합류하는 사람도 생겼다. 나는 1988년에 탈퇴하여 Marilyn Bonjean과 함께 밀워키에서 ICF 컨설턴츠를 설립했다. 단기가족치료센터의 대화에 참여했던 모든 사람이 이 모델을 발전시키는 데 기여한 동시에 그 경험에서 뭔가를 배웠다고 말하는 것이 공평할 것 같다. 문헌을 살펴보면 사람들이 그곳에서 풍부하고 다양한 경험을 했던 것을 잘 알 수 있다.

오늘날 해결중심치료는 세계적으로 유명한 한편, 종종 오해를 받기도 하고 심지어 하찮은 것으로 간주되기도 한다. 내 생각에 이런 현상은 기법에 대한 과도한 강조와 이론적 틀에 대한 이해 부족 때문인 것 같다. 즉, 기법을 맥락과 상관없이 적용하여 단기간의 극적 결과를 만들지만 장기적으로는 큰 변화를 만들지 못하는 것이다.

이 책에서 소개하는 해결중심치료의 이론과 실천은 내담자와 관련하여 정신건강연구소(Mental Research Institute: MRI)에서 '자신을 배치하기'라고 부른 것 혹은 단기가족치료센터에서 '내담자의 협력 방식에 협력하기'에 바탕을 둔 기법에 상호작용적 맥락을 회복시켜 줄 것이다. 언어를 상호 영향을 주는 행동으로 생각한다면, 이 개념은 구성주의의 영향을 받은 실천과 여전히 관계가 있다고 생각할 수 있다.

내가 현재의 접근 방식을 가지게 된 데는 치료의 미니멀리즘이나 포스트모던적 지식화에 대한 반발의 결과라는 측면이 있다. 비록 나도 고상하고 표적이 잘 맞추어진 개입을 하고 싶은 마음이 크지만, 치료자−내담자 간 신뢰가 있을 때 개입이 성공할 가능성이 높다는 것을 믿게 되었다. 이러한 믿음은 1988년 단기가족치료센터에서 수행한 David Kiser의 연구가 뒷받침해 주고 있는데, 이 연구는 여러 회기 동안 상담을 받은 내담자의 상담 성공률이 더 높다는 것을 보여 주고 있다.

이와 동일한 의미에서 나는 포스트모던이 고도로 개별화된 치료를 강조하는 것에 전적으로 동의한다. 비록 포스트모던에는 실천, 슈퍼비전, 교육을 위한 지침이 적은 편이어서 염려가 되기는 하지만 말이다.

마지막으로, 나는 살아 있는 인간 체계로부터 언어를 분리하는 것에 동의할 수 없었다. 사실상 이것 때문에 내가 언어와 정서의 생리적 측면에 관심을 가지게 된 것이다.

나는 내 생각 중 몇 가지 모순되는 점을 통합하려고 노력해 왔으며 그러한 노력을 하는 중에 Harry Stack Sullivan의 대인관계 정신이론의 영향을 받게 되었고, 최근에는 Maturana와 Varela의 인지이론 및 신경과학 연구의 영향을 받게 되었다.

해결중심치료에서 정서는 항상 기피하는 주제였다. 마치 종교를 맹신하듯 나 역시 동료들처럼 '정서 이야기'를 몇 년 동안 회피했다. 그러다가 정서에 대한 언급이 옴짝달싹 못하는 내담자를 좀 더 쉽게 앞으로 움직이게 하는 데 도움이 됨을 발견하게 되었다. 또한 치료자-내담자 관계에 관심을 가진 것이 긍정적 효과가 있어서, 내담자와 감정에 대해 이야기함으로써 내담자의 감정이 편안해지는 경험을 계속하게 되었다.

교육, 슈퍼비전, 자문 워크숍을 진행하면서는 다른 사람들의 생각의 발전을 도우려다 보니 나 자신의 생각을 이해하려고 하게 되었고, 그러한 과정에서 목적에 상관없이 어떠한 관계든지 모든 관계가 중요하다는 것을 깨닫게 되었다. 그래서 이 책에서는 내담자를 대하는 사람으로서의 치료자의 중요성을 강조하고자 한다. 이는 또한 내담자에게 도움이 되기 위하여 우리가 개인으로서의 자신과 전문인으로서의 자신을 별개로 유지하면서도 양쪽 모두를 사용하는 방법에 관한 답을 얻으려는 시도이기도 하다.

단기가족치료센터에서 우리가 통상적으로 훈련했던 방식은 훈련생에게 몇 가지 질문만 가르친 후에 내담자와 함께 링에 던져 넣는 것이었다. 그러면 일면경 뒤의 슈퍼바이저와 팀의 지지가 훈련생들의 불안을 덜어 주고 훈련생이 상담을 잘 이끌어 가도록 도움을 줄 수 있을 것이라고 생각했다. 그러나 많은 내담자가 첫 회기 이후에 돌아오지 않았다. 우리는 '수련생의 상담에 불만을 느낀 내담자에게는 슈퍼바이저와 팀이 잘 만들어낸 메시지도 보상이 되지 못했구나' 하고 생각했다. 그러나 나중에 알고 보니 내담자에게 중요한 것은 내담자의 말을 상담자가 이해하려고 애쓰고 있다는 것을 내담자가 알았는지 여부였다. 이런 방식은 초보 치료자들이 맥락에 맞지 않게 기법을 사용할 가능성을 줄인다는 점에서 초보 치료자에게도 도움이 되었다.

두 가지 개인적 경험이 이 책에서 제시하는 생각을 하게 된 계기가 되었다. 하나는 1980년대 후반에 John Weakland가 단기가족치료센터를 방문했을 때의 일이다. 그는 정기적으로 워크숍을 진행하기 위해서나 우리 팀에 자문을 하기 위해서 밀워키에 오곤 했다. 워크숍이 끝난 후에 그가 팰러앨토에서 진행한 상담 회기를 찍은 비디오테이프를 보겠는지 물었다. 물론 우리는 좋아했다. 그런 '대가'의 상담 장면은 자주 볼 수 없었기 때문이다. 테이프 속의 내담자는 노부부였고 문제는 자녀와 관련된 것이었는데 자세한 내용은 기억나지 않지만 내가 그것을 보고 얼마나 놀랐는지는 잊히지 않는다. 그 시점까지 나는 John의 상담 방식은 최소한만 하는(미니멀리스트적인) 것이라고 생각했다. 그러나 이 테이프에서 John은 경청하면서 좀 더 반응을 보이고 있었고, 내담자의 감정에 대해 사려 깊고 부드러운 자세로 주목하고 있었다. 그는 회기 끝에 메시지를 만들기 위한 휴식 시간을 갖지 않았지만 잠시 멈추어 생각하고는 아주 민감하고도 훌륭한 개입(메시지)을 만들어 냈다. 우리가 알고 있던 그의 상담 스타일과의 차이에 대해 질문하자, 이 회기는 개업해 있을 때 진행한 것이었고 그때는 '그냥 치료'를 할 수 있었다고 말했다. 반면, 정신건강연구소(MRI)의 상담소나 워크숍에서는 단기치료모델의 시범을 보여 주어야 한다고 생각하고 있다고 했다. 외적인 요소를 일부러 제거한 면접이 MRI 기법을 더 잘 강조해 보여 주겠지만, 나는 그 녹화 테이프가 MRI 모델을 더 잘 보여 준다고 생각했다. 그 테이프가 나로 하여금 해결중심치료에서 기술적 측면과 인간적 측면을 어떻게 통합할 것인가에 대해 생각해 보도록 자극한 것이다.

두 번째 경험은 1996년 독일 하이델베르크에서 '과학/허구: 과학과 치료에서의 근본주의와 임의성'이라는 주제하에 열린 콘퍼런스에서 있었던 일이다. 이 콘퍼런스는 하이델베르크 체계론연구소(Heidelberg Institute for Systemic Research)와 체계론치료학회(International Association for Systemic Therapy)가 주관한 것으로, Humberto Maturana가 기조강연자였다. 그는 우리를 인간이게 하는 것은 그가 낭만적으로 '사랑'이라고 부른 정서라는 사실을 지적하였다. 즉, 정서는 바로 우리가 다른 사람이 '우리와 함께 존재하는 합법적 타인'임을 수용하도록 만들어 주며, 그러므로 우리가 타인을 있는 그대로 보고 듣게 하는 행동이라는 것이다. 그는 계속하여 "정서는 반영이 일어나는 곳이며, 치료자의 치료가 진행되는 곳이고, 인간관계 문제가 해결되는 곳"이라고 말했다. 이 진술은 우리는 내담자를 위하여 우리 자신을 우선 인간으로 생각해야 하며 그다음에 치료자로, 그리고 마지막에야 특정 모델을 실천하는 치료자로 생각해야 한다는 내 생각의 결정체라고 할 수 있다.

이 책의 첫 번째 목표는 모든 수준의 해결중심 치료자가 가질 수 있는 다음과 같은 질문에 답하는 것이다. '내가 해결중심 치료자라는 것을 어떻게 알 수 있을까?' '어떻게 상담에서 내담자를 잘 따라가는 동시에 긍정적인 점에 초점을 둘 수 있을까?' '나는 무엇에 반응하고 무엇을 무시하는가?' '장기간 상담받는 내담자에게 해결중심치료를 해도 되는가?' 책의 내용은 임상가가 해결중심 가정에 따라 의사 결정하는 방법을 논리적으로 생각할 수 있도록 배치하였다. 치료자−내담자 관계 형성 방법, 해결로 이끄는 목표를 설정하기 위해 문제를 명료화하는 방법, 요약 메시지와 개인별 맞춤 제안을 만들어 내는 방법 등을 제시하고 있다. 치료자와 내담자 간의 상호작용을 내담자와의 관계 측면에서도 고려하고 효과 측면에서도 고려하여, 상담자가 내담자와의 관계와 효과 측면에서 과정을 잘 인식할 수 있게 했다. 정서의 사용에 대해서는 별개의 장으로 다룰 뿐만 아니라 책 전체를 통해서 다루고 있다. 커플, 가족, 비자발적 내담자, 위기 개입 등에 대한 적용 방법도 제시하고 있다.

이 책은 우선적으로 임상 책이기에 많은 사례를 포함하였다. 그러나 기본 원칙에 대해 독자가 더 잘 이해할 수 있도록 책의 앞부분에서 보다 길고 상세한 사례를 제시하였다.

차 례

PART 1 이론과 실제

17

PART **2** 적 용

PART **1**

이론과 실제

CHAPTER 01

해결중심치료 이론

한 해결중심 치료자가 사례 진행에 어려움을 느껴서 나에게 자문을 요청했다. 이 치료자가 4회기 동안 만난 내담자는 부인과 십대의 두 딸을 두고 있는 46세의 변호사 존이었다. 존은 상담 초기에는 긍정적인 변화를 경험하는 것 같았으나 얼마 못 가 진전이 없어 보였다고 한다. 상담 첫 회기에 존은 "얼마 전 제 어머니가 별세하셨고요. 이후로 제가 아버지와 갈등이 생겨서 상담실에 오게 되었습니다."라고 했다. 내과 의사인 처남이 존에게 주치의로부터 약을 처방받아 사용해 보라고 권유했지만 존은 약에 의존하는 것을 탐탁지 않게 생각했다.

첫 회기에 존은 굉장히 불안해 보였다. 얼굴이 벌겋게 상기되어 있었고 손을 가만히 두지 못했으며 숨이 넘어갈 정도로 빠르게 이야기했다. 이 모든 것은 5개월 전 어머니가 별세하시면서 51년 결혼 생활 끝에 아버지가 홀로 되신 일과 관계가 있다고 했다. 어머니는 별세 당시 75세였고 아버지는 78세다.

존은 4남매 중 유일하게 부모님과 같은 도시에 살았으며 어머니가 별세하신 후 아버지를 지극히 보살펴 드렸다. 처음에는 아버지도 아들 가족의 노력에 고마워했지만 점차 적대적인 태도를 보였고 모든 것에 불만족스러워하셨다. 아내는 존에게 아버지의 반응에 너무 신경 쓰지 말자고 했으나 존은 아버지에 대해 힘든 마음을 잠재울 수 없었다고 한다. 아버지는 존과 말하기를 거부하셨고 "아버지가 나(존)의 목소리조차 듣기 싫어하시기" 때문에 일루의 희망은 아버지가 여동생 집에 가서 머무시는 것뿐인 상태가 되었다. 이후로 존은 잠을 잘 수도 없고 일에 집중할 수도 없었다고 한다.

존은 어머니 생전에는 아버지와의 관계가 원만하다고 생각했다. 그때는 존의 가족이 최소 일주일에 한 번씩은 부모님 댁을 방문했고 대부분은 명절도 부모님과 함께 보냈다. 당시에도 아버지는 항상 칭찬보다는 불평을 하셨지만 마음이 따뜻한 어머니가 그런 부분을 감싸 줘서 별 문제가 없었다.

치료자가 존에게서 구체적인 행동적 언어로 문제와 상담 목표를 끌어내려고 시도했을 때 존이 생각해 낸 최선의 답변은 '아버지의 방식에 적절하게 맞춰서 좋은 아들이 되는 것'뿐이었다. 그는 자신이 늙은 아버지를 바꿀 수 없다는 사실을 알고 있었다. 존은 "아버지의 독한 말이 내 마음을 후벼 파는 것 같습니다."라고 했다. 이럴 때 마음이 조금이라도 편하려면 아버지의 말을 '한 귀로 듣고 한 귀로 흘려 버리는' 수밖에 없다고 했으며, 치료자가 이런 상황이 일어날 경우 어떻게 다르게 행동할 것인지 물었지만 존은 답하지 못했다. 치료자는 존에게 예외질문을 던졌다. "혹시 아버지의 말을 한 귀로 듣고 한 귀로 흘리는 게 조금이라도 잘 된 때가 있었나요?" 존은 어머니가 돌아가시고 난 후 아주 잠시 아버지가 불쌍하게 보여서 단 한 번 그렇게 할 수 있었다고 말했다. 치료자는 존이 말한 예외 상황에 기초해서 추가 질문을 던졌다. "그때는 뭐가 달랐죠? 아주 조금이라도 그런 일이 또 일어나려면 어떻게 해야 할까요?" 존은 이 질문에도 답하지 못했다.

상담이 막다른 골목에 이르자 치료자는 기적질문으로 넘어갔다. "오늘 밤 당신이 자고 있는 사이에 기적이 일어나서 당신이 여기에 가져온 문제가 깨끗하게 해결되었다고 가정해 보세요. 그런데 기적이 잠든 사이에 일어났기 때문에 당신은 기적이 일어났다는 사실을 모릅니다. 다음 날 아침에 잠자리에서 일어난다면 어떤 것이 바뀌어 있을까요?" 존은 기적이 일어난다면 자신이 아버지의 행동을 무시할 것 같다고 답했다. "혹시 그런 일이 가끔씩이라도 일어난 적이 있나요?"라고 치료자가 묻자 '현재는 그런 일이 일어나지 않는다'고 존이 대답했다. "그런 일이 일어나게 하려면 당신이 무엇을 해야 할까요? 그런 일이 일어나게 하기 위해서 누군가 할 수 있는 일이 있을까요?" 존은 현재는 상황을 바꾸기 위해서 자신이 할 수 있는 일은 아무것도 없는 것 같다고 했다.

첫 회기 말미에 치료자는 메시지를 통해서 존이 좋은 아들이 되기 위해 아버지의 부정적인 행동에 적절하게 대처하는 방법을 알려고 애쓴 것을 칭찬했다. 돌아가신 어머니를 추모하는 동시에 아버지의 부정적인 태도에 영향을 받지 않으려고 노력한 것에 대해서도 칭찬했다. 또한 존이 아버지의 고약한 언행을 접하고 격렬하게 분노했던 일은 거꾸로 존이 가족에 대해 얼마나 강한 애착을 가지고 있는지를 잘 보여 준 긍정적 사례라고 재명명하였다. 이어서 치료자는 존이 예전처럼 자기통제감을 느낄 수 있는 데 도움이 될 만한 과제를 내주었다. 여동생이 아버지를 돌보는 3일 동안 아버지와 일체 연락하지 말고 자기 자신에게 휴식을 주라는 과제였다. 만일 그 기간에 존이 아버지에게 전화하는 것을 편하게 받아들이고 아버지에게 전화하는 것이 아버지를 기쁘게 하기 위해서가 아닌 자기 자신의 기분을 좋게 할 목적이라면 전화하는 것도 괜찮다고 하였다. 그러나 그가 아버지에게 전화하는 것에 대해 양가감정을 느낀다면 전화하지 말고, 3일이 지난 후에 여동생에게만 전화를 해서 아버지가 어떻게 지내는지 궁금해서 전화했음을 아버지에게 전해 달라고 말하라고 했다.

일주일 후 존이 다시 상담실을 방문했을 때, 치료자는 척도질문을 해서 그간의 변화를 측정했다. "여기 1부터 10까지 눈금이 있는 자가 있다고 가정해 보세요. 10점은 최고로 스트레스를 받은 상태이고 1점은 완전히 편안한 상태입니다. 그렇다면 오늘은 몇 점이신가요?"(de Shazer, 1991a, p. 148) 존은 스트레스가 10점에서 7점으로 떨어졌다고 보고하였다. 존은 첫 번째 상담 후 이틀째 되는 날에 여동생의 집에 전화를 걸었고 아버지가 짧고 퉁명스럽게 전화를 받았지만 예상했던 것만큼은 불편하지 않았다고 했다. 그리고 이후 아버지에게 한 번 더 전화를 했지만 불편함을 더 잘 견뎌 냈다고 했다.

두 번째 회기에서 치료자는 존에게 "그런 일이 또 발생하려면 어떤 일이 일어나야 할까요? 당신은 무엇을 할 수 있을까요? 다른 사람들은 어떻게 당신을 도울 수 있을까요?"라고 질문하면서 이미 발생한 예외 상황을 강화하려고 애썼다. 그리고 "과거에 혹시 대하기 어려운 사람과의 관계를 현명하게 풀었던 경험이 있나요?"라고 질문함으로써 존에게 도움을 줄 수 있는 자원을 찾으려고 했다. 두 번째 회기의 마지막에 치료자는 존이 아버지와의 관계에서 약간의 주도성을 가지게 된 것을 칭찬하였고 도움이 된 그 행동을 또 해 보라고 격려하였다.

세 번째 회기에서 존은 아버지가 여동생의 집에서 아버지 집으로 돌아왔다고 했다. 존은 공항까지 마중을 나갔는데, 아버지는 존을 보자마자 출구에서 기다려야 하는지 혹은 수하물 코너에서 기다려야 하는지 미리 명확하게 말해 주지 않았다며 존을 비난했다. 그날 이후로도 존은 아버지에게 전화를 몇 번 했는데 스트레스 지수가 10점 만점 중 7점에서 8점으로 다시 올라갔다고 하였다. 존은 다시 원위치로 돌아와 극심한 불안감을 느꼈고 약을 복용하는 것 이외에 다른 방법을 찾고 싶다고 했다.

문제를 다루지 않고 해결책을 찾으려 노력한 치료자는 첫 번째 회기와 두 번째 회기 사이에 발생한 예외적인 일에 대해서 질문했다. "그때는 뭐가 달랐지요?" 존은 그때는 아버지가 다른 도시에 있었던 것이 달랐다고 답했다. 아버지가 여동생과 함께 지내면서 존의 부담감이 약간 줄어든 것이었다. 세 번째 회기 마지막에 치료자는 존에게 앞으로 아버지와 통화할 때는 아버지가 다른 도시에 있다고 상상하면서 대화하라는 과제를 내주었다. 그리고 아버지와 단 둘이 있게 되면 여동생이나 남동생이 함께 있다고 상상하라고 권유했다. 최종적으로 존은 이 과제를 실천했지만 별 효과가 없었다고 보고했으며, 상담에 더 이상 진전이 없어서 무척 실망한 것 같았다.

이 사례에서 내담자는 왜 긍정적인 변화를 계속 이어 가지 못했을까? 치료자는 통상적으로 이해되고 있는 해결중심적 상담을 했다. 그는 내담자에게 문제를 진술하게 했고 목표를 행동적 언어로 설정했다. 그리고 내담자가 문제를 이야기하려고 하자 예외질문(de Shazer, 1985; Lipchik, 1988a)과 기적질문(de Shazer, 1988; Friedman, 1993; Lipchik, 1988a; Nau & Shilts, 2000)을 했다. 그리고 어느 지점에선가 존이 더 이상 답변을 하지 못하기 시작하자 대처질문을 던졌다. "어떻게 상황이 더 나빠지지 않을 수 있었던 거죠? 상황이 더 나빠지지 않게 하기 위해 무엇을 하셨나요?" 이 질문은 존이 종종 자신의 강점을 발견하게 만들었지만 그가 처한 상황을 개선하는 데에는 별로 도움이 되지 않았다. 치료자는 긍정적 변화를 측정하기 위해 척도질문도 했다.

각 회기 마지막에 치료자는 내담자 특유의 언어나 조종하고 싶은 욕구와 같은 내담자가 세계를 경험하는 방법을 활용하면서 내담자의 긍정적 측면에 근거하여 주의 깊게 고안한 메시지와 과제를 내주었다. 이런 기술을 다 구사했는데도 내담자는 왜 효과적인 해결책을 구축하지 못했을까?

답은 간단하다. 해결중심치료는 잘 알려져 있는 특유의 질문 기법 그 이상이기 때문이다. 해결중심모델은 입양(Shaffer & Lindstorm, 1989), 노화(Bonjean, 1989, 1996; Dhal, Bathel, & Carreon, 2000), 알코올중독(Berg & Miller, 1992; Brasher, Campbell, & Moen, 1993), 아동학대(Berg & Kelly, 2000; Turnell & Edwards, 1999), 가정폭력(Lipchik, 1991; Lipchik & Kubicki, 1996; Lipchik, Sirles, & Kubicki, 1997; Tucker, Stith, Howell, McCollum, & Rosen, 2000), 가족 관계 문제(Berg, 1994), 복합적 인격장애(Barker & Herlache, 1997), 신체적 장애(Ahlers, 1992), 재활치료(Booker & Blymer, 1994; Durrant, 1993), 성학대(Dolan, 1991; Kowalski, 1987), 학교 문제(Durrant, 1995; Kral, 1992; Metcalf, 1995; Molnar & Lindquist, 1989; Murphy, 1996), 영성(Simon, 1996), 아동 문제(Selekman, 1997) 등 광범위한 영역에서 활용되고 있는 섬세하고 복잡한 치료 모델이며, 무엇보다도 해결중심치료에 숙련되려면 다른 상담 접근과 마찬가지로 오랜 기간의 경험이 필요하다.

해결중심치료는 미니멀리스트적이고 실용적인 상담 방법으로 간주되어 지금까지 오해를 받아 왔다(de Shazer, 1982, 1985, 1988, 1991a, 1994). 미니멀리스트적인 상담 방법에서는 통상적으로 치료자가 말을 많이 하지 않고 질문만 하는 것으로 알려져 왔기 때문이다. 물론 이는 사실이 아니다. 밀워키의 단기가족치료센터에서 훈련을 받으려면 정신건강 분야의 석사학위와 함께 2년 이상의 관련 분야 임상 경력이 있어야 했다. 우리는 해결중심모델을 배우려는 사람은 기본적으로 내담자와 치료적 관계를 맺고 유지할 수 있는 기술을 가지고 있기를 기대했다. 하지만 애석하게도 우리는 논문 등 각종 문헌에서 이와 같은 점을 강조하지 않았고 오로지 새로운 아이디어와 기법을 세상에 소개하는 것에만 집중했다. 나는 훨씬 나중에야 사람들이 해결중심모델에 대해서 오해하고 있다는 사실을 알게 되었는데, 내가 한 세미나에서 어떤 방식으로 해결중심 질문을 하는지 동영상으로 보여 줬을 때였다. 내가 잘 아는 어떤 동료가 잠시 그 동영상을 지켜보더니, "아, 그러니까 선생님이 하시는 일은 저 질문을 적당한 위치에 배치하는 일이군요."라고 말했다.

이제까지 미니멀리즘이 상담 현장에서 오해를 받아 왔을 수도 있지만, 해결중심 질문은 그 안에 상담의 지침이 되는 이론과 가정을 내포하고 있었다. 그러나 포스트모더니즘의 영향을 받아, 진정한 의미의 개별화된 치료와는 반대된다는 이유로 이론은 필요치 않은 것으로 여겨지게 되었다(Held, 1996, 2000). 이러한 경향 때문에 해결중심모델은 '언어 이외에 아무것도 아닌 것'(de Shazer, 1994; Miller & de Shazer, 1998)으로 축소되었으며 이 표현은 오해를 낳게 되었다. 포스트모던 이론에서 언어는 일반적으로 넓은 의미에서 다음과 같이 간주된다.

언어는 개인과 개인의 마음 사이에 추상적 의사소통을 주고받게 하는 도구라기보다는 구성원 간의 신체 상태를 조정하는 것이며 이 조정 작업을 통해 집단과 구성원은 구조의 통일성을 유지한다(Griffith & Griffith, 1994, p. 312).

언어는 단지 사람들이 하는 말만을 의미하는 것은 아니다. 하지만 언어를 넓은 개념으로 정의한다고 하더라도 치료자가 언어를 사용해서 내담자가 해결책을 찾도록 안내하지는 못한다. 따라서 해결중심 질문이 매력적으로 보이는 건 당연하다! 해결중심 질문들은 내담자를 상담할 수 있는 구체적인 수단을 제공하기 때문이다. 문제는 치료자가 질문의 내용보다 형태를 중시할 때 원하는 결과가 나오지 않는다는 것이다(Cecchin, Lane, & Ray, 1992).

이는 존의 사례를 보면 잘 알 수 있다. 첫 회기에서 치료자는 기본적인 기술을 사용했고 약간의 긍정적인 결과를 얻었다. 이 긍정적인 결과가 이후 회기에서 유지되지 않자 치료자는 스스로 생각하기에 옳은 해결중심적 상담 방향이라고 여기는 쪽으로 상담을 계속 진행했다. 치료자는 척도질문과 대처질문을 시도했으나 성과가 없었다.

나는 사례에 대한 자문을 하면서 치료자가 한 걸음 떨어져서 이 상황을 생각해 볼 수 있도록 다음과 같은 질문을 했다. "당신과 존 사이에 어떤 일이 벌어졌기에 이런 교착상태가 야기되었다고 생각하나요?" "제가 내담자에게 별 도움이 안 되는 질문과 과제만 주고 있었던 것 같아요. 이제는 뭔가 다른 것을 시도해야겠어요." 하지만 그는 자기가 알고 있는 모든 기술을 다 사용했다고 생각했기에 다른 어떤 것을 시도해야 할지 당혹스러워졌다.

다음에는 이 치료자에게 '치료자는 변화를 만들어 낼 수 없으며 내담자가 스스로 변화할 뿐이다'라는 가정을 생각해 보도록 요청했다. 그런데 과연 이 가정이 이 치료자에게 도움이 될 것인가? 이 가정을 생각해 본 치료자는 내담자의 최근 경험, 특히 내담자 어머니의 죽음에 대해 더 생각해 보게 되었다. 치료자가 내담자 마음속의 깊은 애도를 인식하고 있었다는 것은 첫 회기 메시지에 드러난다. 하지만 치료자는 세 가지 이유로 애도와 관련한 언급을 해서는 안 된다고 생각했다. 첫째, 애도를 다룬다면 긍정적인 일이나 미래의 희망에 대해서는 다룰 수가 없을 것 같았다. 둘째, 애도는 내담자의 감정과 관련되어 있다. 셋째, 애도는 내담자가 호소한 문제나 상담 목표가 아니었다. 하지만 치료자가 애도에 대하여 내담자에게 언급하자 해결책으로 향하는 길이 보이기 시작했다. 내담자는 울기 시작했고 자신이 얼마나 어머니를 그리워하는지와 관련된 묵은 감정을 토해 냈다. 내담자는 그때까지 어머니가 아버지의 다루기 힘든 성격을 얼마나 잘 보듬어 오셨는지 미처 깨닫지 못했으며, 이제 어머니 없이 자신이 앞으로 어떻게 해야 할지 모르겠다고 말했다. 내담자가 감정을 표현했을 때, 치료자는 하던 이야기를 일단 멈추고 잠자코 내담자의 말을 들어 주었다. 이윽고 회기의 마지막 부분에서 존은 자신이 실은 아버지에 대한 분노보다는 죄책감으로 인한 스트레스를 더 크게 느꼈음을 고백했는데, 그가 어머니가 아닌 아버지가 돌아가셨어야 한다고 생각했다는 것이었다.

이 지점에서 치료자가 어떻게 해결중심치료의 기술을 기계적으로 구사하지 않고 내담자의 감정을 반영했는지 주목하라. 그리고 어떤 이론적 요소가 작용하였기에 내담자가 자신의 부끄러운 감정을 솔직하게 털어놓을 수 있을 정도로 치료자와 좋은 신뢰 관계를 맺을 수 있었는지 생각해 보라. 치료자가 내담자의 죄책감을 함부로 판단하지 않고 자연스러운 것으로 수용해 주었을 때, 내담자는 안도감을 느꼈다. 이때 치료자는 존의 죄책감이 아버지의 막무가내 식 행동을 참는 것에 영향을 주었는지 질문했고, 존은 아버지가 점점 더 함부로 행동할수록 자신의 죄책감은 깊어졌으며, 죄책감이 깊어질수록 아버지의 무례한 행동을 더욱 참기 힘들어졌다고 했다.

이와 같이 새로운 이해를 통해 존은 자신이 상담을 받음으로써 얻고자 하는 것을 재정의하게 되었다. 그는 현재 10점으로 느끼는 죄책감이 5점으로 떨어지면 마음이 편해질 것 같다고 했다. 그는 바로 어떻게 해야 죄책감을 줄일 수 있을지 생각하기 시작했다. 그는 아내에게 자신의 죄책감에 대해서 표현했고, 아내와 아이들도 비슷한 감정을 느껴 왔다는 사실을 알게 되었다. 존은 교회에 좀 더 정기적으로 나가기 시작했고, 자신의 말을 판단하지 않고 수용해 주는 성직자에게 자신의 마음을 고백했다. 죄책감이 줄어들자 존은 안도감을 되찾게 되었고 조금씩 상실감을 받아들이기 시작했다. 그러자 존의 마음에도 아버지의 일방적이고 무례한 언행을 받아 줄 수 있는 작은 여유가 생겼고 예전에 어머니와 함께한 행복했던 기억을 아버지와 나눌 수 있는 여유도 생겼다. 6개월 후 상담이 끝났을 때, 놀랍게도 존은 아버지가 부드러운 모습을 보이기 시작했다고 했다. "지금 무엇이 필요한지에 주의를 집중하면 상황에 맞는 행동이 나오듯이, 진정으로 내담자를 존중하면 의례적인 기법은 필요 없게 된다."(Simon, 1996, p. 53).

모든 성공적 치료는 신뢰 관계 안에서 시작된다. 치료자는 자신이 따르는 이론에 기초해서 특정 방식의 관계 유형을 만든다. 그러므로 '내담자는 반드시 변화를 위한 정서적 통찰을 해야만 한다'고 보는 정신역동 이론을 따르는 치료자는 '새로운 학습과 재조건화가 행동의 변화를 만든다'고 믿는 행동주의적 치료자와는 다른 방식으로 내담자와 대화할 것이다. 만약 해결중심 치료자가 '변화는 언어를 통해 일어난다. 즉, 내담자에게 특정한 질문을 던질 때 일어난다'라고만 생각한다면 결과는 실망스러울 것이다(Fraser, 1995).

기법을 넘어서 이론으로

미니멀리스트적인 모델을 좀 더 성공적으로 사용하려면 그 상담 모델을 이론과 연결해야 한다는 나의 주장이 독자에게 분명히 역설적으로 보일 것이다. 현장에서 일하는 많은 치료자는 자신의 상담 기술을 향상시키고 싶어 하기 때문에 '왜' 그렇게 해야 하는지가 아니라 내담자와 '어떻게' 대화해야 하는지를 알고 싶어 한다. 상담 워크숍에 참여한 사람들도 발표자가 구체적으로 어떻게 상담하는지를 보여 주는 동영상 자료나 현장에서 실시간으로 진행하는 상담 역할극에는 큰 관심을 보이지만 이론적인 설명이 나오면 바로 지루해한다. 때때로 이론은 우리가 내담자와 나누는 실제 대화와는 너무 멀게 느껴지는 추상적 관념이다. 그러나 이론은 많은 치료자가 해결하고자 애쓰면서도 해결하지 못하는, 그래서 인정하기 꺼리는 문제, 즉 내담자 앞에 앉아 있기는 하지만 도무지 뭘 어떻게 해야 할지 모르는 상황에 대한 유일한 해결책이다.

이론이 우리가 일상생활에서 접하는 거의 모든 것과 관련되어 있다는 사실을 알게 되면 이론에 대한 거부감이 줄어들 것이다. 예컨대, 자동차를 안전하게 운전하려면 단순히 교통신호를 준수하는 것 이외에 어느 정도의 이론을 알아야 한다. 우리가 테니스나 골프를 하거나 요트를 타는 것과 같은 스포츠 활동을 원활하게 하려면 우리의 신체와 공기의 흐름 같은 것에 대한 이론적인 전제가 필요하다. 훌륭한 요리를 하는 일은 정해져 있는 조리법을 따르는 것 이상이다. 요리를 하려면 재료에 열을 가했을 때 혹은 다른 재료와 섞었을 때 음식이 어떻게 변하는지에 대한 이론적 가정을 알아야 한다. 물론 우리는 바탕이 되는 세세한 이론을 알지 못하더라도 이 모든 활동을 할 수는 있다. 하지만 그럴 경우에 자기가 하고 있는 일에서 특출하게 되거나, 어떤 분야에서 단순한 기술을 초월하는 달인이 될 가능성은 적을 것이다. 상담이란 다른 사람들에 대한 커다란 책임감이 요구되는 전문적인 일이기 때문에 우리는 최선을 다해서 상담 기술과 그 이면의 이론에 대해서 이해해야 한다.

이 책에서 나는 해결중심치료가 이론적 깊이는 없고 마치 공식을 적용하는 것 같으며 기계적이라는 통상적인 비판을 논박하기 위해서 해결중심치료의 이론과 기본적 가정을 제시할 것이다. 이 책은 강조점을 상담 기법이 아닌 치료자-내담자 관계로 돌리고자 한다. 이 치료자-내담자 관계야말로 상담의 성공적 결과를 위해서 매우 중요한 것이다. 이 책은 또한 강조점을 상담 기법에서 정서 활용으로 돌리고자 한다(Bacheolor & Horvath, 1999; Beyebach, Morejon, Palenzuela, & Rodriguez-Arias, 1996; Hubble, Duncan, & Miller, 1999). 치료자가 기법에 관심을 조금 덜 기울이면 두 가지의 통상적인 위험(다음에는 어떤 질문을 할 것인지 생각하느라 내담자에게 집중하지 못하는 것과 부적절한 시점에 질문하는 것)을 피할 수 있다.

간단한 역사 검토

해결중심치료는 1970년대 말에 미국 위스콘신 주 밀워키에서 단기가족치료로 시작하였기에(de Shazer, 1982) 팰러앨토에 위치한 정신건강연구소(MRI)에서 개발된 단기치료모델과 유사한 것으로 생각할 수 있다(Fisch, Weakland, & Segal, 1982; Ray, 2000; Watzlawick & Weakland, 1977; Watzlawick, Weakland, & Fisch, 1974). MRI 모델은 인류학자이자 언어학자인 Gregory Bateson의 역설 및 인간의 의사소통에 대한 연구(Bateson, Jackson, Haley, & Weakland, 1956; Jackson, 1959)와 최면요법에서 저항보다 한 수 더 뜨기에 대한 Milton Erickson의 생각(Erickson, 1977; Erickson & Rossi, 1979)에 뿌리를 두고 있다. 그러나 MRI의 상담 방법이 이미 실패한 대인관계 패턴을 중단시키는 것에 치료 목표를 두었던 것과는 달리, 단기가족치료센터의 생태체계 접근(de Shazer, 1982; Kenney, 1979)은 내담자와의 협력 관계를 더 중요시했고, '가족은 이미 해결책을 가지고 있다'는 가정(Norum, 2000)에 기초를 두었다. 치료자와 내담자의 협력은 문제 없는 새로운 상호작용 양식을 가족 체계 내에 만들어 내는 치료적 상위 체계로 간주되었다. 이러한 태도는 이후 포스트모던 시대에 와서 더 색깔이 진해졌고, 이때는 구성주의와 사회구성주의[1)가 가족치료 영역에서 지배적 영향력을 행사하게 되었다.

문제중심 단기가족치료로부터 해결중심치료로 이동하기 시작한 계기는 1982년에 우연히 일어났다. 어떤 부모가 반항하는 10대 딸의 문제로 상담을 받기 위해서 단기가족치료센터에 방문했는데, 이 가족은 두 번째, 세 번째 회기가 끝날 때까지 아무런 변화도 만들어 내지 못했다. 우리는 상담실에 설치된 일면경 뒤에서 이 가족을 위한 메시지를 만들고 있었다. 아버지와 어머니는 딸이 잘못하고 있는 것을 끊임없이 쏟아 놓는 데에만 관심이 있었고, 어떤 예외도 찾아내지 못했으며, 딸은 시무룩하게 앉아 있었다. 그런데 그 역사적인 날, 일면경 뒤의 우리 중 한 사람(실제로 누구였는지는 아직도 의견이 분분하다)이 이렇게 말했다. "다음 회기까지 (중단되기를 바라는 문제가 아니라) 유지되기를 바라는 긍정적인 것이 무엇인지 이 가족에게 물어보면 어떨까요?" 우리는 이 의견에 모두 동의하면서 내담 가족에게 서로 고마워하는 것에 대해 적어 오라는 과제를 주었는데, 다음 회기에 이 가족이 서로 고맙게 생각하는 것들을 생각해 보고 수십 가지나 적어 온 것을 보고 매우 놀랐다. 더욱 놀라운 사실은 세 식구 모두 긍정적인 변화를 경험했다는 것이었다. 그들은 모두 가족 간에 긴장감이 줄어들었

---

1) 여기에서 '구성주의'란 현실이 주관적으로 만들어짐을 강조하는 상대주의적 관점으로 정의된다. 구성주의는 가족 안에서 우리가 관찰하는 일들은 실제로 일어나는 일에 근거하는 만큼이나 우리의 선제 조건에 근거할 수도 있다는 것을 의미한다(Nichols & Schwartz, 1995, p. 590). 이 이론을 대표하는 이론가들은 Paul Watzlawick(1984), Humberto Maturana(1980), Heinz von Foerster(1981), Ernst von Glasserfeld(1981) 등이다. 모든 사람은 언어를 통해서 현실이라는 이미지를 구성한다(Anderson, 1997). 구성주의와 혼동되는 '사회구성주의'(Gergen, 1982, 1991, 1994)는 여기에서 한 단계 더 나아가 개인적으로 가지게 되는 구성들(개념들)은 오로지 타인과의 대화를 통해서만 형성된다고 주장한다.

다고 말했다. 부모는 딸의 태도가 긍정적으로 변화했다고 느꼈고, 딸은 부모가 더 이상 자신에게 비판적이지 않다고 느꼈다. 우리는 이후 상담에 온 다른 가족들에게도 첫 회기 후반부에 비슷한 과제를 내주었고, 유사하게 긍정적인 결과가 나타나자 이 내용을 연구해서 논문으로 발표했다(de Shazer, 1985, p. 147). 연구 결과를 살펴보면, 내담자들이 두 번째 회기에서 보고한 긍정적 변화는 대부분 첫 회기에 그들이 치료자에게 토로한 문제나 불평과는 상관이 없었다. 더구나 이러한 긍정적 변화는 종종 해결책으로 확대되기도 했다. 변화의 원인이 우리가 내담자에게 내준 과제에 있었다는 사실을 깨닫게 되면서, 우리는 기법으로서의 상담 과정 자체에 관심을 갖게 되었다(Lipchik, 1988a, 1988b; Lipchik & de Shazer, 1986; Penn, 1982, 1985; Tomm, 1987a, 1987b). 회기의 마지막에 제시되는 메시지와 과제는 상담 과정에서 시작된 긍정적 변화 과정을 강화했다. 이 미래지향적이고 해결중심적인 질문들은 우리가 상담하는 과정에 점차적으로 깊은 영향을 주었고, 우리는 내담자와 협력하는 방법에 대하여 다음과 같은 생각을 굳히게 되었다. "모든 가족(개인 혹은 부부/커플)은 치료자와 협력하기 위한 나름대로의 방법을 가지고 있으며, 치료자가 가장 먼저 해야 할 일은 내담 가족이 치료자와 협력하는 특정한 방식이 어떤 것인지 확인하고 이에 맞추어 상담하는 것이다." (de Shazer, 1982, pp. 9-10)

이론에 기반을 두고 이 대인관계적/상호작용적 특성을 기술에 포함시키기 위하여(Lipchik, 1993), 나는 정신과 의사인 Harry Stack Sullivan(Chapman, 1973; Sullivan, 1953c, 1953d)의 대인관계 이론을 다시 살펴보았다. Sullivan의 이론은 구성주의 틀에 부합하는데, 그의 이론은 "대인관계(치료적 관계) 맥락에서 (현재) 직접적으로 관찰"할 수 있는 것 이외에는 상담에서 객관적 실재란 없다는 관점이다(Chapman, 1973, p. 70). Sullivan은 치료자의 역할을 그저 조용히 앉아서 내담자의 말을 해석만 하는 사람이 아닌, 내담자가 좀 더 대인관계를 잘 맺게 되는 과정에 관여하는 '참여관찰자'(1953d,

p. 18)로 규정한다. 내담자를 일방적으로 진단하고 부정적인 꼬리표를 붙이는 방식은 Sullivan의 생각에 배치된다. Sullivan에게 있어서 문제와 해결책의 차이는 한 개인이 대인관계에서 느끼는 정서적 불편감('불안')이나 편안함('안전')의 정도가 다른 것뿐이었다. 이와 같이 Sullivan(1953d)은 생명체와 환경은 상호 의존한다는 생물학적 관점에서 인간관계를 바라보았으며, 이는 훨씬 후대에 Maturana와 Varela(1987)가 주장한 것과 유사하다.

1984년 단기가족치료센터에서는 첫 회기 상담에서 내담자에게 줄 과제를 만드는 컴퓨터 프로그램인 '전문가 체계(expert system)'를 개발하기 위해서 인공지능 프로젝트 'BRIEFER'를 수행하였다(Goodman, 1986; Goodman, Gingerich, & de Shazer, 1989). 그 프로젝트의 일환으로 우리는 치료자와 일면경 뒤의 반영 팀원으로서 내담자에 관련된 결정을 내리는 방식을 단계별로 분석했다. 이 활동은 질문과 답변의 연결성을 보여 주었으며 질문과 답변의 배경으로서 신체 언어와 정서가 중요하다는 점을 잘 보여 주었다. 동시에 그것은 해결책 이론(theory of solution; de shazer, 1988)을 만들도록 우리를 자극했는데, 이 이론은 본질적으로 해결중심치료 과정에서의 '의사결정 흐름도(a decision tree)'였다. 지금 돌이켜 보면, 이와 같은 해결중심치료의 심한 비인격화가 나로 하여금 이런 비인격화 경향에 반대하도록 자극한 것 같다. 이론적으로 탄탄한 방법으로 비인격화에 반대하려는 나의 시도는 내가 1988년에 단기가족치료센터를 탈퇴하고 동료 Marilyn Bonjean과 함께 밀워키에 ICF 컨설턴츠(ICF Consultants, Inc.)를 세운 후에도 계속되었다.

1980년대 초 가족치료 분야에 자극을 주었던(Dell, 1982, 1985; Efran & Luens, 1985; Efran, Lukens, & Lukens, 1990; Ludewig, 1992; Parry, 1984; Simon, 1985) 인식이론(theory of cognition; Maturana & Varela, 1980, 1987; Varela, 1989)은 칠레의 생물학자인 Humberto Maturana와 Fransisco Varela가 개발하였

는데, 이 이론이 마침내 가족치료 분야에 이론적 틀의 기초를 제공했다. Maturana가 '메타이론'이라고 칭한 이 이론은 다양한 가족치료 학파를 통합할 수 있는 방법을 제공하였다(Simon, 1985, p. 4).

1950년대에 이루어진 개구리 망막에 대한 연구에서, Maturana는 개구리가 파리를 바라볼 때 개구리의 뇌에 맺히는 이미지는 개구리 눈 구조에 따른 결과물이지, 외부 세계에 존재하는 파리가 객관적으로 재현된 것은 아니라는 사실을 발견했다. 이 발견은 인간의 인식에 대해 커다란 충격을 줬고, 결국 우리의 현실이나 우리가 아는 것은 다른 사람과의 상호작용으로뿐만 아니라 우리가 어떤 구조를 가지고 있는지에 따라서도 달라진다는 인식이론으로 이어졌다(1980, 1987).

Maturana와 Varela의 이론에서 생명체란 생존과 재생산이 가능하도록 만들어진 '자가발생적(autopoietic)' 체계이며, 생명체의 생존과 재생산은 환경이나 다른 생명체와 어떠한 상호 의존 상태에 있느냐, 즉 구조 결합에 달려 있다고 본다. 생명체는 외부와 내부의 동요로 끊임없이 위협을 받으며, 생명체의 공동 생존 여부는 생명체 상호 간에 어떻게 적응하느냐에 달려 있다. 한 생명체 내부의 동요는 다른 생명체를 변화시킬 수는 없어도 다른 생명체의 변화 가능성을 촉발한다. 그리고 이러한 변화는 체계의 구조에 따라 결정된다(구조 결정주의). 따라서 둘 이상의 상호 의존적 생명체가 상호작용에서 기본적인 생존 욕구를 만족시킬 수 없다면, 이들의 관계는 종료된다. 예컨대, 심장이 멈추면 호흡 체계, 혈관 체계, 배설 체계가 연쇄적으로 파괴되고 사람은 죽게 된다.

이 이론에 따르면, 언어의 발달은 생명체의 진화 과정 중 비교적 최근에 시작되었으며, 다른 생명체와 인간을 구분할 수 있는 기준이 되었다. 또한 이 이론에서는 언어를 한 사람의 개별적 구조의 일부분인 동시에 타인과의 상호 의존적 행동으로 보는데, 즉 언어란 "말을 사용한 상호작용을 반복하면서 일어나는 현상이며, 말을 사용한 상호작용이란 행동에 대하여 말로 정리한 것에 대해 다시금 말로 정리하는 것"이라는 것이다(Maturana & Varela, 1987, p. 211). 다른 말로 하자면, 모든 인간은 자신만의 정보를 생산하는 폐쇄적인 신경망을 가지고 있지만(Efran et al., 1990, p. 67) 언어는 사람들 및 사회집단 간에 의미에 대해 합의하는 것 혹은 상호 적응 행동이라는 것이다.

내가 음식점에 가서 구운 빵으로 만든 샌드위치를 주문한다면, 나는 이전의 언어 사용 경험을 통해서 구운 빵으로 만든 샌드위치가 의미하는 바가 무엇인지에 대한 정보를 내 안에 이미 가지고 있다. 나는 아마 어릴 때 어머니에게서 '굽다'나 '빵'이 무엇인지 배웠을 것이다. 만약 현재 상황에 존재하는 웨이터가 구운 빵이 무엇인지 이해하지 못한다면 우리는 의미를 구성하기 위한 행동을 취해야 한다. 다른 말로 하면, 웨이터와 나는 우리의 관계가 유지될 수 있는 방식으로 상대에게 적응해야 한다. 즉, 웨이터는 내가 만족스러워할 방식으로 주문을 받아야 하고, 해고당하지 않는 방식으로 자신의 일을 해야 한다. 구운 빵의 의미를 구성하려면 나와 웨이터가 동일한 언어를 사용해야만 한다. 만약 동일한 언어가 없다면 우리는 몸짓이나 비언어적 힌트로 의사소통을 하게 될까? 만약에 우리 둘다 동일한 언어를 사용하지만 웨이터가 구운 빵을 잘 모른다면 나는 그것이 무엇인지 설명할 수 있을까? 또한 우리 둘에게 모두 유익한 관계를 유지할 수 있도록 그가 내 설명을 이해할 능력이 있을까?

Maturana와 Varela의 연구에서, 해결중심 치료자로서 나의 관심을 끈 부분은 두 가지다. 첫째, 생존과 적응은 생명체들 사이의 상호 의존적 과정이며 이 과정에서 상호 의존적 생명체들 각각이 필요로 하는 것이 보존되어야 한다. 즉, 현재 효과 있는 것 위에 구축하는 것이 필수적이라는 점이다. 둘째, 우리는 정서라는 생물학적 역동 없이는 아무런 사고와 행동을 하지 못한다는 점이다. 특히 Maturana와 Varela(1987)가 '사랑'이라고 칭한 정서, 즉 일상생활에서 우리 곁에 있는 사람을 수용하는 것은 사회생활을 위한 생물학적 근간으로 간주되며 이 정서가 있기에 개체의 생명 유지와 타 개체와의 관계 유지가 가능케 된다고 본다. 이와 같이 강점에 기반을 둔 생각은 "사람들은 서로 타인의 정서 상태에 주의를 기울여서 무엇이 적절하거나 부적절한지, 불안을 자극하거나 편안하게 하는지에 대해 암호화된 정보를 교환한다."는 Harry Stack Sullivan의 '교감에 의한 확인 (consensual validation)' 개념과 매우 유사하다(Cushman, 1995, p. 178).

해결중심 이론

다음은 내가 해결중심치료에서 경험한 효과 있는 것들을 이론화한 것이다. 이 이론은 상호작용적/전략적 개념도 어느 정도 가지고 있으며, 정서를 포함하는 생물학적 관점과 통합한 구성주의 이론이라고 생각한다.

개인은 유전자와 사회성 발달이라는 면에서 각기 다른 독특한 존재다. 개인의 변화 가능성은 이 요소들에 따라 결정되거나 타인과의 상호작용으로 결정된다. 문제란 자기 자신에 대해서나 타인과의 관계에서 정서적으로 불편하다고 느끼는 현재 삶의 상황이다. 변화는 예외 혹은 이미 드러났거나 잠재적인 강점을 인식하여 새로운 행동을 할 때 언어를 통해 일어난다.

이 진술에 기반을 둔 여러 가정이 내담자에 대한 치료자의 태도를 형성하며 치료자-내담자 관계에 영향을 준다. 다음에 소개하는 가정들은 서로 겹치는 부분도 있으며 다른 내용인데도 서로 간에 영향을 미쳐서 상호 강화하고 있음을 염두에 두기 바란다.

해결중심 가정

1. 모든 내담자는 독특하다

이 가정은 모든 생명체(내담자)는 구조적으로 결정된 채로 태어난다는 (structure determined) 이론과 관련이 있다. 해결중심 치료자가 이 가정을 염두에 두고 상담을 하게 되면, 이전에 유사한 문제를 가진 다른 내담자에게 적합했던 해결책이나 치료자 자신이 비슷한 상황에서 효과를 본 해결책을 알고 있다는 생각 때문에 현재 만나고 있는 내담자의 문제에 대한 해결책도 이미 알고 있다고 여기는, 어찌 보면 매우 자연스러운 유혹에 빠지지 않을 수 있다. 예컨대, 신혼부부에게 아이가 생겨서 둘 사이의 관계가 소원해진 상황을 가정한다면, 어떤 부부에게는 남편이 육아에 좀 더 적극적으로 동참하는 것이 해결책일 수 있지만 다른 부부에게는 일주일에 한 번씩이라도 둘만의 오붓한 시간을 보내는 것이 해결책일 수 있다.

해결중심치료는 구성주의적 모델이다. 유사한 사례에 동일한 개입 방법을 적용하려는 것은 단선적 사고방식에서 나오는데, 단선적 사고방식을 가지면 원인과 결과 간에 직접적 인과관계를 설정하게 되어 과정(process)보다는 내용(content)에 초점을 두게 된다. 해결중심모델에서는 내담자에게 가장 효과적인 해결책을 빠르게 구축하도록 도우려면 모든 내담자를 독특한 존재로 바라보고 내담자에게 지속적으로 '호기심'을 품어야 한다고 본다(Cecchin, 1987).

물론 치료자가 가진 개인적 경험이나 전문적 경험을 상담 과정에서 절대로 사용하지 말라는 것은 아니다. 하지만 치료자의 생각을 말하는 것은, 내담자가 알고 있는 모든 생각과 경험을 모조리 검토한 후에도 변화가 없을 때에만 다음과 같이 매우 조심스럽게 사용해야만 한다. "어떤 사람은 …… 방법을 써 보니까 도움이 되었다고 하더라고요." "…… 방법도 가능할 것 같은데, 어머님 생각에는 어떤가요? 이 방법이 도움이 될까요?"

2. 내담자는 자신의 문제를 풀 수 있는 타고난 힘과 자원을 가지고 있다

이 가정은 해결중심적 철학의 핵심을 표현하고 있지만 아마도 치료자가 가장 기억하기 힘들어하는 것일 것이다. 사람을 돕는 일을 하는 우리는 내담자의 고통을 최대한 빨리 경감시키는 것을 중요한 책무라고 생각한다. 그래서 우리는 자녀들이 자신의 힘으로 문제를 해결하도록 놔두지 않고 옆에서 너무 많은 조언을 하면서 과보호하는 부모처럼 행동하게 된다. 그러나 이런 양육 방식은 자녀들의 자립심과 자신감을 꺾는 방식이다!

'상담의 목적이란 무엇인가?'라는 질문에 대한 Maturana의 답변을 살펴보면 이 가정을 뒷받침할 만한 이론적 근거를 발견할 수 있다. 구조적 결합과 관련하여, Maturana(1996)는 내담자가 상담을 통해서 자기 자신 안에서뿐만 아니라 타인 안에서도 회복을 위한 상호관계의 역동(자아존중감, 사랑, 정당성)을 만들어 내야만 한다고 주장했다. 또한 치료자의 관점으로 생각해 보면 이 가정은 우리가 내담자를 위한 존중과 공감, 수용의 자원을 우리 안에서 찾고 주목해야 한다는 점을 제안하고 있다.

이 가정과 관련된 좀 더 실질적인 이야기를 하기 위해, 너무나 힘들어서 아무것도 하지 못하겠다고 하소연하는 내담자가 우리 앞에 있다고 가정해 보자. 그는 심한 무력감을 표현하고 있지만 우리가 '내담자에게 힘과 자원이 있다'는 관점으로 그를 바라본다면, 그는 어쨌든 상담실을 찾아서 스스로 이곳에 방문한 사람이고 삶이 너무나 힘들다고 하면서도 아직 살아 있는 사람이다. 따라서 이제부터 우리는 내담자를 도와 그가 자신의 능력을 발견하고 삶 속에서 그 능력을 발휘할 수 있도록 도와야 한다. 그러나 내담자들이 이야기하는 생존과 인내의 이야기는 대개 극심한 어려움과 고통으로 점철되어 있어서 그것을 듣는 우리가 충격과 절망에 빠져들수도 있다. 이럴 때는 '너무 충격적인 이야기다' '나는 도움이 되지 못하

겠구나' 혹은 '어디서부터 시작할지 모르겠다'는 생각을 하게 되는데, 이는 내담자가 스스로 자신을 도울 강점과 자원을 가지고 있다는 가정과 정반대되는 것이다. 그런데 이 두 번째 가정을 믿는다면 치료자는 그다음에 자동적으로 "말씀을 들어보니 해결하셔야 할 일이 정말 많네요. 그런데 혹시 지금까지는 이 모든 일을 어떻게 감당해 오셨어요?" 같은 반응을 하게 된다. 이런 반응은 문제 해결을 위한 자원에 즉각적으로 초점을 맞추는 것이면서, 동시에 그 안에 담긴 이해와 칭찬의 메시지 때문에 치료자−내담자 관계에도 도움이 된다.

3. 완전히 부정적이기만 한 것은 없다

이 가정은 '세상의 그 어떤 변화에도 보존되는 부분은 반드시 존재한다'는 Maturana와 Varela의 생각에서 나온 것이다. 우리가 만나는 내담자는 통상적으로 자신들이 처한 상황을 오로지 나쁘게만 받아들이며 문제가 없는 예외 상황이나 자신들이 가진 자원을 알아차리기 어려워한다. 예컨대, 내담자는 불안감을 느낄 때 그것을 무조건 없애야만 하는 것으로 생각하고, 많은 경우에 약간의 불안감이 도움이 된다는 사실은 깨닫지 못한다. 치료자로서 때로는 우리도 이러한 이분법적 사고의 영향을 받는다. 따라서 내담자가 가끔씩 개인적 상실, 건강의 악화, 재정적 어려움, 법적인 문제가 한꺼번에 닥쳐 왔다고 우리에게 하소연할 때, 우리가 이 가정을 굳게 믿고 있으면 '그래, 하지만 모든 상황이 어려운 가운데에서도 내담자가 견디고 있는 힘은 어떤 걸까? 어떻게 하면 그 힘을 지키고 키워 나갈 수 있을까?'라고 생각하게 된다. 그리고 아무것도 괜찮아 보이는 것이 없을 때 "당신의 삶에서 아직도 괜찮은 것은 무엇이지요?"라는 질문보다는 극단의 상황에서 훨씬 더 공감적이고 감수성 있는 대처질문을 할 수 있게 된다.

4. 내담자의 저항이라는 것은 없다

'저항'이라는 말은 변화 방향에 대하여 내담자가 치료자의 관점을 수용하지 않을 때 사용하는 표현이다. 일반적으로 해결중심치료나 포스트모던적인 사고 체계에서는 내담자의 행동에 꼬리표를 붙이는 방식은 택하지 않는다. 내담자는 저항하는 것이 아니다. 내담자가 호응하여 변화를 시작할 수 있는 독특한 방식을 치료자가 이해하지 못하고 있을 뿐이다. 따라서 치료자는 내담자를 주의 깊게 관찰함으로써 그들이 반응하는 고유한 방식을 발견하기 위해 애써야 한다.

Maturana는 이러한 치료 과정을 묘사하기 위해서 '직각 상호작용(ortho-gonal interaction)'이라는 용어를 사용했다. 직각 상호작용이란 한 사람이 이전에 자주 사용하지 않았거나 완전히 새로운 반응을 하게 만드는 대인관계 방식이다. 직각 상호작용은 새로운 패턴이 생겨날 수밖에 없도록 자극한다(Efran & Blumberg, 1994).

그러나 '저항'이라는 말은 해결중심적 개념과는 잘 맞지 않으면서도 해결중심 치료자들이 내담자를 만날 때 종종 경험하는 느낌을 여전히 잘 묘사하는 단어다. 치료자가 그 어떤 말을 해도 내담자가 "네, 그렇지만!" 하고 대답하면 치료자의 신체는 경직된다. 평소처럼 편안하게 의자에 등을 기대어 앉지 않고, 우리의 몸은 내담자 쪽으로 뻣뻣하게 기울어진다. 목소리는 평소보다 커지고 목도 까칠하게 마른다. 그리고 마치 과로한 것처럼 느낀다. 이럴 때 우리가 '내담자의 저항이라는 것은 없다'는 가정을 떠올린다면, 다시 편하게 앉아 천천히 심호흡을 하면서 "지금 상황이 좋아지려면 가장 먼저 어떤 일이 일어나야 할 것 같으세요?"라고 질문할 수 있을 것이다. 이렇게 하면 치료자와 내담자 모두에게 도움이 될 것이고, 치료자와 내담자 사이의 정서적 분위기에도 도움이 될 것이다.

5. 치료자는 내담자를 변화시킬 수 없으며
내담자는 스스로 변화할 뿐이다

아주 가끔 해결중심 치료자는 자신이 내담자와 파워 게임을 하고 있는 듯한 느낌을 갖거나 자신의 어떤 생각을 내담자에게 전달하는 것이 너무 힘들다고 느끼게 된다. 생명체는 '정보적으로 폐쇄되어 있는' 체계이며 외부 환경에 의해 변화하지 않는다는 믿음은 이 가정을 지지하며 위의 실수를 예방하고 바르게 하는 데 도움이 된다.

이와 관련된 사례가 하나 떠오르는데, 여동생을 성적으로 학대한 죄로 재판을 받아 재활시설에 입소한 아들을 둔 어머니가 있었다. 이 어머니는 법원으로부터 가족의 재결합을 위해 가족치료를 받으라는 명령을 받았다. 소년은 재활시설에서 매우 좋은 모습을 보였고, 이 소년의 재활 서비스 비용을 부담하던 기관에서는 고가의 비용이 부담스러웠기 때문에 소년을 재활시설에서 하루 빨리 퇴원시키고 싶어 했다.

치료자는 이 가정이 소녀에게 안전한 곳이 될 수 있도록, 이 어머니의 말대로 이 가정과 어머니에게 필요한 변화를 위해 이 어머니가 자신이 말한 목적을 위해서 노력하도록 해결중심적인 상담 기법을 활용해서 애썼으나 성과가 없었다. 치료자가 동료들에게 자문을 구하자 동료들은 어머니에게서 변화를 끌어내려면 더 이상은 '해결중심적으로' 접근하지 말고, 아들을 영영 잃을지도 모른다는 어머니의 불안감을 극대화하도록 강력하게 권고했다. 동료들의 조언을 따라 해결중심적인 접근을 포기하는 대신, 치료자는 1980년대 말에 출판된 몇몇 해결중심접근 문헌을 찾아보았고 '치료자는 내담자를 변화시킬 수 없으며 내담자는 오로지 스스로 변화한다'는 가정을 발견했다. 그 결과, 치료자는 이 사례에서 변화를 일으키기 위해서 자기 자신이 변하기로 결심하였다. 즉, 치료자는 어머니가 사람들의 기대에 부응할 수 있도록 도움이 되어 드리지 못한 것에 대해서 어머니에게 사과함으로써 책임을 졌으며, 어머니를 좀 더 잘 도울 수 있는 방법을 자신이 알 수 있도록 도와 달라고 부탁했다. 그러자 그녀는 매우 감정이 격해져서 자신이 아들과의 재결합에 대해서 양가감정을 갖고 있음을 표현했다. 그녀는 자신이 변화를 위해 할 것이 별로 없다고 생각했기에 노력을 원치 않았다며 이에 대해 죄책감을 느낀다고 말했다. 이 고백을 듣고 난 후부터 치료자는 어머니가 죄책감을 다루고 좀 더 희망적인 미래를 위한 대안을 시도해 보도록 도울 수 있었다. 문제의 그 소년은 위탁가정으로 가게 되었고 나머지 식구는 재결합을 위하여 계속해서 상담을 받았다. 치료자가 어머니를 비난하기보다는 지지하자 점차적으로 가족이 재결합할 수 있는 방향으로 긍정적인 변화가 나타났다.

내담자에게 변화가 없어 보일 때는 치료자가 내담자의 기분을 이해하고 있다고 말하는 것이 종종 도움이 된다. Maturana는 인간이 원하는 것들(정서)에 따라 행동한다고 믿었기 때문에 내담자의 행동 이면의 정서에 대하여 내담자와 상호 동의하지 않은 채 논리적인 접근만으로 내담자를 변화시키려는 시도를 하지 말라고 경고했다(Maturana, 1988, p. 17).

6. 해결중심치료는 천천히 진행된다

해결중심치료는 MRI 단기치료클리닉에서 개발한 모델과 유사한 단기치료모델이다. 그러나 나는 해결중심모델에 덧씌워진 잘못된 편견을 떨쳐 버리기 위해서 '단기'라는 말을 의도적으로 생략했다. '해결중심치료는 천천히 진행된다'는 가정은 '단기'라는 말을 '빨리 진행된다'는 뜻으로 받아들이는 오해를 수정하기 위해서 만들어진 것이다. 단기치료모델은 다른 모델들에 비해서 상대적으로 짧은 기간 동안에 효과적이고 영구적인 효과를 나타낸다. 하지만 단기치료모델의 간결함은 특정 내담자에게 가장 적합한 개입을 한 결과이지, 기법을 신속하게 적용해서 나타나는 결과는 아니다. 치료 기법을 미숙하게 구사하면 내담자가 상담 과정을 통해 진정으로 바라는 것과 별 상관이 없는 불평에 초점이 가기 때문에 오히려 상담 기간이 길어질 수도 있다.

해결중심치료는 수년간의 치료가 필요한 사례에도 천천히 적용될 수 있다. 예를 들어, 위기 상황에서 집중적 접촉을 한 이후에는 가벼운 지원을 지속적으로 하되, 내담자가 설정한 작은 목표를 가지고 안정적인 분위기에서 상담을 계속 진행한다면, 시간이 지남에 따라 내담자의 기능이 놀랄 만큼 좋아질 수 있는 것이다.

이 가정은 우리가 인내심을 가져야 한다는 사실을 일깨워 준다는 면에서 중요하다. 우리가 내담자 변화에 필요한 환경을 조성하는 일만 할 때조차도 해결중심모델을 사용한다.

7. 원인과 결과는 없다

구성주의 관점에서는 원인과 결과라는 개념을 인정하지 않는데, 원인-결과라는 개념은 어떤 객관적 진실이 존재함을 전제로 하기 때문이다. 그러나 구성주의에서는 문제와 해결책을 삶에서 일어나는 예측하기 어려운 사건들로 이해한다. 따라서 우리는 '이 문제는 도대체 왜 일어난 걸까?'라고 생각하면서 문제의 원인을 파헤치려는 내담자의 유혹에 넘어가지 말아야 하며, 우리의 모든 역량을 '앞으로 무엇이 달라져야 하는가?'에 집중시켜야 한다. 하지만 만약 내담자가 원인과 결과에 대한 대화 속에서만 해결책을 떠올릴 수 있다면 우리는 내담자와 이 이야기를 해야 한다.

예컨대, 한 내담자가 수개월 동안 우울한 감정을 느껴 오다가 지난주에 자기계발 서적을 읽고 나서 갑자기 원래의 자기 모습으로 되돌아온 것 같은 느낌이 들었다고 말한다. 치료자는 내담자의 말을 그대로 받아들이기가 힘든데, 실제로는 내담자가 그동안 상담을 받으면서 꾸준히 좋아지고 있었지만 이러한 변화를 내담자만 부인하고 있었기 때문이다. 그러나 여기에서 중요한 점은 바로 내담자가 변화의 방법을 찾았다는 사실이다. 만약 이 내담자가 변화의 원인을 상담이 아닌 독서로 돌리고 싶어 한다면,

그 원인-결과 사고방식은 그만의 독특한 변화 방식이며 치료자는 이를 수용해야 할 것이다. 이 내담자가 보기에 치료자와의 관계는 변화의 원인-결과라는 측면에서 그렇게 중요한 변수가 아닌 것이다.

정신건강 분야에는 성적·신체적 피학대 경험이 이후의 삶에서 경험하는 정서 문제의 직접적 원인이라는 강력한 믿음이 존재한다. 당연히, 이런 끔찍한 사건들은 희생자의 삶에 영향을 준다. 하지만 그러한 학대 경험 없이도 유사한 증상을 보이는 내담자는 언제나 존재하기 때문에 학대 경험과 정서 문제 사이에 직접적인 관계가 있다고 할 수는 없다. 정신건강 전문가들이 내과 의사가 사용하는 혈액 분석이나 영상 기술 같은 진단도구를 갖추게 되지 않는 한, 해결중심 치료자라면 원인-결과 사고를 하지 않는다.

만약 내담자들이 문제의 원인을 알고 싶어 한다면, '원인을 아는 것이 문제를 푸는 데 어떻게 도움이 될 것 같은지'를 질문하는 것이 좋다. 이런 질문을 받으면 내담자는 대개 '이해하게 되니까 도움이 될 것'이라고 답한다. 이때 치료자가 "만약에 원인을 이해하지 않고서도 문제를 해결할 수 있다면 괜찮을까요?"라고 질문한다면, 내담자는 그동안 한 번도 생각해 보지 않았던 시각을 갖게 된다.

8. 해결책이 문제와 관련되어 있을 필요는 없다

이 가정은 앞에서도 기술했듯이 1982년 단기가족치료센터의 시각이 문제중심에서 해결중심으로 발전하면서 정리되었다. 당시에 우리는 내담자들에게 "당신이 처한 상황에서 변하지 않고 유지되길 바라는 것들은 무엇이죠?"라는 질문을 했고, 내담자는 문제에 꽂혀 있던 관심을 다른 곳으로 돌릴 수 있게 되었다. 변화시키고 싶은 것, 즉 문제만 생각했기에 변화할 수 없었던 내담자들에게는 이 질문이 창조적 행동을 취하게 만드는 방아쇠가 된 것 같다.

원인-결과 식의 사고를 하지 말아야 함을 다시금 상기하게 된다. 상담에서와 마찬가지로, 삶에서의 변화는 예측할 수 없을뿐더러 불가피하기도 하기 때문이다. 예를 들어, 어떤 사람이 직장에 흥미를 잃고 무기력해지고 업무 능력이 저하되었다고 하자. 이때 그 사람은 일터 밖에서의 취미 생활이나 스포츠 활동 혹은 새로운 사람과의 만남을 통해서 신선한 자극을 받고 업무 수행과 업무에 대한 인식을 포함한 삶의 태도에서 전반적 변화를 경험할 수도 있다. 문제에 연결해서만 해결책을 찾으려 하다 보면 막다른 골목에 다다르게 될 수도 있다.

9. 정서는 모든 문제와 모든 해결책의 한 부분이다

여러 가지 이론적 · 실천적 이유로 MRI 모델과 해결중심모델은 인지-행동적 초점을 유지해 왔으며, 초기 라포 형성 시기를 제외하면 감정(feelings)에 대한 이야기를 피하는 것이 정석이었다. 하지만 언어가 정서(emotions)와 불가분의 관계에 있다고 생각한다면, 내담자의 생각, 행동만큼이나 정서도 치료적 주제로 수용해야 할 것이다. 치료자가 내담자의 정서에 대해서 내담자와 이야기하지 못한다면, 우리가 내담자를 이해하는 수준이나 내담자가 자신을 이해하는 수준도 제한될 것이고 해결책을 구축하는 것도 힘들어질 것이다.

이 가정은 정서가 언어의 한 부분이고 내담자의 의사 결정 과정에서 중요하다는 점을 일깨워 준다(Damasio, 1994; Maturana & Varela, 1987). 또한 그것은 치료자와 내담자가 만드는 정서적 분위기(2장 참조)에 관심을 돌릴 것을 상기시켜 준다. 그 이유는, 첫째, 사람들은 불안보다는 안정을 추구하고 또한 그 안에서 편안해하는 경향이 있기 때문이며(Sullivan, 1953d), 둘째, 사람은 편안해야 자신의 자원이나 새로운 정보에 대해서 생각할 수 있기 때문이다(Erickson, 1977).

만약 어떤 내담자가 공학박사 학위 논문을 작성하는 중에 시공간 문제,

가족에서의 책임, 컴퓨터 문제 등으로 논문 작성에 진척이 없어서 답답함을 이야기한다면, 이 내담자와 협력 관계를 만들기 위해서는 아마도 그의 구체적인 세계관에 들어맞는 언어와 개념을 사용하는 것이 가장 좋을 것이다. 하지만 이런 방법이 변화를 만들어 내지 못한다면 이 문제에 대한 그의 정서 상태에 대해서 이야기하자고 권유하는 편이 좀 더 효과적일 것이다.

사람들은 흔히 비언어적 방식으로 타인과의 정서적 유대감을 경험한다. 또한 어떤 내담자는 자신의 정서를 인식하면서도 그걸 말하지 않는 것을 더 편하게 느낄 수도 있다. 내담자가 상담에 대해 편하게 느끼고 있는지를 민감하게 살피고 내담자가 원하는 것을 존중하는 것이 우리 치료자의 책임이다. 하지만 여기서 중요한 점은 내담자가 말하고자 하는 바를 우리가 최대한 깊게 이해하고 있음을 내담자에게 전달해야 한다는 점이다.

10. 변화는 불가피하게 항상 일어나며
작은 변화가 큰 변화를 이끌어 낼 수 있다

MRI 모델과 해결중심모델에서는 문제를 삶의 굴곡 안에서 불가피하게 일어나는 것으로 본다. 문제가 생겼을 때 어떤 이들은 상담을 받으면서 극복하고 어떤 이들은 시간이 흐름에 따라 자연스럽게 회복한다(Bergin & Lambert, 1978). 관련 연구에 따르면 내담자 중 40%는 치료 외적인 요인에 의해서 회복된다고 한다(Lambert, 1992). 문제를 해결하기 위해서 도움을 구하는 사람이 도움을 받지 못한다고 해서 좋아지지 않는다는 근거는 없다.

우리의 삶은 끊임없이 변화한다. 이는 내가 속한 핵가족부터 지구촌 사람들까지와의 복잡한 연결망 때문이기도 하고, 전쟁이나 기후, 우주 현상 같은 우리가 알지 못하고 조종할 수 없는 환경 때문이기도 하다. 그리고 이런 변화는 어떤 식으로든 우리의 삶에 영향을 준다.

이러한 인생의 불확실성을 고려한다면, 특히 내담자가 가지고 있을 가능성을 생각한다면 해결중심 치료자는 내담자가 어려움을 호소한다고 해도 희망적인 태도를 유지할 수 있다. 따라서 치료자가 내담자의 힘든 이야기에 압도되고 어떻게 해야 할지 감이 오지 않는 상황이 온다면 무엇보다도 먼저, 언제든 변화는 일어나게 마련이라는 점을 인식해야 한다. 두 번째로는 내담자의 삶에서 아무리 작더라도 변화를 만들어 낼 수 있는 시도를 하도록 도와야 한다. 절망적이고 압도적인 상황에서도, 아주 작은 변화를 시도해서 작은 성공을 경험한다면 '할 수 있다'는 믿음을 가질 수 있고 희망도 가질 수 있다. 평소와는 다른 스타일로 머리 빗기, 옛 친구에게 전화하기, 혼자 밥 먹지 않고 다른 사람과 함께 먹기 등 별로 중요해 보이지 않는 작은 행동들이 보다 큰 변화를 만들어 낼 수 있다. 따라서 내담자의 변화에 대해 우리 치료자가 너무 의욕이 넘치지 않아야 하며, 내담자도 너무 의욕이 넘치지 않도록 돕는 것이 필요하다.

우리 모두는 너무 많은 일에 압도된 경험이 한 번쯤은 있다. 이럴 때 가장 좋은 해결책은, 보통은 해야 할 일의 목록을 만들고 우선순위를 정한 후 일을 시작하는 것이다. 그러면 산더미 같아 보였던 일들이 해 볼 만하게 된다. 작은 변화가 큰 변화를 만든다!

11. 과거를 수정할 수 없기 때문에 미래에 집중해야 한다

이 가정은 너무나 자명한 것이지만, 실제 상담 과정에서 항상 기억하기는 어렵다. 그러나 언어가 현재 일어나는 행위라는 가정을 받아들인다면, 변화도 오로지 현재에만 일어날 수 있다는 믿음을 수용할 수 있을 것이다.

내담자들은 종종 현재 겪고 있는 문제가 과거의 어떤 일들에서 기인하는지 알고 이해하는 것이 상담을 받는 목표라고 말한다. 그들은 문제를 해결하는 데 과거에 대한 이해가 필수적이라고 믿는 것 같다. 심지어 어떤 내담자는 상담을 받은 후 더 이상 문제가 발생하지 않는 상황이 되었는데도 '왜'라고 질문하면서 과거에 대해서 여전히 이해하고 싶어 한다.

부부상담에서도 자주 볼 수 있는 모습이, 두 사람 모두 이혼을 하고 싶어 하면서도 한쪽 혹은 양자 모두 과거 일을 계속 끄집어내면서 끝없이 싸움을 하는 경우다. 해결중심 치료자는 이런 헛된 과정에 말려들지 말아야 하며, 부부가 과거의 좋지 않은 기억을 잊지 못한다면 그들이 미래를 위해 서로 용서할 수 있도록 도와야 한다.

치료자가 자주 경험하게 되는 또 다른 헛된 일은 내담자가 어린 시절 부모에게 받은 상처에 집착하는 경우다. 이런 상처들은 이미 지나가 버린 과거에 일어난 것이므로 당연히 수정할 수도 없을뿐더러, 다른 나이에 경험했더라면 전혀 다르게 경험될 수도 있는 어린 시절 인식에 대한 기억일지 모른다.

과거에 집착해서 끊임없이 하소연하려는 내담자를 대할 때 이렇게 말하는 것이 도움이 될 수 있다. "당신이 과거 일(고통, 실망 등)을 잊기가(용서하기가) 힘들다는 걸 이해합니다. 하지만 이미 발생한 일을 되돌릴 수는 없잖아요. 이 사실을 받아들이고 수용하려면 어떤 것이 필요할까요?"

우리가 가진 가정들은 내담자에 대한 우리의 태도와 내담자와의 관계에 영향을 미친다. 이 가정들은 우리가 전문가로서의 결정을 할 때 도움이 되는데, 예를 들면 내담자에게 강점이 있다는 가정을 믿는다면 우리는 강점에 대해 질문하게 된다. 모든 문제와 해결책에 정서가 포함된다는 가정을 떠올리는 것은 내담자에게 공감적이고 지지적인 태도를 보이는 데 도움이 된다. 내담자가 수주 동안은 진전을 보이다가 한 주 퇴보하게 되면 우리는 별 생각 없이 그 원인이 무엇인지 내담자와 함께 탐색할 수도 있다. 하지만 해결중심적 가정들을 떠올린다면 긍정적 태도를 견지하면서 다음과 같이 질문할 수 있다. "이곳에 처음 오셔서 문제를 이야기하신 이후로 몇 가지 좋아진 점이 있으셨죠. 이것은 현재 상황에 영향을 미치지 않았을 겁니다. 처음 오셨을 때와 비교할 때 어떤 것들이 좀 달라졌나요?" 나는 이 책 전반을 통해서 이렇게 이론, 가정 그리고 실천 사이의 관런성을 보여 주고자 한다.

결 론

해결중심치료가 점점 더 이론과 상관없어지면서 해결중심치료의 실천
방법에 대한 회의감이 확산되어 왔다(Efron & Veenendaal, 1993; Kleckner,
Frank, Bland, Amendt, & Bryant, 1992; Lipchikp, 1994; S. D. Miller, 1994;
Nylund & Corsiglia, 1994). 나는 해결중심모델의 가치와 정당성에 대한 의
문을 해소하고, 해결중심치료의 대안적 개념화 방법과 실천 방법을 제공
하기 위해서 이 장에서 소개한 이론을 개발하였다(Cecchin, Lane, & Ray,
1994). 즉, 변화에는 기존 것이 포함되어야 한다는 생각에 걸맞게 기존 모
델의 요소에 새로운 요소를 통합하였다. 특히 새로운 요소 중에서도 생물
학적 요소는 향후 신경과학과 의학 분야의 연구 결과를 해결중심모델에
통합할 수 있는 가능성을 만들어 내었으며 이러한 연구 결과들은 우리가
내담자를 좀 더 효과적으로 돕는 데 도움이 될 것이다.

지금까지 나는 해결중심치료에 대한 오해가 생기게 된 이유가 이론적
변화 때문이라고 생각해 왔다. 하지만 의료보험회사 또한 이 상황에 어느
정도 책임이 있다는 점도 분명히 강조하고 싶다(Hoyt & Friedman, 1998).
비용이 적게 든다는 이유로 의료보험회사가 단기치료로서의 해결중심치
료를 공개적으로 지지하면서부터 상담 현장에서 당장 사용할 수 있는 방
법을 알려 주는 1일 또는 1박2일의 단기 워크숍이 폭발적으로 증가하게
되었다. 이런 교육 환경에서는 즉각적으로 효과가 있는 기법들만 강조되
고 이론은 오로지 머리만 아프게 만드는 골칫거리가 될 뿐이었고, 결과적
으로 이런 교육과정이 확산되면서 해결중심치료에 대한 오해도 함께 깊
어지게 되었다.

치료자로서 우리는 내담자와의 만남이 순조롭기만 할 것이라고 예상해서는 안 된다. 따라서 우리는 내담자와의 만남을 부드럽게 만들어 줄 방법을 줄기차게 연구해야 할 것이다.

CHAPTER **02**

치료자-내담자 관계

약 10년 전, 나와 내 사업 파트너인 Marilyn Bonjean[2]은 상담 과정의 어떤 요인이 내담자에게 가장 도움이 되는지 관심을 가지게 되었다. 우리는 이를 위해 비공식적 연구를 진행하기로 결정하고 짧은 질문지를 만들었으며, 이를 두 번째 회기의 시작 부분과 이후 회기가 끝날 때마다 작성해 달라고 내담자에게 요청하였다. 이 질문지를 통해 가장 최근의 상담 회기 이후 상황이 더 좋아졌는지, 동일한지, 더 나빠졌는지를 평가해 달라고 내담자에게 요청했으며, 이 변화가 가장 최근의 상담 회기 중에 일어난 일의 결과라고 생각하는지 질문하였다. 우리는 내담자에게 자신의 변화에 영

---

2) 역자 주: 저자가 단기가족치료센터에서 독립한 후에 세운 상담 기관인 ICF 컨설턴츠의 공동 설립자.

57

향을 줬다고 믿는 모든 요인에 대해서 간략하게 적어 달라고 요청하였다. 한편, 변화 요인에 관한 치료자의 생각을 묻는 질문지도 만들었으며, 첫 회기를 포함한 모든 회기의 마지막에 이 질문지에 답하도록 치료자에게도 요청하였다. 즉, 우리는 상담 회기가 끝날 때마다 치료자에게 내담자가 상황이 좋아졌다고 말할지, 동일하다고 말할지, 혹은 나빠지고 있다고 말할지를 예측하게 하고 그렇게 생각하는 이유를 간략하게 답해 달라고 했다. 우리는 약 일 년 동안 자료를 수집했는데, 각 사례가 종결된 다음에야 질문지의 응답을 살펴보곤 했다.

결과는 놀라웠다. 내담자의 답변을 정리해 보니, 이들은 회기의 내용보다는 과정에 훨씬 큰 가치를 두는 것 같았다. 예외 없이 내담자들은 누군가가 자신을 이해해 주고, 지지해 주고, 수용해 주고, 자신의 말을 경청해 주었기 때문에 상황이 좋아졌다고 생각한 것으로 드러났다. 반면에, 치료자들은 회기 중에 나눈 대화, 즉 내담자가 말한 것이 새롭거나 달랐던 것 혹은 치료자가 내준 과제 때문에 변화가 생길 것이라고 예측했다. 우리의 연구 결과 평가는 해결중심치료를 뒷받침하기 위해서 실행된 여러 연구에서 밝혀낸 결과들(Beyebach et al., 2000; Dejong & Hopwood, 1996; Gingerich & Eisengart, 2000; Kiser, 1988; Kiser & Nunnally, 1990; McKeel, 1996; Metcalf, Thomas, Duncan, Miller, & Hubble, 1996)과 일치했다. 이 연구들에서는 내담자의 약 80%가 상담을 받는 동안 중요한 변화를 이루어 냈다고 생각한다는 것을 발견한 바 있다.

이 장에서는 내담자가 적응하거나 변화하는 동안 지지받는다는 느낌을 가질 수 있는 내담자와의 관계 형성과 관계 유지 방법에 대해 논한다. 이 과정을 치료자의 관점과 함께 내담자의 관점에서도 탐색하고자 한다.

연구 결과

우리 상담소가 수행한 비공식적 연구는 치료에 있어 치료자-내담자 관계의 중요성에 대한 최근의 연구들과 궤를 같이한다(Beyebach et al., 1996; Horvath & Symonds, 1991; Hubble et al., 1999; Orlinsky, Grawe, & Parks, 1994; Patterson, 1984; Turnell & Lipchik, 1999). Hubble과 동료들(1996)이 인용한 Lambert의 연구 결과(1992)에 따르면, 치료의 효과에 영향을 주는 주요 요인은 다음과 같다. 40%는 치료 외적인 요인(내담자가 상담실로 가져오는 내적 · 외적 요인)이었고, 30%는 돌봄, 수용, 격려 같은 치료자와 내담자 간의 관계와 연관된 요인이었다. 한편, 상담 모델과 기법 요인은 15%에 불과했고, 나머지 15%는 위약 효과였다.

해결중심 치료자-내담자 관계

1장에서 제시한 이론적 맥락에서 보면, 치료자-내담자 관계란 전문적인 조력자와 스스로 문제를 풀 수 없다고 느끼는 내담자라는 상호 보완적인 역할을 맡게 된 두 명의 독특한 인간이 형성하는 구조라고 할 수 있다. 두 사람이 기여하는 서로 다른 지식과 기대가 만나 관계를 구성한다. 하지만 치료자는 이 관계를 인도해 가기 위해서 이론적 가정을 사용할 때 내담자의 이익을 위해 사용해야 할 책임이 있다.

나는 해결중심적인 치료자-내담자 관계가 내담자의 해결책이라는 목적지를 향해서 나아가는 공동 항해와 같다고 생각한다. 내담자는 항해의 목표점을 결정하며 치료자에 대한 내담자의 협력 방식, 즉 변화에 대한 내담자의 준비도와 기대감이 상담에 영향을 미친다. 치료자는 내담자가 자신이 가야 할 목적지를 명료화하거나 목적지에 도달할 가능성이 높은 쪽으로 항로를 바꾸도록 돕기 위해 질문과 답변을 조심스레 선택한 여행 가이드처럼 행동한다.

방향과 상관없이, 치료자-내담자 관계의 기반은 신뢰 관계다. 내담자는 치료자가 자신에게 해를 끼치지 않으면서 도우려 한다는 사실을 믿어야 한다. 이 말은 해결중심모델이 강점기반 철학에 근거한다는 사실을 고려하면 내담자가 자기 자신을 신뢰할 수 있도록 돕는 사람이 치료자라는 사실을 믿게 하는 것을 뜻한다. 그리고 이것은 개입할 때와 개입하지 않을 때를 치료자가 잘 판단해야 하는 미묘한 균형 잡기 활동이라고 할 수 있다. 오래전에(Lipchik & Vega, 1984), 나는 이 과정을 자전거 타기를 가르치는 과정에 비유한 적이 있다. 당신은 자전거를 타고 넘어지지 않으려고 애쓰고 있는 사람 뒤에 바짝 붙어 달리면서 그를 보호한다. 하지만 당신은 그가 스스로 중심을 잡도록 놓아줄 때와 안장의 뒷부분을 붙잡아서 균형을 잡아 줄 때를 주의 깊게 선택해야만 한다.

정서적 분위기

치료자들은 치료자-내담자 관계를 통해서 가능한 한 치료가 부드럽게 진행될 수 있는 정서적 분위기를 만드는 것이 이상적이라고 생각한다. 내담자들은 자신의 문제를 여러 감정(feeling)이 포함된 말과 행동으로 설명하는 경우가 많다. 따라서 해결중심 치료자가 내담자와 정서적(emotional)으로 연결되려면 손님을 자신의 집에 초대한 사람처럼 편안하고 우호적이며 친근한 모습을 많이 보여야 한다. 내담자가 상담실로 오는 도중 겪었을 교통 문제나 상담실의 위치를 찾는 어려움, 날씨 이야기는 언제나 유용한 화제다. 다음으로, 내담자에 대한 좀 더 상세한 인구사회학적 정보나 개인력을 듣기 전에 내담자가 치료에 대해 가지는 느낌을 표현할 수 있도록 초대해야 한다. 예를 들어, "이번이 처음 상담을 받으시는 건가요?"와 같은 질문을 할 수 있다. 내담자가 '그렇다'고 답변하면, "상담받는 것을 어색하고 불편해하는 분들도 계세요."라고 말하거나 "혹시 우리가 앞으로 할 일에 대해서 알고 싶은 게 있으세요?"라고 물어볼 수도 있다. 만약 내담자가 현저하게 불안해한다면 이렇게 이야기할 수도 있겠다. "낯선 사람에게 힘든 일에 대해서 이야기하시는 게 쉬운 일은 아니지요. 제가 어떻게 도와드리면 조금이라도 편하게 느끼실까요?"

통상적으로 나는 내담자에 관한 정보를 얻기 위해 질문하기 전에 내담자가 나와 우리 기관에 대해서 궁금한 점을 물어볼 기회를 준다. 그러면 어떤 내담자는 엉뚱한 질문을 해서 우리를 즐겁게 만들기도 하고, 어떤 내담자는 이 기회를 살려서 자신의 궁금증을 해소하기도 한다. 또한 질문하지 않는 사람들도 많이 있다. 이 단계에서는 정서적으로 편안한 수용, 이해, 상호 존중의 관계가 형성되기 시작한다. Erickson이 우리에게 거장다운 혜안으로 가르쳐 주었듯이, 우리는 우리를 위협하지 않는 사람이 곁에 있다는 사실만으로도 자연스럽게 긴장을 풀게 된다.

62쪽의 [그림 2-1]과 66쪽의 [그림 2-2]는 정서적 분위기를 만들어 내는 치료자-내담자 상호작용을 우리에게 개괄적으로 보여 주고 있다. 두 그림 모두 치료자와 내담자가 처음 만나서 관계가 종료될 때까지 어떤 과정을 거치는지를 보여 준다. 정서적 분위기가 한번 잘 형성되어서 내담자에게 안전함과 편안함을 제공하는 것처럼 보였다고 해도, 이것이 상담 끝날 때까지 안정적으로 지속된다고 할 수는 없다. 따라서 항상 정서적 분위기를 점검해서 상담 과정을 방해하지 않도록 해야 한다.

내담자의 입장

치료실에 처음 올 때 내담자는 연약하고 무기력한 마음으로 온다. 이들은 자신이 가진 기억, 생각, 두려움, 기대가 가치 있는 자원이며 이것이 해결책으로 가는 문을 여는 열쇠라는 사실을 아직 인식하지 못하고 있다. 내담자가 필요로 하는 것과 원하는 것을 명료화하기 위하여 이런 정보에 접근하고 그것을 활용할 수 있는 정도는 목표를 향한 전진에 영향을 준다. 1장의 첫 부분에서 언급한 존의 사례가 이런 경우다. 치료자에게 자신의 죄책감에 대해서 털어놓을 정도로 충분히 안전하다고 느꼈을 때, 존은 목표를 적절하게 수정할 수 있었고 해결책을 향하여 능동적으로 나아갈 수 있었다.

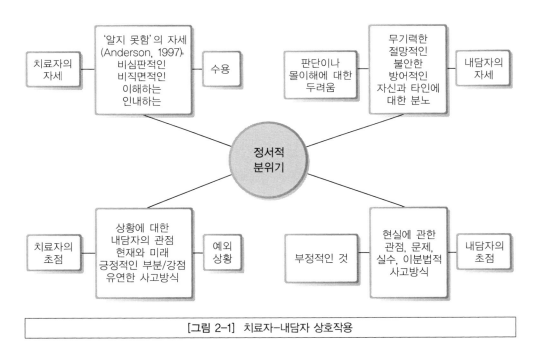

[그림 2-1] 치료자-내담자 상호작용

상담실에 오는 대부분의 내담자는 자신의 삶에 대해 통제력을 상실했다고 느낀다. 그들은 절망의 하향 곡선에 끼여서 옴짝달싹 못하고 있다. 앞의 [그림 2-1]에 표현된 것처럼, 내담자들은 타인에게 판단받는 것과 미지의 영역을 두려워하며 그래서 치료자에 대해서도 방어적인 모습을 보인다. 그들은 문제에 초점을 맞춘다. 즉, 자신이나 타인이 과거에 저지른 잘못에 초점을 맞추며, 자신의 상황에 대해 '모두 좋다' 또는 '모두 나쁘다'고 이분법적으로 상황을 인식한다.

내담자들은 상담에 처음 왔을 때 어떻게 행동해야 할지 확신하지 못하는 경우가 많다. 어떤 내담자는 치료자가 자신을 억지로 변화시킬 모종의 작업을 할 거라고 예상한다. 이런 의심은 심지어 변화를 원해서 상담실에 온 사람에게도 위협감을 준다. 또한 변화는 내담자가 인정하거나 노출하고 싶어 하지 않는 약점을 암시할 수도 있다. 치료자는 변화 혹은 변화 가능성이 두려움과 불안감을 야기할 수 있다는 것을 자신이 이해하고 있음을 내담자에게 전달해야 하며, 치료의 전 과정에 걸쳐서 이러한 두려움과 불안감이 내담자에게 나타나는지를 관찰해야 한다. 내담자가 불안해하는 모습을 관찰했을 때 해결중심적으로 대처하는 방법은 이런 감정을 느끼는 것은 지극히 정상적인 반응이라고 말해 주고, 내담자가 이런 감정과 맞서 싸우기보다는 그것을 수용할 수 있도록 돕는 것이다. 예컨대, 치료자는 이렇게 말할 수 있다. "어머님이 이런 감정(혼란스러움, 불확실함, 불편감, 불안함)을 느끼는 것은 지극히 정상입니다. 이런 감정은 어머님이 여유를 가지고 앞으로 일어날 수 있는(혹은 이미 일어난) 변화에 대해서 준비하고 친숙해질 수 있는 기회를 주고, 또 어떻게 하면 어머님이 원하는 방향으로 계속 움직일 수 있을지에 대해서 숙고할 시간을 주기 때문에 오히려 좋은 것입니다. 천천히 가는 게 늘 최선의 방책이지요."

치료자의 입장

　무력감과 두려움을 느끼는 내담자의 입장과는 반대로, 해결중심 치료자는 내담자가 가지지 않은 전문 지식이 있는 사람으로서, 내담자를 통제하고 내담자에게 영향을 주거나 충고하지 않도록 주의해야 한다. 치료자가 취할 수 있는 가장 바람직한 태도는 '알지 못함의 자세'(Anderson, 1997)다. 이는 자신이 알고 있는 것들에 대해서 겸손함을 보이는 태도다. 실제로 치료자는 자신의 지식이나 선입견을 추구하고 말하며 확인하고 발전시키기보다는 내담자가 말해야 하는 것을 알아 가는 과정에 더 많은 관심을 가진다(Anerson, 1997, p. 136). 치료자는 내담자의 말 중에서 모호하게 느끼는 부분을 명확하게 파악하기 위해서 주저하지 말고 질문해야 한다. 내담자가 진정으로 원하는 것에 초점을 맞추기 위해서는 내담자에게서 발견한 차이가 아주 사소한 것이더라도 매우 중요하다. 타이밍 또한 매우 중요해서, 내담자에게 질문을 하거나 새로운 생각을 소개하기 위해서 내담자의 말을 중단시켜야 할 때는 내담자가 존중받지 못한다는 느낌이나 거부감을 갖지 않도록 주의 깊게 해야 한다.

　그런데 이해와 비심판적이고 비직면적인 태도를 통해 전달되는 해결중심적 수용의 태도는 내담자가 하는 말을 무조건적으로 받아들이기만 하는 것은 아님을 이해해야 한다. 대부분의 경우, 해결중심 치료자는 수용적인 태도로 내담자의 말을 경청하는 것만으로 치료를 시작할 수 있으며 점차로 내담자가 원하는 것에 초점을 맞춰 간다. 하지만 때때로 내담자는 우리의 이론적 관점과 상관없이 전문가의 의무로써 관계 당국에 보고해야 하는 일에 대해 털어놓을 때가 있다. 예컨대 아동학대나 살인 충동 혹은 자살 충동 같은 일이다. 우리는 이런 문제들에 대해서 정서적 분위기를 해치지 않으면서도 해결중심적인 방식으로 내담자에게 말할 수 있다. 신체적 학대 사실이 밝혀지는 다음의 사례를 살펴보자.

> "어머님이 좋은 부모가 되기 위해 그리고 따님에게 바른 행동을 가르치기 위해 얼마나 노력하시는지, 그런데도 따님이 어머님의 말씀을 듣지 않아 얼마나 좌절감을 느끼시는지 알겠습니다. 그런데 궁금한 것이 있는데요, 따님을 허리띠로 때리는 행위가 법에 위배된다는 사실을 혹시 아시나요? 만약 어머님이 스스로 아동보호전문기관에 이 사실을 보고하지 않으시면 제가 보고해야 할 의무가 있습니다. 그러나 스스로 보고하신다면 어머님이 책임을 회피하지 않고 변화를 바라고 있다는 신호로 해석될 수 있습니다. 그러면 정상참작이 가능할 것이고 저는 따님이 바르게 행동하도록 도울 다른 방법을 찾기 위해 어머님과 함께 최선을 다할 것입니다."

일반적으로, 치료자보다는 내담자 자신이 직접 관계 당국에 보고하는 편이 치료자-내담자 관계에 덜 위태로울 것이다.

상담이 어느 정도 진행되어 신뢰가 좀 더 쌓이면 정서적 분위기가 무너질 위험이 줄어든다. 그럼에도 우리는 긍정적 분위기를 유지시키는 방식으로 내담자에게 반응하기 위해서 내담자의 현 상태에 대한 관심을 놓아버려서는 안 된다. 내담자가 상담 약속을 잊거나 상담 중에 긴장이 덜 풀린 모습을 보인다면, 내담자를 비난하기보다는 상황을 개선하기 위해 치료자가 도울 일이 있는지를 내담자에게 물어보는 것이 좋다. 그러면 내담자는 더 이상 변화가 생기지 않아서 혹은 진짜로 말하고 싶은 내용을 상담 중에 다루지 않아서 실망했다고 솔직하게 말할 수도 있다. 이런 응답을 통해서 내담자가 요구하는 것은 치료자가 사과하고, 무엇을 바꾸면 이 상황을 개선할 수 있을지에 대하여 내담자가 가지고 있는 생각을 탐색하는 것이다. 이런 전환은 치료가 앞으로 나아가게 되는 계기가 될 뿐만 아니라 내담자가 자기주장 기술을 배울 수 있는 좋은 기회가 되기도 한다.

치료자는 내담자와 대화를 나눔으로써, 우호적인 분위기 속에서 내담자의 해결책 구축에 도움이 되는 훨씬 더 많은 정보를 얻을 수 있다. 내담자는 처음에 자신의 이야기를 꺼내는 것을 조심스러워하는 경향이 있다. 하지만 방어적인 태도가 줄어들수록 좀 더 많은 정보를 꺼내 놓는다. [그림 2-2]는 전체 상담 과정뿐만 아니라 한 회기 안에서 치료자와 내담자가 어떤 식으로 의사소통을 하는지를 보여 준다. 치료자가 내담자에게 질문을 하면, 내담자는 자신과 치료자가 이미 알고 있는 정보나 새로운 정보로 답변하고, 치료자는 이 답변을 받아서 다음 질문을 한다. 이 반복되는 패

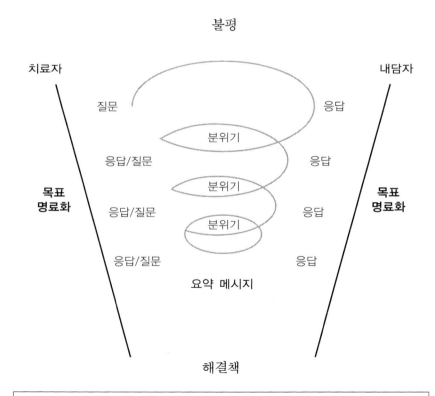

[그림 2-2] 치료 중에 이루어지는 치료자-내담자 교환 과정

턴 속에서 치료자는 반영할지, 긍정할지, 모호한 부분을 명확하게 밝히기 위해서 질문을 할지 혹은 기술을 사용할지를 선택하여야 한다. 이때 치료자는 자신의 선택이 내담자를 감정적으로 계속 편안하게 할 수 있는 것인지를 판단해야 한다.

예를 들어, 타마라는 남편과 헤어질지 말지를 결정하기 위해서 상담실을 방문했다. 그녀의 남편은 부부상담에 관심이 없다. 타마라가 토로한 남편의 문제, 즉 둔감함, 게으름, 무책임의 문제 중에서 한 가지 문제는 남편이 두 사람의 공동 생활비를 그녀와 상의하지 않고 자기 마음대로 쓰는 것이었다. 치료자가 물었다. "남편이 사전에 상의 없이 새 전기 장난감을 사러 나가면 당신은 어떤 행동을 하나요?" 타마라가 대답한다. "전 완전히 흥분하죠." 치료자는 이해했다는 의미로 고개를 끄덕이지만 좀 더 자세한 설명을 듣고 싶어서 질문한다. "그렇게 흥분하시면 어떻게 하시나요?" 타마라는 자신이 정말 많이 실망하고, 때때로 울면서 그에게 왜 이러냐고 묻기도 한다고 답한다. 이제 치료자는 그러한 조건에서는 내담자가 그렇게 반응하는 것이 지극히 정상적인 일임을 암시하는 정보를 갖게 되었다.

다음 회기에서 치료자와 타마라는 타마라의 결정을 돕기 위해서 남편과의 관계에서 얻을 수 있는 현재와 미래의 장단점에 대해서 계속 이야기했다. 치료자는 타마라가 남편의 행동에 대해서 보이는 자신의 반응을 어떻게 생각하는지 말할 때마다 수용해 주었다. 세 번째 회기가 끝날 무렵, 타마라는 남편이 또다시 충동구매를 했다고 말하고, 치료자는 이렇게 반응한다. "당신이 견디기 힘든 일이네요." 타마라가 대답한다. "맞아요, 하지만 전 그 물건들을 나쁘게 잃고 싶진 않아요." 이 대답을 듣고 치료자는 매우 놀라서 묻는다. "나쁘게 잃고 싶지 않다는 건 무슨 뜻이죠?" 타마라는 자신이 종종 화가 나서 남편이 그렇게 사 온 물건은 무엇이든지 부수어 버리고 집 주변에 던져 버린다고 털어놨다. 가끔씩 타마라는 남편에게 물건을 던지고, 실제로 맞힌 적도 있다고 한다. 치료자가 타마라에게 그녀의 성격이 부부 관계에 영향을 주는 것 같은지 질문하자, 타마라는 남편의 행동이 부부 관계를 악화시키지만 어렸을 때부터 자신의 성격이 문제였다고 말한다.

이 상호작용 사례는 해결책을 향해 좀 더 명확히 초점이 맞추어진 길로 안내하는 데 도움이 되는 정서적 분위기 속에서 내담자가 더 많은 정보를 제공하기 시작하는 방식을 보여 준다.

이중 트랙 사고

치료자는 내담자의 '독특한 협력 방식'을 이해하고 그것을 최대한 활용하기 위해서 노력해야 한다. 이를 위하여 치료자는 내담자가 하는 말과 행동으로부터 치료자 자신이 경험하는 내담자의 말과 행동을 구분해야 한다(Rober, 1999). 이 과정에서 자신의 생각뿐만 아니라 신체적 반응도 인식해야 한다(Anderson, 1995; Johnson, 1987). 내담자와의 관계에서 생기는 치료자 자신의 반응을 인식할수록 그 효과가 누적되어서, 치료자는 점점 더 자신의 반응을 능숙하게 인식하게 된다. Yvonne Dolan(1991)은 이것이 "우리가 한 개인이자 치료자로서 지속적으로 성장하는 과정"이라고 주장한다(p. 271).

이 과정을 실행하는 방법 중 하나는 마음속에서 두 개의 트랙을 동시에 달리는 것이다. 한쪽 트랙에서는 내담자를 지속적으로 살피고, 다른 한쪽 트랙에서는 치료자인 자신의 반응을 살핀다. 내담자 트랙에서는 내담자와 협력할 수 있는 방법(즉, 내담자의 화법, 세계관, 신념, 치료자나 타인과 상호작용하는 방식, 독특한 말버릇이나 비유)에 관한 정보를 수집한다. 개인 트랙에서는 치료자 자신의 생각, 느낌, 정서적 반응, 예감, 지식을 전송한다. 아직 관계를 설정하지 못한 새로운 내담자의 경우, 내담자 트랙은 다음과 같을 수 있다.

"이 남자는 사무실과 나를 아주 세밀하게 관찰하고 있다. 표정
이 매우 경직되어 있으며 웃지도 않는다. 정말로 단정한 모습이며
매우 비싼 옷을 입고 있다. 계속 비꼬는 말투로 자신에 대해서는
가급적 매우 적은 정보만을 제공하고 있다. 언제나 '내 직원' '내
비서' '내 종업원들'과 같은 표현을 사용한다."

이와 동시에 개인 트랙에는 다음과 같은 내용을 포함할 수 있겠다.

"저런 표정으로 나와 내 상담실을 세밀하게 관찰하는 방식을
보니 이 남자는 세상 모든 이를 깔보는 태도를 가지고 있다는 느
낌이 든다. 휴일 오전에 약간 어울리지 않게 너무 격식을 차려서
입고 왔고 내가 자신을 대단한 사람으로 알아주기를 바라는 것 같
다. 이 사람이 나를 시험하는 것 같다. 겁이 난다."

개인 트랙에서 내담자에 대해 가지게 된 반응 및 판단은 그 내용이 아무
리 부정적이어도 억제해서는 안 된다. 이런 부정적인 반응과 판단은 가치
있는 것인데, 내담자에게 신중하게 반응하도록 경고해 주기 때문이다. 이
런 제어 장치가 없다면 내담자에게 민감하게 반응할 기회가 줄어들 것이
다. 부적절한 부정적 반응이 외적으로 표현되면 내담자에게 수치심과 소
외감을 줄 수 있기 때문에 정서적 분위기에 해가 된다. 따라서 치료자는
다음의 시나리오처럼 생각함으로써 내담자에게 보내는 자신의 반응에 응
답할 수 있다.

"나는 치료자이고, 내담자는 아마도 겁을 먹은 것 같다. 그가 보

이고 있는 태도와 표정은 앞으로 다가올 불안을 처리하는 그만의 방법인 것 같다. 그는 자신이 겪고 있는 결혼 생활 문제 때문에 내가 자신을 비판적으로 대할 것이라고 생각하는 것 같다. 아내가 관계 유지를 위해서 상담 요구를 했기 때문에 어쩔 수 없이 상담실에 왔고, 그래서 기분이 상한 상태다. 마음을 좀 더 편안하게 만들어 주어야만 한다."

내담자에게 느끼는 개인적 감정으로부터 거리를 유지하는 가장 좋은 방법은 해결중심치료의 이론적 가정을 상기하는 것이다. 예컨대, 이 사례에서 치료자가 '모든 내담자는 독특하다.'는 가정을 머릿속에 떠올리면 내담자의 개별성에 초점을 맞출 수 있다. 즉, 내담자의 직업과 그 일의 중요성에 대해서 의도적으로 질문할 수 있을 것이다. 이렇게 하면, 내담자의 불안감과 거만하게 행동할 필요성을 줄일 수 있을 것이다. 이와 유사하게, 치료자가 '정서는 모든 문제와 해결책의 일부분이다'라는 가정을 머릿속에 떠올린다면 내담자가 이 상황을 불편해하고 있다는 인식을 할 수 있고 치료자 자신의 감정에서 자유로울 수 있을 것이다.

이중 트랙 사고가 유용한 또 다른 상황은 우리가 용인할 수 없는 어떤 행동을 내담자가 했다거나 하려고 한다고 말할 때다. 이런 경우에 치료자가 개인적 트랙을 따른다면, 치료자가 내담자의 행동을 용납하지 않음을 숨기는 데 도움이 된다. 또한 우리의 업무는 내담자가 좋은 결정을 하도록 돕는 것이라는 점을 기억하는 데 도움이 된다. 예컨대, '치료자는 내담자를 변화시킬 수 없으며 내담자 스스로 변화해야만 한다'는 가정을 상기한다면, 치료자는 내담자가 스스로 내린 결정의 장점과 단점을 따져 보는 데 도움이 되는 질문을 할 수 있다.

내담자에 대한 부정적 반응을 처리하는 데뿐만 아니라, 이중 트랙 사고는 긍정적 반응을 처리하는 데도 중요하다. 내담자에게 지나치게 긍정적으로 반응하면, 내담자는 치료자가 후원자가 되고 자신은 피후원자가 된 기분을 느끼게 될 수 있다. 개인적 트랙에 섬으로써, 치료자는 내담자에게 하려는 칭찬이나 긍정적 재명명이 무리가 있다고 판단되면 칭찬이나 재명명을 하지 않는 게 좋다.

아울러 이중 트랙 사고를 활용하면 요약 메시지를 쓰기 위한 중요한 정보를 얻을 수도 있다. 이에 대해서는 6장에서 논의한다.

사례: 로라

다음의 사례는 내가 이미 언급한 치료자-내담자 관계의 다양한 면을 보여 주고, 어떻게 치료자가 내담자와 함께 머물면서 동시에 긍정적인 태도를 보일 수 있는지를 특별히 강조해서 보여 준다.

로라는 45세의 프리랜서 그래픽 아티스트였다. 그녀가 나에게 찾아온 것은 이혼한 지 10년 정도 지났을 때였다. 그녀에겐 18세, 22세 된 딸이 둘 있었는데, 큰딸은 독립해서 따로 살고 있었다. 로라에게는 8년 동안 동거한 연인 샘이 있었다. 그녀는 자리에 앉자마자 관계 형성을 위한 사교적 대화를 시작하기도 전에 자신의 문제를 이야기하기 시작했다. 불안이 많은 내담자는 종종 그렇게 행동하곤 하는데, 정서적 분위기를 위해서 그런 반응에 협력하는 것이 가장 좋은 방법이다. 묻고 싶은데 놓친 것이 있다면 나중에 언제든지 질문할 수 있다.

로 라: 문제가 있어요. 음…… 전 최근에 Bradshaw가 쓴 『당신을 꽁꽁 묶은 수치심 치유하기(*Healing the Shame That Binds You*)』(1988)라는 책을 읽었는데요, 내용 중에 어떤 부분은 꼭 제 이야기 같았어요. 저는 삶에서 새로운 차원의 문제

를 마주하고 있다고 느끼고 있는데, 제 상황에 딱 맞아 보이는 설명이 적혀 있더라고요. 제 안에는 두려움에 떨고 있는 어린아이가 있는데, 그 아이는 감당할 수 없는 어려움 앞에 서 있는 것이에요. (울기 시작한다.) 전 너무 슬퍼요. (내가 그녀의 말을 이해했다는 사실을 전달하기 위해서 그녀에게 "무서울 뿐만 아니라 놀라신 것 같네요."라고 하자, 그녀는 고개를 끄덕이고는 말을 이어 갔다.) 저는 지난 가을 이후로 우울감을 느껴 왔는데요—그렇게 길게는 아니고 또 그렇게 심각한 것도 아닌데—24시간에서 36시간 동안 그래요—그래서 두려워요. 저는 제 삶에서 겪은 많은 것을 치유해 왔거든요. 그래서 이렇게 무력감을 느끼게 될 줄은 전혀 예상하지 못했어요. 정말 충격이에요! 저는 심지어 자살 생각을 학문적으로 해 보기도 했어요.

나는 로라의 극적인 표현에 약간 압도되었지만, 그녀가 자살 이야기를 꺼냈기 때문에 말을 중단시키고 확인해야 했다. 나는 그녀에게 '학문적으로 자살 생각'이란 말이 어떤 뜻인지 물었고, 로라는 그 말이 '누구든 이런 힘든 느낌이 항상 지속된다면 당연히 자살하고 싶어지겠구나'와 같은 생각이라고 설명했다. 하지만 그녀는 환생을 믿기 때문에 실제로 자살할 수는 없었다고 말했다.

그럼에도 나는 다음과 같은 말을 들었기에 자살 위험이 실제로 어느 정도인지 사정했다. "전 머리에 총을 쏘거나 약을 먹거나 신체를 훼손하는 일은 상상도 할 수 없어요. 전 그런 행동은 절대로 하지 않을 거예요. 유혈이 낭자한 그런 장면을 싫어하거든요. 그런 짓을 할 만큼 제 몸에 대해 초연해질까 봐 걱정이 돼요."

또다시 나는 제대로 이해했는지 확인하기 위해서 그녀가 한 말 중 '몸에 대해 초연해진다'는 것의 의미가 무엇인지 물어보았다. 로라는 자신이 무엇을 두려워하고 있는지 정확하게 알지 못하는 것 같았다. 그녀는 규칙적으로 명상을 하던 때에도 자신이 초연해지거나 해리를 경험하는 것처럼 느껴 본 적이 한 번도 없다고 했다. 나는 그녀에게 스스로 자신을 통제할 수 없을 것 같다고 느끼면 두렵겠다고 반영해 주었고, 그 시점에서는 자살할 위험이 없다고 결론을 내렸다.

이어서 로라는 한동안 장황하게 자신의 감정에 대해서 이야기했다. 말은 빠른 속도로 이어졌고, 그녀는 점점 더 혼란스러워하는 것 같았다. 나는 그녀가 이런 식으로 계속 말하는 것보다는 만약 기분이 더 좋아진다면 어떻게 알 수 있을지 명료화하도록 돕는 것이 낫겠다는 생각을 했다.

로   라: 제가 인생에 대해서 좀 더 열정을 갖게 된다면 기분이 좋아지겠죠. 음, 제가 그런 기분을 조금 느낄 때는 일할 때보다는 뭔가 재미있는 것을 할 때인 것 같아요. (또다시 이 대답이 너무 불분명하게 느껴졌다.)

치료자: 특히 삶의 어떤 영역에서 그런가요?

로   라: 주로 사교적 자리와 직장에서의 대인관계지요. 가족 관계나 가까운 사람과의 관계에서는 아니고요.

치료자: 사교적 관계라면 친구를 말씀하시는 건가요? (나는 로라가 한 말의 의미를 완전히 이해하기 전까지는 상담을 진행하고 싶지 않았다.)

로   라: 맞아요. 그러니까 제 인생에서 무엇이 잘 풀려 가고 있는지—무엇이 편하고 재미있는지—알 수 있을 때 제 상태가 좋아졌다는 걸 알 수 있을 것 같아요. 전 힘든 일과 잘 안 풀리는 일에 집착하곤 하거든요.

치료자: 그러면 보통 무엇이 편하고 재미있나요? (내담자의 말 중에

서 긍정적인 부분에 초점을 맞춘다는 점에 주목하라.)

로라는 동거하고 있는 연인과 큰딸에 대해서 이야기했다. 자신에게는 물질적으로 부족한 것은 없으며, 그래픽 디자인 사업을 막 시작하여 즐기면서 사업을 하고 있다고도 했다.

나는 초점을 조금 더 좁혀서 대화를 이어 갈 수 있기를 기대하면서, 로라가 자신의 삶 속에 있는 긍정적인 부분을 부정적인 부분과 비교해서 평가해 볼 수 있도록 척도질문을 했다. 하지만 그녀는 내 질문을 무시한 채, 자신의 업무 능력이 더 전문적이 될수록 점점 더 두려워진다고 이야기했다.

다음은 이중 트랙 사고가 도움이 됨을 보여 주는 부분이다. 나는 개인 트랙에 서서, 이 순간 로라는 해결책을 구축하기보다는 불만을 표현하고 싶어 하니까 긍정적인 예외에 대해서 좀 더 묻지 않는 편이 더 낫다고 생각했다. 그러나 개인 트랙에서 약간 다르게 나에게 떠오른 것은 로라가 장황하게 불만스러운 것에 대해 말하면 그녀의 불안이 커질 것 같고 그러면 아마도 도움이 되기보다는 해가 될 가능성이 많다는 생각이었다. 그래서 나는 척도질문에 담긴 상대적 관점이 로라에게 도움이 되기를 바라면서 척도질문을 했다.

치료자: 그래서 전반적으로 볼 때 매일 생활하면서 마음이 편안하신 시간이 몇 %나 될까요? 스트레스를 받으실 때와 비교하면요.

로　라: 전체 시간 중에서 70%는 스트레스가 있죠. (나는 편안할 때를 물었으나 로라는 반대로 답했다.)

치료자: 매일요?

로　라: 네.

치료자: 직장과 사교적 관계에서 모두 그런가요, 아니면 사교적 관계에서만 그런가요? (나는 로라의 대답이 그녀가 앞서 언급한 내용과 부합하는지 확인하려고 했다.)

로　라: 아뇨. 제가 삶을 꾸려 나가는 방식에서만 그래요. 청소하고 쇼핑 가는 일이요. (이 말은 그녀가 전에 한 말과 상반되지만, 대화의 초점과 관련이 없기 때문에 무시하고 넘어가기로 했다.)

치료자: 그렇다면 상황이 스트레스로 다가오지 않는 30%의 시간에는 뭐가 다른가요?

로　라: (내 질문을 무시하면서) 대안은 참 많은데요, 뭐가 저에게 좋은지 나쁜지는 알 수가 없네요.

　　나는 개인 트랙에 서서 로라가 부정적이고 싶어 한다는 사실을 인식했고, 정서적 분위기를 조심스럽게 살펴보는 것이 좋겠다고 생각했다. 그러면서 '치료자는 내담자를 변화시킬 수 없으며 내담자만이 스스로를 변화시킬 수 있다'는 해결중심치료의 핵심 가정을 떠올렸다. 따라서 나는 좀 더 주의 깊게 로라의 이야기를 듣기 시작했다. 로라는 Bradshaw의 책을 인용하여 사람들이 유기 공포를 느끼는 것은 어린 시절 모자 관계에서 애착이 제대로 형성되지 않은 탓이며 이것이 나중에 성인이 되었을 때 적절한 제한을 하기 어렵게 한다고 설명하였다. 로라는 이것이 그녀에게 많은 기회가 다가왔을 때 결정을 제대로 하지 못한 이유라고 보았다.

　　이 지점에서, 일부 해결중심 치료자는 두 가지 이유에서 로라의 논리를 수용하지 않을 것이다. 첫째, 이런 유형의 인과관계(역자 주: 현재 당면한 문제의 원인을 과거로 돌리는)를 탐색하는 것은 해결중심치료의 이론에 부합하지 않는다. 둘째, 만약 내담자가 서 있는 곳에 함께하기 위해서 이런 유형의 인과관계에 응해서 따라간다면 내담자는 과거의 부정적인 영역으로 떠밀려 갈 것이다. 하지만 로라의 논리를 외면한다면, 그녀는 또다시 유기

되는 느낌을 받을 수 있다.

　그래서 나는 로라의 불평을 계속 경청하기로 했다.

　로라의 말에 귀를 기울이니 마음이 불편해지기 시작했다. 첫 회기가 끝나가고 있는데도 로라가 하고 싶어 한 것은 오로지 불평을 하는 것이었다. 불평이 도움이 될 수도 있었지만, 회기가 진행될수록 그녀는 점점 더 불안해 보였다. 나는 그녀가 집으로 돌아가기 전에 치료의 방향에 대해 좀 더 분명히 이해하게 되면 치료에 좀 더 도움이 되리라 생각했다. 하지만 그녀의 답을 듣기 전에, 우선은 내가 그녀의 말을 정확하게 이해했는지를 확인해야만 했다.

　치료자: 그러니까 여러 가지 일 때문에 슬프고 혼란스러우신 것
　　　　　같네요. 당신의 말에 따르면, 때때로 당신은 자신을 통제
　　　　　하기가 어렵고 실패에 대한 두려움을 가지고 계시는 것
　　　　　같아요. 스트레스를 많이 받고 있고, 자살 생각을 학문적
　　　　　으로 해 봤고요. 문제가 될 만한 부적절한 애착과 유기에
　　　　　대해 궁금해하시고요. 이렇게 처리해야 할 것들이 많네요.
　　　　　그런데 한 가지 궁금한 게 있어요. 만약 지금 저에게 요술
　　　　　봉이 있고 그것으로 마법을 걸어서 밤사이에 당신이 원하
　　　　　는 일들이 모두 이루어진다고 가정한다면, 내일 아침에 당
　　　　　신이 잠자리에서 일어나셨을 때 모든 상황이 어떻게 되어
　　　　　있을 것 같으세요? (기적질문을 구사하는 방식은 매우 다양하
　　　　　다. 기적질문의 목적은 내담자가 해결책을 상상할 수 있도록 초
　　　　　대하는 것이다.)
　로　　라: 전 목표가 있어요. 제 삶이 향하고 있는 멋진 그림이죠.
　치료자: 그 목표는 어떤 것일까요? (의도적으로 미래 시제를 사용했다
　　　　　[원문: What do you think that goal 'will' be?]. 미래 시제는 변

화의 가능성에 대한 치료자의 태도를 암시한다.)

로　라: 저 자신에 대해 편안하게 느끼겠죠. 제가 할 수 있는 것과 할 수 없는 것을 분명히 알 거고요. 그리고 제가 누군지 말해 주는 통합감을 느낄 것이고, 그 방식대로 쭉 살아갈 거예요. (또다시 로라는 목표에 대해서 다르게 말했지만, 한 가지 주제[정체성에 대한 추구]는 좀 더 분명해졌다는 생각이 들었다. 그래서 나는 그녀의 언어를 사용해서 이 주제에 대한 예외를 물어보기로 했다.)

치료자: 그런 통합감을 느꼈던 때가 있었나요?

로라는 사업에서 성공했을 때와 아이들을 키울 때 통합감을 느꼈다고 말했지만, 그때 어떤 이유로 통합감을 느꼈는지는 답하지 못했다. 나는 이것이 그녀가 스스로 설정했던 목표를 이루는 것과 관련이 있는지 질문했다. 그녀는 그렇다고 대답했고 특히 큰딸과 관련이 있다고 말했다. 로라는 큰딸을 떠나보내면서 이전에 세운 계획대로 서로 성인으로서 건강한 관계를 만들고 있었다. (나는 우리가 내담자의 해결책을 탐색하면서 여러 가지 유용한 아이디어를 제시하는 것도 괜찮다고 생각한다. 질문이라는 형식이 우리가 내담자와 상호작용하는 유일한 방법은 아니다. 하지만 제안은 그냥 제안일 뿐이어서 내담자는 불일치의 느낌을 받지 않고 치료자의 제안을 거절할 수 있다.)

큰딸과 맺고 있는 긍정적 관계에 대한 이야기가 채 끝나기도 전에, 로라는 작은딸에 대한 이야기를 시작했으며, 작은딸은 조만간 대학 진학을 위해 집을 떠날 예정이고, 그리 잘 지내고 있는 것 같지 않다고 했다.

로　라: 작은딸이 집을 떠나는 일이 제가 해 온 부모 역할에 대한 시험 같아서 스스로 부담이 돼요. 그래서 두렵기도 하고요.

치료자: 작은딸이 당신을 떠나려고 하니, 부모로서 성적표를 받는 것처럼 느껴지시나 봐요!

로라는 웃으며 고개를 끄덕였다. 로라는 둘째 딸이 자신을 모든 면에서 빼어 닮아 언제나 둘째 딸을 걱정했다고 말했다. 로라가 딸의 나이였을 때, 모든 것이 '너무나 혼란스러웠지만' 아무도 이 사실을 몰랐다고 한다. 부모님은 로라가 대학 생활을 잘 해낼 거라고 믿었지만, 그녀는 약물과 알코올에 빠져들고 낙태를 경험했으며 매우 우울했다.

로 라: 그땐 몇 년 동안 너무 힘들었어요. 만약에 제 딸도 과거의 저처럼 힘들면서도 저한테 연락할 수 없으면 어떡하죠?

이 말을 들으면서 나는 또 한 번 선택의 순간이 다가왔음을 느꼈다. 계속 로라의 걱정에 머물러야 하는가, 아니면 그녀가 치료의 초점을 명확하게 좁힐 수 있도록 도와야 하는가? 상담을 마칠 시간이 거의 다 되었기 때문에 나는 두 가지 모두를 하기로 했다.

치료자: 그러니까 당신은 첫째 딸을 독립시키겠다는 목표는 이미 이루셨죠. 하지만 이제 당신은 둘째 딸도 성공적으로 독립시킬 수 있을지 걱정하고 계십니다. 이것은 충분히 이해할 수 있는 걱정인데, 당신은 둘째 딸이 당신을 쏙 빼어 닮았다고 생각하기 때문입니다. 당신이 어느 지점에서 예전에 당신이 부모님과 맺었던 관계보다 좀 더 원만한 관계를 둘째 딸과 맺고 싶어 하는지 알겠네요. 하지만 만약에 제가 요술봉으로 또 마법을 부린다면 내일 아침에 어떻게 또 달라질까요?

로 라: 제가 도전이 되는 일들을 환영하게 되겠죠. 아마 새로운 곳에 살 것 같아요, 집도 짓고요. 이런 일이 너무 큰일이라고 생각하는 대신에 열정을 가지고 생각해 보고 싶어요.

이어서 로라는 남편과 이혼한 후 12년 동안 간헐적으로 상담을 받으러 다녔노라고 말했다. 그녀는 더 이상 자기 자신으로 살아가기 힘들다고 느꼈을 때 이혼을 결심했다. 그 지점에서 그녀는 성장하기 시작했고 이전에 비해서 상대적으로 행복했다. 이후 아주 좋을 때도 있었고 아주 좋지 않을 때도 있었지만 요즘처럼 극단적인 느낌이 들 때는 없었다고 했다.

치료자: 그렇다면 상황이 극단적으로 가지 않도록 어떻게 모든 일을 처리하셨나요? (언제나 과거의 자원을 탐색하라.)

로 라: 저 자신에 대해서 많이 기대하지는 않았어요. 그냥 다시 시작했을 뿐이죠. 그리고 주위에서 많이들 도와줬고요. 그때는 여러 모임에 다녔던 것 같고, 지금보다 친구도 더 많았어요. 회사를 그만두고 프리랜서로 일하면서 좀 더 고립된 것 같아요.

치료자: 그러면 지금 당신이 원하는 것이 이루어졌다는 걸 어떻게 알 수 있을까요?

로 라: 제가 좀 더 편안해지면요.

치료자: 그걸 어떻게 알 수 있을까요? 당신 자신이나 친구들은 당신이 좀 더 편안해졌다는 걸 어떻게 알 수 있을까요?

로 라: 제 선택에 대해서 좀 더 자신감을 가지겠죠. 멍청하지도, 비합리적이지도 않을 거고요.

치료자: 예전에 당신이 자신의 선택에 대해서 자신감을 가졌을 때

에 관해서 말해 줄래요?

로　라: 샘과 함께 살기로 결정했을 때요.

치료자: 그때는 어떻게 그런 결정을 할 수 있었던 거죠?

로　라: (확연하게 얼굴 표정이 밝아지고, 말이 천천히 느려지며) 육감이 딱 왔어요. 신체적으로나 감정적으로나 제가 무엇을 원하는 지 느낄 수 있었고요.

치료자: 평소에도 보통 당신의 선택에 대해서 확신하시나요?

로　라: 네, 최근 5개월을 제외하면요.

이때 로라는 자신이 둘째 딸에게 대학으로 가지고 갈 짐을 너무 빨리 싸라고 재촉했는데, 이건 잘못한 일 같다고 털어놓았다. 로라는 빨리 딸을 보내고 스트레스에서 벗어나고 싶었다. 이 일에 대해 로라가 끝없이 잔소리를 해 대자, 마침내 둘째 딸은 화가 났고 로라에게 제발 그만 좀 하라고 했다. 그 후에 둘째 딸은 백혈구증가증을 앓게 되었고 이로 인해 한 달 정도 늦게 대학에 가게 되었다.

로　라: (눈물을 흘리며) 좀 더 잘 알았어야 했는데…….

로라는 다시 불평하기 시작했는데, 이번엔 그녀의 사업에 대해서였다. 내가 그녀에게 초점을 맞추어서 정서적 분위기를 해친 건 아닌지 걱정이 되었다. 그래서 분위기를 바로잡기 위해 나는 편안히 앉아서 로라가 우울한 마음을 좀 더 깊이 표현할 수 있도록 그녀의 말에 공감하며 경청했다.

로　라: 최근에 제 우울한 마음이 정말 바닥을 쳤어요. 아버지가 돌아가시는 것 같은 커다란 상실을 경험한 사람처럼요.

치료자: 둘째 딸이 집을 떠나면 큰 상실감을 경험할 것 같으세요?

(내담자가 아마도 가지고 있지 않은 혹은 가지고 있지만 인식하지 못할 가능성이 있는 생각을 치료자가 제공하면 내담자 마음에 동요와 불안이 일어난다.)

로　라: 음…… 그렇게 생각하진 않았어요!

치료자: 당신에게는 한 시기가 마감되는 거네요. 부모 역할을 잘 하시느라 지금까지 많이 애쓰셨죠. 이런 부분이 당신의 우울한 감정에 영향을 준다고 생각하시나요?

로　라: (잠시 조용히 생각한 후에) 네, 그런 것 같아요.

　　이 지점에서 나는 그녀가 느끼는 상실감과 애도 감정을 다루는 방향으로 나아갈지 말지를 결정해야 했다. 그녀의 말은 계속해서 매우 감정적이어서, 인지적인 변화가 그녀에게 좀 더 도움이 되리라 판단했다. 따라서 나는 그녀에게 '두 가지 모두 관점(both-and perspective)'을 부여할 이점질문(advantage question)을 했다.

치료자: 저는 방금 좀 다른 생각이 들었어요……. 조금 생소하게 들릴 수도 있는 질문인데요, 저는 지금까지 당신이 이야기해 주신 모든 것을 통해 당신이 얼마나 우울하며 얼마나 힘들었는지를 제가 잘 이해했는지 당신에게 확인하고 싶네요. 하지만 동시에 이런 것도 궁금했어요. 열정적이고 결단력 있고 원기 왕성한 느낌과 반대되는 상태를 겪어 오시면서, 혹시 그 안에서도 좋았던 점이 조금이라도 있다고 생각하시는지 말이죠.

로　라: (꽤 오랫동안 조용해졌다가 갑자기) 그 말씀은 저로 하여금 너무 많은 책임을 지지 않게 하려는 일종의 보호책이지요? (그녀는 깜짝 놀란 것 같았다.) 이런 말이 어디서 튀어나왔는지 모르겠네요.

치료자: 그러게요. 왜 지금 그런 이야기가 나왔을까요?

로　라: 모르겠어요. 음…… 아마도 제 생각에는 아이들이 떠나면 저도 떠날 수 있겠다는 생각이 들어서 그런 것 같아요.

치료자: 떠나요? 밀워키를요? 샘을요? (나는 내담자의 말을 듣고 놀랐다. 상담을 더 진행하기 전에 이 말을 이해해야만 했다.)

로　라: 둘 다요.

치료자: 혹시 갈등되는 부분이 있었나요?

로라는 지금까지 자신에게만 집중했던 경험이 없다고 설명했다. 부모님을 떠나서 대학 기숙사로 갔다가 결혼을 했고, 이혼을 한 후에는 아이들을 키우느라 정신이 없었다는 것이다.

로　라: 제 마음 한켠에서는 '나는 처음으로 끈 떨어진 연 같을 거야'라고 하네요.

치료자: 그러게요. 좋기도 하지만 무섭기도 하겠네요!

로라는 진짜로 샘을 떠나길 바라지는 않았지만, 자신이 계속 성장하는 느낌을 갖기 위해서는 감정적으로나 경제적으로 좀 더 독립적으로 살아 봐야 할 거라고 말했다. 그녀는 이 상황을 둘 중에 하나만을 선택해야 하는 상황으로 믿는 것처럼 보였고, 나는 둘 다 가능하다는 관점에서 응답하였다.

치료자: 혹시 좀 더 독립적으로 살아가는 느낌을 가지는 것과 샘과 깊은 관계를 유지하는 것을 동시에 할 수 있다고 상상할 수 있으신가요?

로라는 잘 모르겠다고 대답했는데, 자신이 누군가에게 너무 몰두하거나 반항하는 경향을 가지고 있기 때문이라고 했다. 그녀는 자신이 분노를 쌓아 두는 경향이 있으며, 진짜로 화가 나면 심지어 직장에서도 폭발할 때가 있다고 했다.

로 라: 전보다는 나아졌어요. 하지만 저는 여전히 조직 안에서 제 자신을 지키는 방법을 배울 필요가 있어요. 이것이 제가 저 자신을 고립시키는 이유죠.

나는 좌절감을 느꼈다. 로라가 다시금 자기비판으로 돌아왔기 때문이었다. 하지만 '해결중심치료는 천천히 돌아가는 것이다'라는 생각이 떠올랐고, 나는 해결책에 관한 대화를 더 이상 시도하지 않았다.

치료자: 자, 아직도 말씀하고 싶으신 이야기가 많은 것 같네요. 미리 말씀 드릴 기회가 없었는데요, 이제 잠깐 쉬면서 오늘 상담을 마무리하겠습니다. 그 시간 동안 오늘 이야기한 내용을 정리해 본 후에, 제가 생각한 것을 말씀드리고 한 가지 제안도 할까 합니다.

이 시기에 나는 반영 팀 없이 혼자 일하고 있었기 때문에 내 방으로 가서 혼자 생각하면서 요약 메시지를 만들었다(7장 참조). 다음은 내가 로라에게 준 메시지다.

치료자: 오늘 당신에게 들은 이야기는 이렇습니다. 당신은 힘든 삶을 살아오셨어요. 언제나 사람들이 당신에게 기대하는 옳은 일을 했고요. 하지만 지난 10년 동안 점진적으로 당신

은 사람들을 기쁘게 하는 일과 당신 자신에게 옳은 일 사이에서 균형을 잡기 시작했어요. 당신은 약물중독과 알코올중독, 성공적이지 않았던 결혼 생활, 혼자서 아이 키우기 등 많은 어려움을 잘 극복해 왔지요. 당신은 스스로 치유하고 성장해 왔어요. 지금은 심각한 우울감과 관련된 문제, 특별히 버림받는 것과 관련된 문제를 해결하려 애쓰고 있고요. 한편, 당신을 빼어 닮은 작은딸이 집을 떠날 준비를 하고 있어요. 자연스럽게 당신은 자신이 그 아이를 잘 키워 낸 것인지, 혹은 당신이 그 나이 때 그랬던 것처럼 그 아이가 행복한지 불행한지 걱정을 하고 있어요. 이제 당신은 딸을 떠나보낼 준비를 하면서 난생 처음으로 이런 생각을 하고 있죠. '앞으로는 나 자신을 기쁘게 할 수 있어. 이젠 내가 책임져야 할 사람이 없어.' (내가 잘 이해한 건지 로라에게 확인했다.) 맞나요? (로라가 고개를 끄덕인다.) 이 모든 일에 잘 대처해 오신 걸 보면 당신은 통찰력과 강점이 많은 분으로 보여요. 지금까지 당신이 잘 헤쳐 온 것은 당신의 능력 때문이라고 생각합니다. 하지만 지금은 당신의 인생에서 상실과 불확실함의 시기에 놓여 있습니다. 한 시기가 끝나고 있기 때문에 슬프기도 하고, 또 다른 시기가 시작되고 있기 때문에 흥분되고 놀랍기도 한 것인데, 충분히 이해할 만합니다. 이런 시기에 감정적으로 통제력을 잃을 것 같은 느낌을 갖게 되고 때때로 정체된 느낌을 받는 것은 지극히 이해할 만한 일이에요. 특히 당신처럼 자신의 삶에 대해서 이해하려고 애쓰고 삶을 지탱해 가려는 사람이라면요.

아시다시피, 독립과 의존은 어느 하나만 취할 수 있는 것이 아니라고 생각해요. 진정으로 독립적인 사람은 언제 도움을 청해야 하고, 언제 스스로 해 나가야 하는지를 아는 사람이거든요. 로라, 당신은 이미 이런 사실을 잘 알고 있는 것 같아요. 당신은 도움의 가치를 이해하고 있고, 그래서 여기에 도움을 받으러 온 거잖아요. (로라가 고개를 끄덕인다.) 덧붙이고 싶은 말이 있으신가요? (로라가 고개를 가로젓는다.) 자, 그러면 저는 당신이 앞으로 또 여기에 와서 저와 좀 더 이야기를 나누고 싶은지 궁금하군요.

로 라: 네, 물론이에요. 선생님은 제 마음을 이해하시는 것 같아요.

치료자: 그러면 다음에 오실 때까지 이런 생각을 한번 해 보세요. "내가 내 인생 길에서 앞으로 나아갈 준비가 될 때, 누군가를 버리고 있다거나 누군가에게 버림받고 있다는 느낌 없이 어떻게 앞으로 나아갈 수 있을까?" (내가 유기라는 그녀의 원래 주제로 돌아갔다는 사실에 주목하라.)

로 라: 선생님이 아까 언급하셨던 진정한 독립 이야기가 아주 마음에 와 닿네요! 전 혼자가 되긴 싫어요. 하지만 어떻게 제가 사람들과 관계를 맺으면서도 저 자신으로 살아갈 수가 있을까요?

로라는 10일 후 다시 상담실에 왔을 때 다른 사람이 된 것 같았다. 그녀는 웃고 있었으며 뭔가 또렷해 보였다. 그녀는 첫 회기 이후 조금 힘든 시간이 있었지만, 자신을 통제할 힘이 생겼다고 말했다.

로 라: 요즘 저는 저답게 살고 있고요, 모든 일이 잘 풀려 나갈 거라는 믿음이 생겼어요. 선생님이 내주신 과제를 하다 보니 제가 생각해 온 것에 집중할 수 있었고요. 선생님께서 제

이야기가 말이 된다고 하시고…… 우리가 같은 생각을 가진 거죠. 그리고 나서 버려질까 두려워하는 것에 대해서 대처하는 방법은 저 자신을 버리는 것이 아니라 저에게 머무는 것이고, 너무 정서적으로 되지 않으면서 상황을 받아들이고 침착하게 저 자신으로 남아 있는 것임을 깨닫게 되었어요.

치료자: 어떻게 자신을 버리지 않을 수 있으실까요?

로 라: 언제나 제가 존재하고 있음을 상기하는 거죠. 제 몸 안에 진짜 제가 있어요. 고립감을 느낀다고 다른 사람들에게 찾아가 답을 찾아도 소용없죠. 답은 제 안에 있으니까요. 오랫동안 힘든 일들을 잘 견디며 지켜 온 저 자신 말이에요.

로라는 딸을 돌보는 일에 지쳤고 딸에게서 떨어져 있을 시간이 필요했지만, 계획했던 대로 지금 당장 그 모든 것과 헤어질 순 없을 것 같아서 화가 난다고 말했다. 하지만 지난 회기 이후로 이별의 시점이 결정적으로 중요한 것은 아니라는 걸 깨달았고, 잠시 늦춰졌기 때문에 오히려 이별을 잘할 수 있는 기회가 생긴 것 같아서 좋다고 했다. 그리고 그녀는 즐겁게 일할 수 있을 것 같은 새로운 디자인 프로젝트를 시작했다고 했다.

회기의 마지막에 로라는 자신이 계속해서 상담을 받을 필요가 있는지 물었다. 나는 그것은 오로지 그녀의 판단에 달렸다고 말했다. 그녀는 우선은 한 달 후로 약속을 잡되 올 필요가 없다고 느껴지면 취소하기로 했으며, 실제로 약속을 취소했다. 나는 그 후로 우연히 로라를 몇 번 만났는데 그때마다 로라는 계속 잘 헤쳐 나가고 있다고 말했다.

내가 로라 이야기를 제시한 이유는 그녀가 해결중심 치료자들에게 특별히 도전이 되는 유형의 내담자였기 때문이다. 내담자가 끊임없이 풀어

놓는 부정적인 이야기를 어디까지 들어 줄지, 그리고 과연 어느 시점에 내담자를 긍정적인 이야기와 미래로 유도할 것인지를 결정하는 것은 매우 힘든 일이다. 정답은 내담자의 답변에 따라 양자를 모두 구사하는 것이다. 중요한 것은 기법의 사용보다는 서서히 전개되는 관계와 정서적인 분위기에 좀 더 큰 가치를 부여하는 일이다. 이러한 생각은 해결중심치료에서 관계를 만들어 가는 과정에 대한 실증적 연구를 통해서 확증되었다(Beyerbach et al., 1996). 즉, 이 연구에서는 치료자들이 변화를 만들어 내기 위해서 내담자와 나누는 대화를 통제하려고 시도하면(예컨대, 빈번한 질문과 답변의 패턴으로), 내담자는 좀 더 빨리 치료를 중단하게 된다는 사실을 발견하였다. 연구자들은 때로는 아무런 개입도 하지 않고 그냥 경청만 하는 편이 결국에 가서는 이로울 수 있다고 제안하였다.

이 사례에서 나는 회기 중에 로라와 나눈 대화를 통해서 내가 그녀를 이해하려는 노력을 하고 있음을 전달해야만 했다. 하지만 회기 중에 표현된 그녀의 답변을 살펴보면 로라는 내가 그녀를 이해하려는 노력을 했는지 잘 몰랐을 수도 있었다. 대신, 그녀는 내가 마지막에 읽어 준 상담 내용에 대한 요약 메시지를 듣고서 내 노력을 인식했고, 새로운 시각을 갖게 되었다. 나는 나와 로라의 관계를 굳게 만들어 준 신뢰를 제공한 것이 바로 이 요약 메시지라고 믿는다.

다음 장에서도 나는 치료자가 내담자와 관련해서 내려야만 하는 선택에 대해서 계속 다룰 것이다. 특히 내담자의 어떤 말에 응답하고 어떤 말을 무시할 것인지의 결정에 대하여 좀 더 다루고자 한다.

CHAPTER **03**

내담자 이해하기

　해결중심 치료자들이 흔히 던지는 질문은 내담자와 대화를 나눌 때 어떤 말에 반응하고 어떤 말은 무시할지를 어떻게 결정하는가 하는 것이다. 내담자는 자신이 하고 싶은 이야기에 대해서 자기 나름의 생각을 가지고 있으며, 우리가 질문할 때 그들이 항상 답변하지는 않는다는 사실을 깨달으려면 많은 경험을 쌓아야 한다. 상담 내용이 긍정적인 것이나 미래에 대한 것이 될 수 있도록 내담자를 강제로 끌고 갈 때보다 내담자의 욕구를 무시할 때 더 나쁜 결과가 초래될 수 있는데, 이때 느끼는 압박이 정서적 분위기에 영향을 끼칠 수 있기 때문이다. 그럼에도 불구하고 해결중심치료의 핵심은 내담자가 자신의 상황을 다르게 인식하는 방법을 개발하도록 돕는 것이다. 이 장에서는 반응과 무시의 딜레마에 초점을 맞추고 이를 다루는 여러 가지 방법에 대해 논한다.

89

듣기 대 경청

내담자의 말 중에서 어떤 말에 반응하고 어떤 말은 무시할지를 결정하는 것은 '듣기(hearing)'와 '경청(listening)'의 구분과 관계가 있다. 듣기에 관해서 말하자면, 우리는 내담자가 우리에게 말하는 모든 것을 듣는다. 반면에, 우리가 경청할 때는 우리가 가진 특정 이론과 그 핵심 가정에 기초해서 내담자의 말 중에서 어떤 부분에 주의를 기울여서 경청할지를 선택한다. 그리고 경청이란 적절한 질문과 답변을 하기 위해서 주의를 집중하는 태도를 가리킨다(Lipchik, 1988a; Lipchik & de Shazer, 1986). 예컨대, 우리는 내담자에게 상담 전 변화에 대해 물어보는 것이 해결책 구축 과정에서 중요할 수 있다는 이론적 지식(Weiner-Davis, de Shazer, & Gingerich, 1987)이 있기 때문에 이에 귀를 기울인다. 또한 '어떤 것도 항상 부정적이지만은 않다'고 가정하기 때문에 내담자가 자신의 상황이 특별히 절망적이라고 말할 때에도, 그 안에 예외나 강점으로 주목할 수 있는 그 어떤 작은 세부사항이라도 있는지 발견하려고 애쓴다. 내담자로부터 듣는 내용은 어떤 것도 무시하지 않지만, 오로지 내담자에게 도움이 될 가능성이 있는 이야기에만 반응한다. '듣기'는 상대적으로 수동적인 과정으로서, 경청을 위한 배경으로 기능한다. 우리는 내담자의 말을 들으면서 그들이 원하는 것이 무엇인지에 대한 일반적인 이해를 갖게 되고, 그들이 어떤 방식으로 치료에 협력하는지도 알게 된다. 듣기를 통해서 내담자가 하는 말의 뜻과 그들이 느끼고 있는 것 그리고 그들이 말하지 않고 있는 것을 파악할 수 있다. 때때로 우리는 우리가 들은 내용에 대해서 좀 더 명확하게 설명해 달라고 내담자에게 요청하기도 하는데, 이는 내담자가 뜻하는 바가 좀 더 명확해지면 해결책으로 통하는 실마리를 얻을 수도 있기 때문이다. 내담자가 우리의 요청에 부응해서 생각을 좀 더 분명하게 표현한다면 이것은 상담의 방향을 바꾸는 계기가 될 수 있고 주의를 기울여서 경청해야 할 초점이 된다. 이 과정을 통해서 해결책이 분명해진다면 변화를 강화하기 위한 목적으로 경청을 시작할 수 있다.

예컨대, 중학교 생활지도 교사가 의뢰하여 우리 상담소에 온 잭이라는 학생의 부모는 아들이 학교에서 보인 통제 불가능한 폭력성에 대해서 고민을 이야기할 수도 있지만, 나는 또한 잭이 고약한 잠버릇과 낮은 위생관념을 가지고 있고 남동생과 사이가 매우 좋지 않다는 이야기를 '듣게' 될 수도 있다. 나는 그들에게 어떤 문제부터 다루고 싶은지를 물어볼 것이다. 만약 그들이 잭이 동생과 사이좋지 않은 문제를 선택한다면 그때부터 나는 그 문제에 초점을 맞추어 '경청'할 것이다. 하지만 나는 부모가 말하는 모든 것에 일일이 반응할 수는 없을 것이다. 그렇게 한다면 우리의 대화는 초점이 없어질 것이고, 내담자는 상담실에 올 때보다 좀 더 혼란스러워하면서 집으로 돌아갈 것이기 때문이다. 따라서 내가 경청하는 동안, 이 부모가 잭이 남동생에게 보이는 행동의 원인에 대해서 서로 합의를 하지 못한다고 해도, 나는 처음에는 이것을 무시할 것이다. 왜냐하면 인간 행동에는 진정한 인과관계라고 할 수 있는 것이 없기 때문이다. 그러나 이러한 불일치가 상담에 정신을 집중하지 못하도록 만드는 잡음으로 들린다면, 나는 그것을 부모 사이에서 이뤄지는 합의의 징후, 즉 해결책으로 안내할 수도 있는 작은 진전의 징후로 보고 경청을 시작할 것이다. 부모 두 사람이 합의하는지 주의 깊게 경청하고 있는데 그들 사이의 불일치가 잭의 문제나 일반적인 양육의 문제를 넘어선다고 느껴진다면, 나는 그들에게 잭과 남동생의 관계에 대해서 이야기하고 싶은 건지, 아니면 그들이 가지고 있는 일반적인 불일치에 대해서 이야기하고 싶은 건지를 확인할 것이다. 이 부분을 명확하게 하지 않는다면, 내가 어떤 말은 반응하고 어떤 말은 무시해야 할지 알 수 없을 것이다. 앞에서 정형화된 공식처럼 기술되었지만, 대화에 초점을 맞추는 이러한 과정은 실제 치료에서는 안정된 정서적 분위기(단단한 감정적 분위기)를 만들기 위해서 이해와 공감과 함께 상황에 따라 달리해야 할 것이다.

의 미

듣기와 경청은 내담자와 치료자 사이에 이루어지는 언어적 상호작용이며 반복적인 조율 과정이다. 이러한 의미에서 듣기와 경청은 언어의 필수 요소라고 할 수 있다(Maturana, 1987, p. 211). 우리는 내담자가 말하는 자신의 삶의 의미를 듣고 경청도 하는데, 이 의미를 통해서 내담자의 독특한 세계관을 이해할 수 있기 때문이다. 내담자가 말하는 의미는 주관적인 한편 '맥락 의존적'이기도 하다(Anderson, 1997, p. 206). 예컨대, '이혼'이라는 단어는 독실한 가톨릭 신자와 무신론자, 부모가 이혼한 사람과 부모가 행복한 결혼 생활을 한 사람, 이전에 이혼을 경험한 사람과 이혼을 경험하지 않은 사람 각각에게 다른 의미로 다가갈 것이다. 한편으로 내담자와 우리는 우리 사회가 규정하는 이혼의 정의를 공통적으로 알고 있지만, 우리가 이혼 과정이 특정 내담자에게 가지는 의미를 안다고 하기는 어렵다. '이혼'은 실패, 수치, 죄악, 안도감 등 다양한 의미를 가질 수 있다.

이야기치료자들(Freedman & Combs, 1996; White, 1995; White & Epston, 1990)은 내담자가 자신의 삶과 자신이 사람들과 맺어 온 관계에 대한 이야기를 생각해 보도록 돕고, 문제가 덜 존재하는 새로운 관점으로 인생을 바라보며 새로운 경험을 할 수 있도록 돕기 위해서 의미에 대한 질문을 사용한다.

협력적 언어 체계 치료자들(Anderson, 1997; Hoffman, 1990, 1998)은 치료적 대화 전체를 '문제 소멸과 자기확신'으로 이끄는 새로운 의미를 만들어 내는 방법으로 간주한다.

해결중심치료에서는 의미에 대한 탐색을 통해서 문제가 어떻게 이해되고 있는지와 내담자는 문제가 해결된 것을 어떻게 알 수 있을지에 대해서 좀 더 명확한 정보를 얻는다. 예컨대, 언니와 격하게 싸우고 있는 내담자가 이 상황을 다루는 것에 대한 도움을 받기 위해서 상담실에 왔다고 말할 때, '이 상황을 다루는 것'이 그녀에게 어떤 의미인지를 물어봐야 한다. 이 말은 그녀가 자신을 변화시키고 싶다는 뜻일 수도 있고, 언니를 변화시키고 싶다는 뜻일 수도 있다. 이와 같이 의미에 차이가 있을 경우 해결책 구축을 위한 과정도 달라질 수 있다. 만약에 우리가 내담자에게 집요하게 그 말의 구체적인 의미를 물어보지 않는다면, 상담은 엉뚱한 이야기만 하다가 끝날 수도 있다.

의미를 묻는 질문을 하면 내담자는 종종 감정에 관련된 대답을 한다. 이때 감정에 관한 대답이 나오지 않았는데 감정을 물어보는 것이 적절하다고 판단되는 경우, 의미를 묻는 질문에 이어 내담자의 감정을 끌어내는 질문을 할 수 있다. 예컨대, 위에 언급한 내담자가 언니를 변화시켜서 언니가 어머니에게 내담자에 관한 모욕적인 말들을 하지 못하게 하고 싶다면, 이런 목표는 우리가 타인의 행동을 변화시킬 수 없기에 비현실적이다. 그러나 치료자가 내담자에게 언니의 행동이 내담자에게 감정적으로 어떻게 영향을 주느냐고 묻는다면 내담자는 언니의 반응에 화가 나고 거절받은 느낌이 들거나 겁이 난다고 이야기할 수 있을 것이고, 그러면 당면한 문제를 좀 더 현실적인 목표로 이어질 수 있는 문제로 재정의할 수 있다. 새로운 상황에서는 내담자의 언니가 아닌 내담자 자신이 뭔가 다른 시도를 해야 할 필요가 생기기 때문이다.

해결중심치료에서 의미를 어떻게 활용해야 하는지에 대한 나의 설명은 목적지향적이거나 전략적으로 들릴 수도 있다. 그렇다. 나는 내담자의 반응 중에서 무시할 것과 귀 기울일 것을 선택하기 위한 목적과 전략이 존재한다고 말하고자 한다(Quick, 1994). 우리는 이론과 이에 근거한 질문에 대해 내담자가 보인 반응에 근거하여 어떤 이야기를 경청할 것인지 결정한다. 이 과정에서 가장 중요한 것은 우리의 의도다. '우리는 내담자를 변화시킬 수 없으며 오직 내담자만이 스스로를 변화시킬 수 있다'는 가정을 진심으로 믿고, 내담자가 자신의 해결책을 발견할 수 있도록 돕겠다는 목적으로만 내담자와 관련한 결정을 내려야 한다.

단지 새로운 의미를 만들어 내기 위해서 내담자에게 의미를 묻는 것은, 이 과정을 통해서 새로운 정보를 얻을 수 있다고 하더라도 해결중심적이지는 않다. 의미에 대한 무작위적인 질문은 해결책 구축 과정을 혼란스럽게 만들 수 있기 때문이다.

문제중심 대화 대 해결중심 대화

해결중심치료에서는 '문제중심 대화(problem talk)'는 무시하고 무조건 '해결중심 대화(solution talk)'를 해야 한다고 흔히 생각한다. '해결중심 대화'와 '문제중심 대화'라는 용어는 내담자가 자신의 삶에 대해서 말하는 내용의 긍정적인 면(예외, 자원, 최근의 변화)과 부정적인 면(문제지향적인)을 명료하게 드러내기 위해서 오래전 단기가족치료센터에서(de Shazer, 1994, p. 80) 만들어 낸 것이다.

해결중심 대화가 내담자에게 미치는 효과는 두 연구의 결과로 잘 알려져 왔다. 먼저, Gingerich, de Shazer와 Weiner-Davis(1988)는 첫 회기에서 가능한 한 조기에 해결중심 대화를 시작하면 변화가 좀 더 빨리 일어나고 전체 상담 회기가 줄어든다는 사실을 보고했다. 또한 Shields, Sprenkle과 Constantine(1991)은 해결중심 대화가 조기에 시작되면 치료 효과가 좀 더 오래 지속되고 완결될 수 있다는 사실을 보고했다. 이러한 연구 결과는 유익하기는 하지만, 치료자가 내담자를 만날 때 언제나 곧바로 해결중심 대화를 시작해야 한다고 잘못 해석되어서는 안 된다. 치료자가 내담자에 관한 결정을 내릴 때는 각 내담자의 개인적인 상황에 기초해야 하며, 치료자-내담자 관계의 질을 항상 최우선으로 고려해야 한다.

해결중심 대화를 할지 말지 결정하는 사람은 치료자가 아닌 내담자다. 2장에서 언급한 내담자 로라는 치료자가 해결중심 대화를 시도할 때마다 문제중심 대화로 되돌아가곤 했는데, 심지어는 그녀 자신이 긍정적인 답변을 했을 때조차도 문제중심 대화로 되돌아갔다. 그녀의 반응을 두고 생각해 보면 그녀는 아마도 자신의 문제에 대해서 치료자에게 계속 토로하고 싶어 했던 것 같다. 하지만 치료자는 로라와 긍정적인 미래에 관한 대화를 하기 위해서 지속적으로 시도하였다. 이러한 치료자의 노력은 어떤 식으로든 로라에게 각인되었을 것이고 로라가 혼자 힘으로 발견한 해결책을 회기와 회기 사이에 시도해 보는 데 간접적으로 영향을 주었다. 우리가 내담자에게 한 말이 그들에게 어떻게 영향을 주는지 결코 알 수 없지만, 내담자가 원하지 않는 방향으로 치료자가 너무 강하게 밀어붙이기보다는 내담자의 자발적인 움직임을 따르는 것이 더 안전하다.

해결중심치료의 최초 개발자 중 한 사람인 Marilyn LaCourt는 '전환 대화(transition talk)'라는 용어를 처음 사용하였는데, 내담자와의 전환 대화를 통해 치료자는 희망적인 면을 이야기하고 내담자의 동기를 사정하고 작은 변화에 집중하며 내담자의 과거 성공 경험을 밝혀낸다. 그녀는 문제중심 대화를 반드시 부정적으로 보지는 않았는데, 문제중심 대화를 함으로써 내담자를 이해하고, 공감하며, 불평의 우선순위를 정하고, 내담자가 원하는 것을 분명히 할 수 있기 때문이었다(개인적 담화, 1999).

'문제중심 대화'나 '해결중심 대화' 같은 뭔가를 설명하는 용어를 사용할 때 발생할 수 있는 위험은, 이런 용어가 매우 구체적(이분법적)이어서 우리가 내담자에게 너무 지시하는 자세를 취할 수 있다는 것이다. 감정적인 분위기에 줄 수 있는 악영향 외에도, 이런 꼬리표 붙이기(labeling)는 해결책을 구축하는 과정에 도움이 될 수 있는 세부 사항을 듣지도 못하고 경청하지도 못하게 할 수 있다. 따라서 내담자와 나누는 대화를 '문제중심 대화'와 '해결중심 대화'로 생각하기보다는 상호 과정(languaging, 언어를 주고받기)으로 생각하는 것이 더 좋겠다. 이 과정 동안 내담자가 가진 문제와 해결 가능성이 옷감으로 직조될 것이고, 이 옷감은 결국 내담자에게 해결책이 될 것이다. 슬픔을 질병이라고 보면 문제가 될 수도 있지만, 애도하기를 미루었던 사람이 마침내 상실을 받아들여서 슬픔을 느끼는 것이라고 보면 슬픔은 해결책이 될 것이다.

내담자와 나누는 대화의 어느 측면에라도 부정적 꼬리표를 붙이는 것은 거의 가치 없는 일이며 주의를 산만하게 한다. 내담자의 말이 긍정적이든 부정적이든 내담자의 말을 들을 의도를 가진다면, 내담자의 새로운 관점 형성을 돕기 위해 언제 경청을 시작할지 이해하게 될 것이다. 예컨대, 어떤 내담자가 문제에 대해서 이야기하면서 갑자기 과거 시제를 사용했다고 하자. "요즘엔 밤에 악몽도 꾸고 잠을 제대로 못 자서 아침에 일어나기가 힘들어요. 침대 밖으로 빠져나오기까지 오랜 시간이 걸리죠. 보통은 몇 번 다시 잠이 들기도 했는데, 그래도 벌떡 일어나지를 못하고 있어요." 내담자의 말 중에서 '잠이 들기도 했다'는 부분에 주목하라. 어쩌면 이 부분이 치료자가 주목하고 확대해야 할 긍정의 씨앗이 될 수도 있다. 먼저 치료자는 내담자의 상황이 얼마나 힘든지 잘 들었다는 사실을 내담자에게 전하고 이렇게 질문할 수 있겠다. "최근에 당신이 아침에 일어나는 패턴에 어떤 변화가 있었다고 말하신 게 맞나요?" 내담자가 맞다고 대답한다면, 그러한 변화가 의미하는 바가 무엇인지, 어떻게 그런 일이 발생한 것인지, 그러한 일이 계속 일어나기를 바라는지, 혹시 그런 일을 의도적으로 다시 하고 싶은지 등에 대해서 내담자와 이야기를 나눌 수 있다. 수용과 이해의 정서적 분위기 속에서 이렇게 과거 시제로 표현된 한 단어를 놓치지 않고 점차적으로 상세하게 이야기하다 보면 내담자가 자신의 상황에 대해서 새롭게 생각하고 행동하고 느끼도록 도울 가능성이 생길 수 있다.

치료자의 작업이 예술성이 있다고 하는 것은 내담자마다 치료 과정을 다르게 해야 하기 때문이다. 치료자의 작업에는 경험으로 연마된 판단력과 직관이 필요하다. 중요한 점은 우리가 내담자의 세계 경험 방식을 듣고 이해한 정도를 바탕으로 치료 과정을 개별 맞춤한다는 것이다.

내용 대 과정

> 가족치료자가 내담자 가족과 대화하는 것은 문제의 내용이지만 그가
> 생각하는 것은 가족이 문제 해결을 위해 토론하는 과정이다.
> – Nicholas & Schwartz(1995, p. 487)

'내용(content)'은 내담자가 자신의 상황에 대해서 우리에게 말하는 것이며, '과정(process)'은 내담자가 자신이 말하는 것과 관련해서 행동하는 방식을 가리킨다. 내담자는 보통 자신이 어떤 방식으로 말했는지(process)를 제대로 인식하지 못한다. 극단적인 예는 상담실에 찾아와서 생명에 위협이 되는 심각한 문제에 대해서 말하면서도 가볍고 장난스러운 태도로 웃음까지 터뜨리며 말하는 가족이 될 것이다.

치료자들의 관심이 인간의 행동에 초점을 맞추는 체계론적 사고로부터 인간의 인지에 초점을 맞추는 언어로 이동함에 따라, 과정(process)에 대한 관심은 인기가 없어졌다. 새로운 의미 창조하기가 행동양식에 변화 주기를 대체하게 되었다. 이전의 치료자들이 "조니가 우유를 엎지른 것을 보고 아버지가 큰 소리로 나무란다면 어머니는 어떤 행동을 보이시나요?"라고 질문했다면, 이제는 우유를 엎질렀다고 아들을 나무라는 아버지의 행동이 어머니-아버지 관계에서 그리고 조니와 부모의 관계에서 의미하

는 것은 무엇인지를 묻게 되었다.

그러나 우리가 언어를 하나의 행위로 생각하고, 치료의 목표를 행위(행동, 인지, 감정) 변화라고 이해한다면 과정은 여전히 중요하다. 이전 방식과의 유일한 차이점은, 이제는 단지 식별할 수 있는 행위에만 관심을 기울이는 것이 아니라 과정의 감정적 측면에도 관심을 기울인다는 점이다.

해결중심치료의 목적은 전략적 치료에서처럼 내용과 과정에 영향을 주는 방식으로 내담자와 함께 언어를 사용하는 것이다. 하지만 이것은 해결중심적 기술만으로 성취되는 것은 아니다. 이 목적을 달성하려면 내담자가 말과 행동으로 치료자에게 어떻게 협력하는지 그 협력 방식에 맞추는 것이 필요하다.

내가 과정이라고 말할 때에는 치료자와 내담자 간의 상호작용 방식뿐만 아니라 내담자 서로 간에 행동하는 방식도 가리킨다는 점을 분명히 하고 싶다. 우리가 내담자와 함께 만드는 과정이란 결국 대화이며, 이 대화를 통해 내담자는 자신이 어떤 식으로 문제에 끼여 꼼짝 못하고 있는지를 말하고 보여 주며 우리는 내담자가 문제에 끼이지 않은 과거, 현재, 미래에 대한 생각과 경험을 내담자와 이야기하는 것이다. 그런데 이 대화는 내담자의 세계관과 상호작용 스타일(예: 세부 사항을 중요시하는 스타일, 지배적 스타일, 예술적 스타일, 경쟁적 스타일, 순응적 스타일 등)에 맞추어 이루어져야 하는데, 그런 종류의 대화이어야 해결책으로 이끄는 새로운 과정을 만들어 내기 때문이다.

너무 조급하게 내담자의 언어를 행동적 언어로 변화시키려고 하면 대화가 난국에 빠질 수도 있다. 우리가 감정을 관찰하기는 어렵지만, 내담자의 과정에는 행동뿐만 아니라 감정도 포함된다. 차갑고 냉정하게 행동하는 남편이 신경질적이고 엄살떠는 부인보다 덜 상처받고 있는 것은 아니다. 또한 부인의 고통이 그녀의 과정에 영향을 주는 것처럼 남편의 고통도 그의 과정에 영향을 주는 것이다. 따라서 나는 치료자들에게 어떤 내담자를 만나더라도 의도적으로 감정을 다루어 주라고 제안하는데, 그 이유는 감정이 행동 및 인지와 불가분의 관계에 있기 때문이다. 실제로 감정이 행동을 결정하는 힘이라는 증거가 있다(LeDoux, 1996; Panksepp, 1998). 우리는 감정이 부부 관계와 가족 관계의 중심이라는 과학적인 증거가 필요하지 않다.

매력적인 35세의 여성인 메리는 평소 남자들과 사귀기가 어려웠기 때문에 자신의 문제가 도대체 무엇인지 알고 싶어서 상담실에 왔다. 그녀는 남자를 만나러 솔로들이 모이는 댄스장에 자주 갔는데 남자들이 자신과 춤을 한 번 추고 나면 다들 관심을 거두고 도망갔다고 말했다. 가끔 남자가 그녀에게 애프터를 신청해도, 일단 데이트를 하고 나면 두 번 다시 만나자는 연락이 오지 않았다. 메리는 자신이 매력이 없거나 멍청하지 않으며, 좋은 직장도 있으며 명랑했기 때문에 이런 상황이 자꾸 벌어지는 것이 이해가 되지 않았다.

치료자는 예외질문을 했지만 메리는 예외를 찾아내지 못했다. 다음으로 치료자가 기적질문을 하자, 그녀는 그녀와 같은 취미를 가진 남자가 나타나서 함께 시간을 충분히 보내고 결혼까지 하길 바란다고 말했다. 그녀는 남자가 전화를 걸게 하려면 어떻게 다르게 행동해야 할지 전혀 알지 못했다. 메리는 자신의 행동 방식(과정)이 어떤지 자각하지 못했다. 이 지점에서 메리에게 남자들의 거절이 무슨 뜻일 것 같으냐고 물어본다면 그녀는 자책감을 느낄 수도 있다. 메리는 자신의 문제가 어떤 식으로든 뭔가가 결핍되어 있는 것이라고 생각했을 것임에 틀림없다.

이럴 때는 순환질문(Selvini Palazzoli, Cecchin, Prata, & Boscolo, 1978)을 던짐으로써 메리가 자신의 행동 방식(과정)을 자각하고 몇 가지 새로운 대안을 고려해 보도록 도울 수 있다. "남자들이 당신에게 말을 걸 때 당신의 반응 방식에 대해서 그들이 뭐라고 말할 것 같으세요?" "남자들이 당신에 대해서 어떻게 생각하길 바라세요?" "남자들이 당신에 대해서 그렇게 생각한다면 당신 기분은 어떨까요?" "그것이 어떻게 차이가 있을까요?" "당신이 그들에게 관심이 있다는 것을 그들이 알게 하려면 무엇을 해야 할까요?" "남자들의 관심을 끄는 여자들에게는 어떤 특성이 있다고 보세요?"

해결중심 기법이 메리에게 적합하지 않았는데, 그 이유는 치료자가 사용한 기법이 맥락을 결여했기 때문이다. 메리는 오로지 자신의 방식으로만 상황을 인식할 수 있었고 이것이 그녀가 곤란에 처한 이유였다. 그녀의 사고방식은 친해지고 싶었던 남자들의 관점을 고려하지 않는 것이었다. 그런 맥락 속에서라면 해결책을 찾을 수도 있었을 것이다. 위에서 언급한 순환질문들이 그런 시도였다. 자신의 관점이 아닌 타인의 관점에서 사물을 바라보기 힘들어하는 내담자들이 있다. 메리가 그런 내담자가 아니라고 가정하고, 그녀가 자신의 관점을 확대하여 과정까지 포함한다면 자신이 남자들에게 새로운 행동을 시도해 볼 능력이나 열망을 가졌는지 생각해 볼 기회가 될 것이다. 만약 이런 대화의 일부분으로 내담자의 감정이 자연스럽게 나타나지 않는다면, 치료자는 내담자에게 감정이 어떤지 질문해야 한다. 그러면 해결책을 끌어내는 데 도움이 되는 훨씬 더 풍부한 정보가 드러날 것이다. 그러나 이 치료 과정이 감정을 표현하게 하기 때문에 필요 없이 치료 기간이 길어지지 않을 것이다. 실제로는 바로 그런 이유로 그것이 치료 기간을 단축시킬 것이다.

다음의 사례에는 이 장에서 설명된 다양한 생각을 기반으로 해서 치료자가 선택을 하는 과정이 설명되어 있다.

사례: 마리

마리는 이혼한 26세의 아프리카계 미국인 여성으로 4세 여아와 2세 남아를 자녀로 두고 있다. 그녀는 젊은 남성 치료자로부터 상담을 받았는데,

이 치료자는 최근에 해결중심모델을 훈련받기 시작했으며, 내담자의 말 중에서 어느 것에 반응하고 어느 것은 무시해야 할지를 판단하기 어려워 힘들어하고 있는 중이다. 그의 슈퍼바이저는 슈퍼바이저가 되기 위한 수련 중에 있었는데 이 치료자에게 문제중심 대화는 가급적 피하고 최대한 빨리 해결중심 대화로 들어가라고 강조했다.[3]

> 치료자: (내담자와 몇 가지 사교적인 이야기를 나눈 후) 저희가 어떻게 도와드리면 좋으시겠어요?
>
> 마　리: 어, 글쎄요…… 음…… 때때로…… 사람들은 우리가 다른 사람들과 이야기할 수 있으면 정신적으로 도움이 될 거라고 하잖아요. 어떤 때는 이야기할 수 없을 때도 있고요. 제 경우에는…… 있잖아요, <u>저는 모든 걸 마음속에 억누르고 있어요, 그리고 그게 고통스러워요. 다른 사람이 아닌 제가 고통스러워요.</u> 그래서 그 사람들이 제가 누군가와 이야기를 해야 한다고 느낀 거고요. (내담자가 곧장 자신이 겪고 있는 문제와 고통을 이야기하기 시작한다.)
>
> 치료자: '그 사람들'이 누구죠? (자신이 들은 말은 무시하고 누가 의뢰했는지를 묻는다.)
>
> 마　리: 병원이요. 제가 가서 만났던 의사요.
>
> 치료자: 정신과 의사인가요?
>
> 마　리: 아뇨. 그 사람들은 의뢰서를 써 줬고 여기에 와서 문제를 이야기하라고 했어요.
>
> 치료자: 음, 알겠어요. 당신은 그 제안을 받아들였고요? (치료자는 내담자가 동의했는지를 확인하는 질문을 함으로써 자신이 들은

---

3) 대화에서 밑줄 친 부분은 치료자가 경청해야 하는 내용이다.

바에 대해 응답했다. 이것은 내담자의 동기 파악에 도움이 된다.)

마　리: 그러니까, 좀 생각해 보고 '좋다!'고 했죠.

　　　　(치료자와 마리가 함께 웃는다.)

치료자: 좋습니다! 그러면 당신은 여기에 와서 무엇이 변화되기를
　　　　원하세요? (목표에 초점을 맞추기 위해서 해결중심 대화로 곧
　　　　장 이동했다.)

마　리: 글쎄요, 당장 말하기는 어렵네요. 사실 잘 모르겠어요. 저
　　　　를 괴롭혀 온 문제들이 있긴 한데⋯⋯ 전 말하자면 문제에
　　　　대처하려고 정말로 최선을 다하는 중이에요. 그러나 제가
　　　　어떤 노력을 해도 아무런 답이 보이지 않는 것 같아요. 전
　　　　제 삶을 현재보다 조금이라도 좋게 만들려고 노력하지만
　　　　효과가 없네요. 그래서 진짜로 잘 모르겠어요.

치료자: 당신을 힘들게 하는 건 하나의 큰 어려움인가요, 아니면
　　　　여러 개의 작은 어려움인가요?

　　마리는 삶을 개선해 보려고 노력했지만 성공적이지 않았던 경험이 있었
음을 암시했다. 내담자가 겪고 있는 어려움을 좀 더 구체적으로 물어보는
대신, 치료자는 그 문제의 규모를 물어봄으로써 그녀에게 초점을 맞추려
고 시도했다. 내담자와 바람직한 정서적 분위기를 형성하고 대화 내용을
명료하게 만들기 위해서, 특히 상담 초기에는 질문을 만들 때 내담자의 언
어를 사용하는 것이 가장 좋다. 예를 들면, "당신의 인생에서 무엇에 대해
서 답이 보이지 않는 건가요?" 혹은 "효과가 없는 시도는 어떤 거였나요?"

　　마　리: 글쎄요, 큰 일인지, 주로 작은 일들인지⋯⋯ 모르겠어요,
　　　　　　정말 어떻게 설명해야 할지 모르겠네요.

　　치료자: 그러면 지금까지 어떻게 대처해 오셨나요? (치료자와 내담

자는 서로 다른 트랙에 서 있다. 내담자는 문제를 분명하게 표현하려고 하고 치료자는 어떻게 문제에 대처하는지를 물어봄으로써 예외 상황을 찾으려고 한다.)

마　리: 음…… 대부분의 시간을 집에서 보내요. 집에 틀어박혀서 혼자 지내는 거죠. 솔직히 제 주변엔 아무도 없는 것 같아요.

치료자: 음…… 그래서 당신이 지금까지 대처해 온 방법은 무엇인가요?

마　리: 저는 앉아서 뭔가를 쓰거나 책을 읽거나 해요. 때로는 그냥 시간을 흘려보내기도 하고요. 그게 다예요. 대부분의 경우에 답이 없지요.

치료자: 그러면 그 의사 선생님은 무엇 때문에 당신이 이곳에 와야 한다고 생각한 걸까요? (치료자는 내담자의 욕구를 탐색하기보다는 의뢰인이 내담자를 상담실에 보낸 이유를 파악하려고 시도했다.)

마　리: 그 의사는 저와 대화하고 싶어 하지 않았어요.

치료자: 오, 그래요?

마　리: 지금 생각해 보니 그 사람이 왜 저에게 상담 같은 것을 받아 보라고 했는지 모르겠네요. 잠깐만요, 제가 미쳤거나 뭐 그런 건가요? 그 사람은 아니라고, 그게 아니라면서 때로 상담이 도움이 된다고 했죠. 어쩌면 그 당시 제가 분노 폭발이나 뭐 그런 것에 거의 다다랐을지도 몰라요. 하긴…… 제 상태를 생각하면 병원 같은 곳에 가는 게 이상하진 않아요. 저는 통증 같은 걸 경험해 왔거든요. 많이 흥분하면 온몸이 쑤시거나 긴장성 두통이 생겨서 때로는 누군가가 머리를 두들기는 것 같아 새벽 네댓 시까지 잠을 못 이루기도 해요.

치료자: 보통 몇 시에 일어나세요?

마리는 의사의 태도와 신체적 증상 때문에 자신이 심각한 문제를 가진 것은 아닐지 걱정하고 있다고 치료자에게 말했다. 그러나 치료자는 그녀에게 몇 시에 일어나는지를 물었다. 치료자가 이렇게 선택하면, 마리는 자신이 이해받지 못한다는 느낌을 받고 정말 자신에게 뭔가 문제가 있다고 생각하는 경향을 강화할 수 있다. 더구나 마리를 상담실에 의뢰한 의사가 그녀와 대화하고 싶어 하지 않았기 때문에 치료자는 그 의사와는 다르게 그녀를 적극적으로 이해하려는 노력을 해야만 했다.

마 리: 제 말은 진짜로 제대로 쉴 수가 없다는 거예요. 저를 괴롭히는 어떤 게 있는 것 같은데 그게 뭔지 저는 알고 싶지 않아요. 하지만 선생님은 그게 무엇인지 알고 싶어 하시겠죠.

치료자: 자, 당신이 여기서 상담을 잘 받아서 스스로 '그래! 아주 도움이 된 것 같아'라고 말하려면 당신 마음에 어떤 일이 일어나야 할까요? 그리고 집에서는 어떤 일이 일어나야만 할까요? (목표를 설정하려고 시도했다. 두 번째 질문에 포함된 '집에서는'이라는 말은 마리의 답변을 제한한다. 그런데 집에서 일어나는 일에 초점을 맞춰도 될 만큼 아직 문제가 충분하게 정의되지 않았다.)

마 리: 글쎄요, 힘든 질문이네요. 진짜 잘 모르겠어요. ① 말한 것처럼, 일어나지 말아야 할 일들이 일어나 왔고, 또 제 인생에 있어야 할 사람들과 있으면 안 될 사람들이 끊임없이 제 인생에 들락날락해 왔어요. ② 그리고 엄마 문제가 있어요. 아주 힘든 일이고요. ③ 제 자녀들에게서 멀리 떨어

져 있고 싶고 아무도 제가 어디에 있는지 알지 못하게 하고 싶어요. ④ 그런데 그럴 기회가 생겼을 때, 어떤 사람들은 제가 술도 안 마시고 자기들과 똑같이 행동하지 않는다고 저를 다르다거나 이상하다고 생각해요.

치료자: 자, 제가 또 다른 질문을 드릴게요. 오늘 집에 가서 주무시는 동안, 당신은 잠을 잘 못 이룬다고 말했지만 그냥 가정을 해 보는 거예요, 당신이 여기에 가져온 문제가 모두 해결된다면 아침에 일어났을 때 뭐가 달라져 있을까요?

바로 앞에서 내담자가 말한 답변에 네 가지 사항이 담겨 있음을 주목해 보자. ① 존재해서는 안 되는 몇 사람이 그녀의 인생에 들락날락거리고 있다. ② 그녀의 어머니가 문제다. ③ 마리는 자녀들로부터 떨어져 지내고 싶다. ④ 사람들은 마리가 자기들처럼 행동하지 않으면 '이상하다'고 생각한다. 여기에서 치료자는 내담자의 말을 잘 듣고 있음을 표현하고, 내담자 입장에서 내담자가 느끼고 있는 혼란과 우울함을 다음과 같은 말로 공감해 주는 것이 필요하다. 예를 들면, "참 여러 가지 일로 힘드셨던 것 같네요. 그것들에 대해서 좀 더 듣고 싶은데요, 어떤 이야기부터 하고 싶으세요?" "당신이 스스로 결정을 내릴 때 사람들이 당신에게 비판적으로 대하는 것으로 들리네요."

치료자가 기적질문을 선택한 이유는 마리가 원하는 것을 파악하기 위해서일 것이다. 기적질문은 내담자가 스스로 무엇을 원하는지 분명하게 인식하는 데 도움이 될 수 있다.

마　리: 음…… 그런 기적이 일어난다면 저 자신이 좀 더 좋은 엄마가 되기 위해 노력할 것 같아요.

치료자: 좋아요.

마　리: (이어서 말한다.) 그리고…… 우리가 독립적인 삶에 익숙해져 있는데 다른 누군가에게 의존해야만 한다면 상처가 될 수 있겠죠.

치료자: 당신은 독립적으로 사는 데 익숙하신가요, 의존해서 사는 데 익숙하신가요? (내담자에게 '독립적, 의존적'이라는 말의 뜻을 물어보기에 좋은 시점이다.)

마　리: 음…… 어떤 땐 독립적이고 어떤 땐 의존적이죠.

치료자: 오늘 밤 기적이 일어나서 문제가 해결된다면 그 둘 중에 어느 쪽일 것 같으세요?

마　리: 음…… 이미 말씀 드린 적이 있지만 혼란스럽네요. 이것이 변화될 것인지 저것이 변화될 것인지 여러 번 생각해 봤어요.

치료자: 어떤 변화를 말씀하시는 거죠? (이 지점은 치료자가 내담자의 말에 대해 반응하여 좀 더 자세히 경청해야 할지 여부를 알아보는 좋은 예라고 할 수 있다.)

마 리: 좋아요. 전 아무하고도 대화를 하지 않고 있어요. 그리고 지금 제가 처해 있는 상황에서 벗어날 수만 있다면 여러 가지를 좀 더 잘 해 나갈 수 있을 것 같아요. 실제로 잘 할지는 모르겠지만 마음이 좀 더 편해지고 그렇게 스트레스를 많이 받을 필요가 없을 것 같아요.

치료자: 아, 그렇군요. 만약 기적이 일어난다면 혼자 계시는 때가 줄어들고, 사람들과 있는 시간이 좀 더 많아지고, 좀 더 대화를 많이 할 것 같으세요?

　　마리는 마침내 자신의 문제에 대해서 좀 더 자세하게 설명하기 시작했다. 이 지점에서는 기적질문을 더 개방적인 형태로 하는 것(즉, "기적이 일어난다면 무엇이 달라질까요?")이 더 효과적일 수 있었겠다.

> 마　리: 음…… 모르겠어요……. 그러니까 <u>전 자신들이 바라는 대로 제가 말하고 행동하길 원하는 사람들과 어울리지 못할 것 같아요. 제 생각에 저는 저일 수만 있고 선생님은 선생님일 수만 있어요. 다른 사람일 수는 없는 것이지요. 그러니까 제가 남들이 원하는 대로 행동하지 않는다고 해도 괜찮은 것이지요.</u>

일면경 뒤에 있던 슈퍼바이저는 치료자에게 전화하여, 내담자가 상담에 의뢰된 이유인 신체적 문제에 대해서 물어볼 것을 상기시켰다.

> 치료자: 자, 요즘 당신은 두통과 통증을 느껴 왔고, 사람들이 당신의 삶에 들락날락거린다고 하셨죠. 그러면 두통이 없고 자신에 대해 괜찮게 느꼈을 때는 어떠했나요? 그때는 어떻게 지냈나요? (내담자의 말에 반응하지 않고 해결중심적 대화를 이어 갔다. 여러 개의 불평 중에서 내담자가 다루지 않고 그냥 지나친 것에 대해 치료자가 예외를 탐색하면 일반적으로 그 결과는 생산적이지 못하다.)

> 마　리: 글쎄요, 그럴 때가 거의 없어서요. 그러니까, 저는 거의 멍한 상태로 지내요. 그런 상태에선 아무 말도 하고 싶지 않고, 누구에게 어떤 말을 해야 할지도 모르겠어요. <u>다만 제 아이들과는 잘 지내고 있어요.</u>

> 치료자: 그래요? 대단하시네요! 제가 아는 많은 어머니가 항상 어린 자녀들과 문제가 있다고 말씀하시거든요. (내담자의 강점을 강화했으며, 이런 방식은 어떤 상황에서든지 훌륭한 지지

적 반응이다.)

마　리: 아이들이 문제가 아니에요. <u>만약에 제가 지금 아이를 가져야 하는 상황이라면, 하고 싶은 일을 하기 위해서 우선은 고등학교를 졸업할 때까지 기다릴 거예요.</u> 그런데 일이 벌어진 거죠…….

치료자: 어떤 일이 벌어졌죠? (적절한 명료화임)

마　리: 그러니까 임신을 한 거예요. 한 명을 낳은 후에 또 한 명을 낳았고요.

치료자: (부정적인 이야기는 무시하고 강점에 머무르려 노력하면서) 그래서 요즘에는 아이들과 문제가 없다는 말씀이지요?

마　리: 네.

치료자: 자녀 양육 부분은 어떻게 그렇게 원만하게 이어 나가고 계신가요?

　　이후 몇 분간 마리는 좋은 어머니가 되기 위해서, 그리고 아이들을 강인하고 똑똑하게 키우기 위해서 자신이 얼마나 노력을 많이 했는지 이야기했다. 그러고는 자신의 문제에 대해서 좀 더 명확하게 인식하게 되었다.

마　리: 그래요, 문제는 거의 제 가족이네요. 어머니, 남동생들, 친구들, 남편, 예전 남자친구……. <u>예전 남자친구는 갑자기 나타나서 저를 화나게 해요. 대체 어디에서 나타난 건지, 저한테 뭘 원하는 건지 모르겠어요. 남편도 저의 저다운 모습을 거의 인정해 주지 않아요. 여자들을 아주 멍청하다고 생각하는 이런 남자들이 싫어요.</u> 결혼 전에 10년이나 사귀었던 예전 남자친구는 제가 아이들 아빠와 결혼을 하려고 하자 결혼하지 말라고 협박을 하듯 했어요. 그래서 제가 그랬죠. 그렇게 오랫동안 나와의 결혼에 대해 결심하지 않더니 이제 와서 왜 내 인생에 끼어드는 거냐고요.

치료자: 그러니까 당신의 인생에 들락날락하는 남자친구가 있고 그게 혼란스러우시다는 거죠?

마 리: 네, 혼란스럽죠. 그리고 제 남편 에디는요, 제가 알기로는 뭔가를 생각하고 있는 것 같아요. 그 사람은 재혼이고 저는 초혼인데 왜 저를 힘들게 하는 거냐고요. 전처가 못해 준 걸 왜 저한테 기대하는지 모르겠어요. 제발 절 몰아 붙이지 않으면 좋겠어요.

치료자와 마리는 이때 동일한 트랙에 서 있었다. 마리는 자신이 자녀와 맺고 있는 관계를 치료자가 긍정적으로 강화하고 자신이 이해받는다는 느낌을 갖게 되면서 자신에 대해 좀 더 개방해도 안전하겠다고 느꼈고, 덜 불안해졌을 것이다. 결과적으로는 자신의 상황에 대해서 좀 더 명확하게 인식하게 되었을 것이다. 그녀는 남편과의 화해 가능성은 없지만 종교적인 이유로 이혼은 하지 않을 것이라고 말했다. 마리가 지금까지 인생에서 만난 남자는 그들이 전부였지만, 마리는 그녀가 진정으로 원하는 것을 하지 못하도록 막으려고 그들이 애를 쓰고 있다고 느꼈다. 그녀는 다시 학교를 다녀서 "궁극적으로는 내 자녀를 도울 수 있도록 좋은 직업을 갖고" 싶었다. 그녀가 이 꿈을 어머니에게 이야기했을 때, 어머니는 그녀를 말리면서 기다리라고 말했다. 어쨌든 그녀는 교육을 좀 더 받을 수 있는 정보를 찾아냈지만, 아무도 그녀의 아이들을 돌봐 주고 싶어 하지 않았고, 남편은 좋은 엄마란 집에서 자녀를 돌보는 법이라고 말했다. 이후 얼마 동안 마리는 도서관에서 책을 대출해서 혼자 공부를 했다.

치료자: 정말 의욕이 대단하시네요.

마　리: 하지만 제가 말씀드린 것 같은 상황이 펼쳐지고 있어요. <u>이 모든 걸 해 내고는 있지만, 진짜 저를 괴롭히는 일도 있다는 거죠.</u> 이 사람들은 왜 저를 둘러싸고는 제가 살을 아주 조금만 빼면 모든 게 괜찮아질 거라고 말하는 거죠? 이런 말을 들으면 저는 허허 하고 웃어요. 당신들이나 살을 빼지 그래요 하고 사람들에게 쏘아대면 그들이 저에게 너 잘났다고 생각하지라고 해요. 너무 지나쳐요, 너무요!

치료자: 그러면 그런 이야기를 한 귀로 듣고 한 귀로 흘리기 위해서 무엇을 하고 계시나요?

　　이 부분에서 치료자와 내담자는 서로 잘 연결되었으며 치료자는 내담자의 강점을 강화하기 위해서 내담자에게 강점이 있다고 가정하였다.

　　마리는 사람들의 말을 듣지 않으려고 노력했지만, 밤이 되면 그 말들이 떠올라 힘들었고 밤새 뒤척이느라 겨우 한 시간밖에 잠들지 못한다고 말했다. 치료자는 마리에게 좀 더 잘 수 있다면 다른 문제 때문에 받는 스트레스가 줄어들 것 같은지 물었다.

마　리: 글쎄요, 그렇게 되면 얼마나 좋겠어요. 하지만 그렇게 되면 뭔가 다른 일이 생길 것 같아요.

치료자: 무슨 말씀이죠? (치료자가 내담자의 말을 듣고 이해하려고 하는 좋은 예)

마　리: 그러니까 전 지금 엄마 집에서 살고 있는데요, 모든 일을 <u>엄마에게 확인받아야만 해요.</u> 엄마 허락 없이는 아무것도 못하는 상황인 거예요. 그러니 나가서 제 힘으로 산다면 훨씬 기분이 좋아질 거예요.

치료자: 당신이 그렇게 하려면 무엇이 필요할까요?

마리는 임대 보증금을 낼 만큼의 돈이 없지만 누군가에게 도움을 청하고 싶지는 않다고 설명했다. 그녀의 수입은 정부에서 주는 생계비 보조가 전부였는데, 이는 남편이 자녀 양육비를 주지 않기 때문이었다.

이 지점에서 마리에게 공감해 주는 말을 하고 마리가 겪고 있는 신체적·정서적 스트레스를 정상화하는 것이 도움이 되었을 수도 있다. 하지만 치료자는 '작은 변화가 더 큰 변화로 이끌 수 있다'는 해결중심적 가정을 떠올렸고, 마리가 한 말 중에서 긍정적인 부분에 초점을 맞춰서 해결책을 구축하려고 시도했다.

치료자: 자, 당신의 말을 들으니 인생에서 하고 싶은 것, 그러니까 학교에 진학하고 아이들을 잘 양육하는 것과 같은 것을 하기 위한 몇 가지 좋은 계획을 가지고 계신 것 같네요. 사실 이런 목표는 굉장히 커다란 것인데요, 이런 큰 목표에 다가서기 위해서 당신이 첫 단계에서 해야 할 일은 어떤 것일까요?

마　리: 글쎄요, 차분히 앉아서 전체 계획을 세워 봐야겠죠. 그리고 베이비시터를 구해야 할 것 같아요. 저는 아이들을 거칠게 다루거나 못되게 구는 사람이 싫어요. 어쨌든 이 단계가 달성되면 다음 단계로……

치료자: 다음 단계는 무엇일까요? (여기에서는 베이비시터의 일에 대해 좀 더 상세하게 이야기해서 내담자에게 베이비시터 구하는 일이 가능해 보일 때까지 이야기하는 편이 효과적이었을 것 같다.)

마　리: 음, 다음 단계는 아마 학교에 가서 등록하고 몇 가지 시험을 치르는 거겠죠.

마리는 시험에 낙제는 안 할지, 치러야 할 시험이 더 있을지, 그 와중에 아이들을 어떻게 돌봐야 할지에 대해 염려할 것이기 때문에 이런 모든 것이 많은 불안감을 자아낼 것에 대해 이야기하였다.

> 치료자: 자, 그럼 다음 주라고 해 봅시다. 다음 주에 당신이 원하시는 걸 시작하셨거나, 적어도 하고 싶은 것을 하는 방향으로 향하셨다는 것을 보여 주는 작은 징조는 무엇일까요?

마리는 자신에게 첫 번째로 필요한 일은 잠시 혼자서 지내는 것이지만 아이들을 돌봐 줄 사람이 없기 때문에 그것이 불가능하다고 말했다. 그녀는 작년에 운전면허를 땄으며, 자신이 우울하게 지내는 것 같으면 남동생이 눈치채고는 차를 빌려 줘서 때때로 아이들을 태우고 드라이브를 한다고 말했다. 치료자는 마리가 운전면허를 따기 위해 노력한 것과 운전을 성공적으로 한 일에 대해서 축하하고 그 밖에 또 해낸 것이 있는지 물었다.

> 마 리: 하고 싶은 것은 많이 있지만 늘 헐뜯는 사람이 있기 때문에 실제로 하고 싶은 것을 실천에 옮기는 경우는 없어요. 제가 알게 된 것은 때로 이런 상황에서는 저 자신을 상황으로부터 멀리할 필요가 있다는 것, 그리고 엄마 집을 벗어나면 남편이 진짜 화낼까 봐 제가 두려워하고 있다는 것이에요. 오늘 밤에 제가 여기에 온 이유는 부분적으로는 제가 엄마 집에 살기 때문이에요. 그 집은 제가 자라난 집이거든요, 그런데 거기 있으면 제가 저답게 살 수가 없거든요. 이건 전에 경험했던 것과 같은 상황인데, 또다시 실망할 순 없어요. 제 생각엔 이런 것 같아요. 제가 개인적인 어떤 일을 하고 싶은 것이 있는데 정확하게 그게 뭔지 말하고 싶지 않아요. 만약 제가 데이트를 하고 싶어도 제 행

동을 옭아매고 저에게 함부로 말하는 사람이 너무 많기 때문에 그렇게 할 수 없다는 것인데 이런 것이 힘들어요.

치료자: 이상형에 속하는 남성을 만나 본 적이 없으시군요. (내담자의 말을 듣고 그 말을 통해서 이해한 바를 반영하려고 했다.)

마　리: 맞아요. 그러니까 케케묵은 의식 같은 일, 저에 대한 모든 쓰레기 같은 말들을 제가 따라야만 한다는 거예요. 단지 제가 결혼했다는 이유만으로요. 너는 내 마누라니까 내 말을 따라야 해, 이거예요. 남편과 함께 지낼 때 늘 오로지 저만 이런 규칙을 따라야 했어요.

치료자: 그러면요, 우리 팀과 상의하러 나가기 전에 한 가지만 더 여쭐게요. 다음 주에 당신이 원하는 방향으로 작게 한 발짝 나가신다면 그것은 무엇이 될까요?

마　리: 다음 단계는 볼링이에요.

치료자: 볼링이요?

마　리: 전 볼링을 좋아해요. 그러니까 아마 밖에 나가서 볼링을 좀 할 거예요. (작은 변화가 어떻게 더 큰 변화를 만들어 내는지 조금 이해하는 듯해 보였다.)

치료자: 다음 주에 볼링을 한 번 치러 나가신다면, 그게 당신이 옳은 방향으로 가고 있다는 신호가 될까요?

마　리: 네, 볼링이나 외출이요. 전 외출할 거예요.

치료자는 내담자에게 양해를 구하고 나서 학생 두 명과 슈퍼바이저로 구성된 반영 팀을 만나러 갔다. 슈퍼바이저는 학생들로 하여금 마리에게 칭찬할 내용을 적어 보고 그녀에게 내어 줄 과제를 생각해 보게 했다.

다음은 치료자가 휴식 시간 후에 돌아와서 읽은 메시지다.

치료자: 음, 우리는 당신이 설정한 목표에 깊은 인상을 받았습니다. 당신은 목표를 달성하기 위해서 매우 노력하는 분이에요. 또 목표에 도달하려면 어떻게 해야 할지 명확한 그림을 가지고 계시고, 원하는 것을 이루려면 어떤 게 필요한지도 잘 알고 계십니다. 당신이 자녀들과 좋은 관계를 맺고 계시다는 점 또한 인상적이었습니다. 당신은 인내심이 많은 어머니이고, 아이들을 무척 사랑하시죠. 이건 정말로 분명한 사실입니다. 저는 또한 당신 마음속에 뭔가 더 좋아지려는 욕구가 있다는 점에서도 깊은 인상을 받았어요. 도서관에 가고 공부하고 또 운전면허를 따셨잖아요! 제 말은, 당신은 목표를 세우고 그것을 달성하기 위한 의욕을 가지셨다는 겁니다. 지금 당신의 삶에 존재하는 모든 어려움과 불확실성을 고려한다면 당신이 한 시간밖에 못 자면서도 그렇게 많은 일을 해낼 수 있다는 사실이 그저 놀라울 뿐입니다.

마　리: 글쎄요, 무엇 때문인지 모르겠네요!

치료자: (계속해서) 당신은 이 모든 것이 별것 아니라고 생각하실 수도 있겠지만, 우리는 당신이 원하는 바를 이루시는 방향으로 잘 가고 있다고 확신합니다. 그래서 과제를 하나 내어 드리고 싶네요.

마　리: 좋아요!

치료자: 당신이 가고자 하는 방향으로 가도록 당신을 움직이는 것이 무엇인지 다음에 오실 때까지 관찰하시고 모두 적어 보시기 바랍니다.

마　리: 좋아요. 문제없어요.

상담 녹취록이나 비디오를 검토하면서 치료자가 어떤 상황에서 무엇을 다르게 할 수 있었을지 논의하는 일은 분명히 쉬운 일이다. 하지만 녹취록에는 과정에 영향을 끼칠 수도 있는 비언어적 의사소통이 많은 부분 생략된다.

마리는 자신의 이야기를 분절된 방식으로 표현하는 사람이었기 때문에 능숙한 치료자도 상담하기 어려운 내담자였다. 그녀는 자신도 혼란스러워하고 치료자도 혼란스럽게 만드는 내담자, 혹은 이해하기 어려운 방식으로 자신을 표현하는 내담자의 대표 격이었다. 독자들이 이 사례에서 오로지 내용에만 초점을 맞추는 것이 어떤 식으로 대화를 훨씬 더 혼란스럽게 만드는지에 주목하면 좋겠다. 만약 치료자와 슈퍼바이저가 과정을 고려했더라면 내용에 끌려가지 않았을 것이고, 마리를 이해해 주지 않은 그녀 주변의 모든 사람과 동일하게 행동하지 않았을 것이다. 이런 사례에서는 해결중심적인 방식으로 접근하는 것을 미룬 채 내담자를 좀 더 이해하기 위해 내담자의 말을 그냥 충분히 경청하는 방법이 최선이다.

이 사례는 기법이 그 자체로 어떤 효과를 발휘하는 힘을 가진 것은 아니라는 사실을 보여 준다. 기법은 내담자의 말 중에서 어떤 부분에 반응해야 하며 어떤 부분은 무시해야 하는지를 이해하는 맥락 안에서 사용되어야만 한다. 위에서 심리치료를 아직 공부하고 있는 학생과 수련 중인 슈퍼바이저의 작업을 사례로 든 것은 부적절하게 보일 수도 있다. 하지만 듣기와 경청 대신에 기법을 강조하는 일이 드물지 않으며 좋지 않은 해결중심치료 수행에 여전히 잔존해 있다.

마리는 후속 회기에 오지 않았다. 이건 별로 놀라운 사실이 아닌 것이, 그녀가 자신이 찾던 답을 상담에서 발견하지 못했기 때문이다. 아마 마리는 무엇보다 자신이 미치지 않았다는 확인을 받고 싶어서 상담실에 왔을 것이다. 자신을 이해하는 대화 상대자를 발견한 것은 부가적인 이득이었을 것이다. 볼링을 치러 나가는 것으로 변화를 시작하고 싶다는 말을 했으니 천천히 변화가 일어날 것을 기대하는 궤도에 그녀가 서 있음이 분명하였다. 회기 말 메시지에서는 그녀의 문제와 걱정거리는 무시되었고 긍정적인 부분만 반영되었다. 내담자를 이해하고 있다는 사실을 전달하기 위해서는 내담자가 한 말 중에서 긍정적인 부분과 부정적인 부분을 둘 다 반영하는 것이 제일 좋은 방법이다. 지나치게 긍정적인 메시지를 주면 내담자는 치료자가 자신을 이해하지 못한다고 생각하거나 너무 보호자인 양한다고 생각할 수도 있다.

　이어서 다음 장에서는 해결중심적인 치료 과정에서 정서가 수행하는 역할을 좀 더 자세히 설명한다.

CHAPTER 04

해결중심모델과 정서

나는 지금까지 여러 슈퍼바이저에게서 훈련을 받았다. 그런데 그중 첫 번째로 만났던 슈퍼바이저는 상담할 때 '감정을 늘 의식하고 있으라'고 반복해서 말씀하셨다. 그러나 나에게 가족치료 슈퍼비전을 해 주셨던 선생님은 '감정에서 거리를 두라'고 하셨다. 나는 이제 슈퍼바이저가 되어 교육생들에게 '감정을 무시하지 말라'고 가르친다.

심리치료에서는 이론적 배경에 따라서 정서를 강조하기도 하고 그렇지 않기도 한다. 첫 번째 슈퍼바이저는, 내담자가 자신의 억압된 감정을 인식하고 통찰할 수 있도록 돕는 전문가가 되도록 가르치려 하셨던 것이다. 한편, 가족치료 슈퍼바이저는 내가 내담자 가족원 간의 문제 있는 상호작용을 차단하기 위해 그 상호작용 유형을 파악할 수 있도록 지도하신 것이다. 그리고 현재의 내가 교육생에게 내담자의 감정을 무시하지 말라고 가르치는 이유는 생각이나 행동만큼 감정이 해결책 구축을 위한 중요한 자원이기 때문이다.

감정(feeling), 정동(affect), 정서(emotion)가 무엇인지에 대한 일치된 정의는 없어 보인다. 단지 감정은 우리가 느끼는 것을 인식하는 것인 데 반해, 정동이란 자율신경계의 조종을 받는 반사적 반응으로 보자는 일반적 이해가 있을 뿐이다. 인식(awareness)은 인지적 기능임이 명백한데, 모든 정서 반응이 기본적 인지 과정이 어느 정도 있은 후에 생기는 것인지, 인지 과정 전에도 생기는지, 즉 인지 과정과 상관없이 생길 수 있는지에 대한 학문적 논쟁이 한때 있었다(Ekman, 1992; Lazarus, 1982; Mandler, 1984; Zajonc, 1984). 그러나 신경과학과 화상(畵像) 진단 기술의 발달로 뇌 기능을 관찰할 수 있게 되자(Damasio, 1994, 1999; Ledoux, 1996) 이런 논쟁은 적어도 당분간 잠잠하게 되었다. 신경과학계는 인지와 정서는 분리되어 있지만 상호작용하는 뇌 기능이며, 분리되어 있으나 상호작용하는 뇌 체계들이 인지와 정서를 매개한다는 증거를 발견하였다(LeDoux, 1996, p. 69). 결과적으로, 만약 정서가 행위를 결정하는 '생물학적 역동'이라면(Maturana & Varela, 1987, p. 247), 정서는 정동, 감정, 인지 및 행위를 포함한다고 볼 수 있다.

이러한 정보를 감안한다면, 깜짝 파티를 맞이했을 때 나타나는 정서적 반응이 우리에게 어떠한 영향을 주는지를 만약 비디오카메라로 찍어서 느린 화면으로 세밀하게 분석할 수 있다면 다음과 같이 나타날 것이다. 당신이 방에 들어왔고 그곳에서 기다리고 있던 사람들의 함성 소리에 놀란다. 사람들은 당신이 자각하기도 전에 당신 몸의 자세가 변하고, 얼굴이 붉어지며, 표정이 달라짐을 알아챈다. (사람들이 놀랄 때 순간적으로 얼어붙은 것처럼 보이는 것을 생각해 보라.) 당신이 어떤 느낌을 인식할 때 그것이 감정이며, 그 느낌의 의미와 이에 반응하는 방식이 정서다. 정서는 유전적 발달 단계와 사회적 발달 단계에 따른 여러 변수에 따라 달라지며 상황 맥락에 따라서도 달라진다. 당신은 정서적 경험에 대해 다음과 같은 언어로 질문한다. "무슨 일이 일어난 거지?" "지금 일어난 일이 무엇을 의미할까?" "이 방에 있는 다른 사람들에게도 이 일이 같은 의미일까?" "내가 어떻게 반응해야 하는 걸까?" 다른 말로 하면, 사고(reasoning)와 '정서(emotioning)'는 동시에 일어나는데 동시에 일어난 그것이 언어다. 깜짝 파티 상황에서 당신은 진정으로 행복감을 느낄 수도 있고, 깜짝 놀라는 것이 싫어서 짜증이 날 수도 있다. 진정한 기쁨이 당신의 정서적 반응이라면 평소 당신의 정서 반응 스타일에 따라 크게 혹은 작게 기쁨을 표현할 것이다. 반면에, 만약 짜증이 난다면 당신은 그것을 숨기기 위해 마치 기쁜 것처럼 행동할 텐데, 이것은 사람들이 당신을 즐겁게 해 주려고 노력했을 때 거부하는 행동을 보이는 것이 사회적으로 용인되지 않기 때문이다. 하지만 특별히 당신을 잘 알고 있는 사람들은 당신이 보인 정동에서 미묘한 비언어적 단서를 포착할 것이다.

정서는 사회적 맥락 안에서 발생하며, 우리의 신체 및 정신 건강에 매우 중요한 것이다. 어린 원숭이와 영아를 대상으로 한 과거의 연구 결과에 따르면, 안아 주는 행위와 같은 정상적인 육아 과정이 없으면 신체적·정서적 발달이 지연된다(Harlow & Harlow, 1962; Spitz, 1951).

체계론적 치료, MRI 단기치료, 해결중심치료의 개발자들은 이런 사실을 모르지 않았다. 그들은 다른 가족치료자들과 마찬가지로 내담자와 맺는 정서적 유대감 혹은 합류는 치료가 시작될 때 내담자와의 초기 유대감 형성에 중요하다고 이해했다(Cade & O'Hanlon, 1993; Haley, 1976; Minuchin, 1974; Walter & Peller, 1992). 그러나 정서가 상담을 하는 데 필요한 것이라고 여기지는 않았다. 사실 이 모델들에서는 정서를 방해물로 여겼으며 행동양식을 강조했다. 행동양식의 강조는 '단순성, 구체성, 추측과 추론의 최소화'라는 장점(Fisch et al., 1982, p. 11) 및 관찰과 추적의 장점을 가지고 있다. 그들은 문제에 관한 내담자의 부정적 생각에 대해 긍정적 재명명(positive reframe)을 하거나 역설적 개입을 하는 등 문제를 바라보는 새로운 방식을 내담자에게 제공하기 위해서 고안된 인지적인 '차이의 뉴스' (Bateson, 1979)를 가지고 내담자의 행동양식을 바꾸려고 했다.

해결중심치료의 개발 과정에서는 개입 계획을 위한 중요한 고려 사항인 내담자의 특성으로 내담자의 감정 상태와 심리사회적 반응이 포함되었다 (de Shazer, 1985). 하지만 언어철학의 영향으로 해결중심치료에서 정서, 행동, 인지는 '언어'에 녹아 들어갔고 실천과 관련해 좀 더 심도 깊은 논의는 진행되지 않았다. 비록 이러한 결과가 이론적으로는 적절하다고 해도 실천적으로는 너무나 아쉬운 부분이다. 이 장의 나머지 부분에서는 이 주제에 대한 나의 생각, 특히 정서와 관련된 나의 생각을 제시하고자 한다.

정서 대 행동

대부분의 내담자는 불평을 감정과 연결해서 설명한다. 그럼에도 해결중심 치료자들은 내담자가 상담 목표를 행동적 언어로 말할 수 있도록 안내함으로써 그들이 나아지는 과정을 스스로 확인하도록 해 왔다. 하지만 치료자의 반응이 행동적인 방향 혹은 정서적인 방향 중 반드시 어느 한쪽으로만 향해야 할 필요는 없다고 본다. 내담자가 좋아지고 있음을 분명하게 보여 주는 행동 지표의 장점을 포기하지 않으면서도 대화 시 내담자와 협력할 수 있고 내담자의 감정 관련 어휘들(feeling words)을 사용할 수 있는 것이다(Turnell & Lipchik, 1999).

라모나는 상담에 와서 "너무 우울해서 움직일 수가 없어요."라고 하소연했다. 전통적으로 해결중심 치료자는 "우울감을 느낄 때 어떤 일을 하시나요? 혹은 어떤 일을 안 하시나요?"라고 물을 것이고, 라모나는 "일하러 가지 않거나 옷을 입지 않아요."라고 대답할 것이다. 여기에서 라모나의 감정은 그 자체로 관심의 대상이 아니라 행동을 생각하기 위한 징검다리로 사용되었다.

나는 내담자가 감정 관련 어휘로 불평을 표현할 수 있도록 가능한 한 많이 허용하는 것이 도움된다는 사실을 발견했다. 치료자는 내담자의 감정을 "그것 참 실망스러우셨겠네요!"라든지 "너무 끔찍한 느낌이네요!" 같은 공감적 반응을 통해 수용한다. 그리고 "이 일의 결과로 또 어떤 다른 감정을 갖게 되셨나요?"라든지 "그렇게 우울감을 느끼는 것이 당신에게는 어떤 의미를 주나요?" 같은 질문을 통해 내담자의 감정을 좀 더 탐색한다. 이 방식은 해결책으로 향하는 새로운 방향을 열 수도 있다. 예를 들어, 만약 라모나가 자신의 문제는 우울감을 느끼는 것에 대한 두려움이라고 명확하게 규정한다면, "당신이 과거에 두려움을 다스리기 위해 이런저런 시도를 할 때 가장 효과적인 방법은 어떤 것이었나요?"와 같은 질문을 던질 기회가 생길 수도 있다. 내담자는 아마도 치료자의 도움 없이 행동적인 언어로 답할 것이다(예: "친구들에게 전화를 해요." 혹은 "TV를 봐요."). 내담자에게 "당신은 무엇을 두려워하나요?"라고 질문할 수도 있다. 만약 내담자가 "전 무능하고 미성숙하고 정신적으로 병들었고…… 딱 우리 엄마 같아요."라고 말한다면, "어떤 계기가 있어야 당신이 느끼는 두려움이 정당하지 않다고 확신하실까요?"라고 질문할 수 있겠다. 이 질문 또한 내담자에게서 행동적인 답변을 끌어낼 수 있는 좋은 기회를 만드는데, 만약 그게 어렵다면 내담자의 행동 변화를 나타내는 작은 신호가 무엇이 될지 회기 끝무렵에 질문할 수 있다.

라모나에게 그녀의 두려움을 측정하는 척도질문을 한다면 어떤 일이 일어날지 생각해 보자(Kowalski & Kral, 1989). 두려움을 느낄 때 그녀가 어떤 느낌을 받는지 1점에서 10점 사이의 점수로 답해 보라고 질문한 후, 상황이 호전되어 1점 정도 덜 두렵게 된다면 뭘 보고 스스로 변화를 알아차릴 수 있을지 묻는다면, 그녀는 거의 확실하게 행동적인 언어로 답할 것이다(예: "손톱을 조금 덜 물어뜯을 거예요." 혹은 "머리를 빗을 거예요.").

앞의 방식으로 대화하면 내담자가 이해받는다고 느끼지 못할 위험성이 생길 수도 있지만, 위 이야기의 핵심은 비록 정서에 관해 얘기할지라도 내담자의 언어로 대화를 나누는 것이 내담자에게 가장 유익할 수 있다는 것이다.

해결책 촉진을 위한 정서 활용

해결중심 치료자는 내담자에게 어떤 질문을 할지 생각하는 데는 익숙하지만 내담자가 무엇을 느끼는지와 치료자 자신이 내담자에 관해 무엇을 생각하고 느끼는지에 대해서 생각하는 것은 익숙하지 않다. 치료자가 이런 측면에 대한 인식을 확장한다면 내담자를 위한 해결책 구축을 촉진할 수 있을 것이다.

때때로 내담자는 너무 정서적으로 긴장해서 자신의 느낌을 이야기하지 못하기도 한다. 이런 때는 내담자가 목표를 설정하고 해결책을 찾기에 앞서서 정서를 명확하게 표현할 수 있도록 도울 필요성이 있을지도 모른다. 단, 이 과정은 내담자의 언어적·비언어적 반응을 민감하게 주시하면서 천천히 진행하는 것이 중요하다. 내담자가 자신이 무엇을 느끼는지 알지 못한 것이 오랫동안 긍정적 기능을 했을 수도 있다. 즉, 그것이 감당할 수 없는 감정으로부터 자기 자신을 보호하는 방법이었을 수 있다. 따라서 베일을 너무 급하게 벗기면 도움이 되기보다 방해가 될 수 있다.

사례: 베티

베티는 매우 흥분한 내담자였지만, 자신의 감정을 명확하게 이해하는 데는 도움이 필요했다. 그녀는 42세의 미혼 여성으로, 가끔씩 밑도 끝도 없이 터져 나오는 울음 때문에 자진해서 상담실에 왔다. 이런 증상은 상담에 오기 4개월 전부터 점점 심해졌다. 베티는 직장 생활에서나 사생활에서나 이런 증상을 가질 만한 어떤 이유도 찾을 수 없었다. 베티는 결혼한적이 없고 고양이 두 마리를 기르고 있었으며 당시에는 교제하고 있는 남자가 없었다. 함께 어울리는 가까운 여성 친구가 몇 명 있었을 뿐이다.

베티는 5년 반 동안 패스트푸드 체인점의 회계 부서에서 일을 해 왔으며 이 직장에서 일하기 시작한 이후로 세 번 승진을 했다. 6개월 전에 그녀는 직원들을 교육하고 감독해야 하는 중간관리자로 승진했다. 베티는 새로운 직책이 마음에 들었고, 현 위치에서 자신의 정서를 적절하게 통제하면서 일을 잘 해내어서 계속 승진하고 싶었다.

베티는 상담실에 들어와 앉자마자, 인사를 나누거나 질문할 여유도 없이 곧바로 자신이 겪고 있는 증상에 대해서 폭발적으로 쏟아내고는 자기가 생각하는 원인에 대해서 계속 이야기했다. 나는 한참 동안 경청하면서 공감적 반응을 보였다. 그리고 나서 이 상담을 통해 어떤 변화를 바라는지를 탐색하기 위해서 기적질문을 했지만, 그녀는 반응하지 않았다. 그녀는 자신이 새로운 일을 즐기고 있고 과로한 것 같지도 않은데 도대체 왜 그런 증상이 생긴 건지 모르겠다며 나에게 이유를 물었다. 나는 회기가 너무 오랫동안 지나치게 부정적인 방향으로 가고 있으며 내가 적절하게 개입하지 않으면 내담자가 기분이 더 나빠진 상태로 귀가할 것 같다는 생각을 하고 있었다(이중 트랙 접근). 그래서 만약 문제가 해결된다면 어떻게 알 수 있을 것 같으냐고 질문했다. "답이 없어요. 아마 일을 그만두거나, 신경을 많이 쓰지 않는 방법을 터득하겠죠." 나는 그녀의 말 중에서 '신경을 많이 쓰지 않는다'는 말이 무슨 뜻인지 궁금했고, 그녀는 자신이 열심히 가르친 직원들이 다른 회사로 승진해서 나갈 때 거절당하는 느낌을 받는다고 설명했다.

치료자: 오, 그것 참 힘든 일이겠군요.

베 티: 네. 그건 제가 더 많은 직원을 교육하고 모든 걸 처음부터 다시 시작해야만 한다는 뜻이거든요.

치료자: 그러니까 일이 끊임없이 밀려오게 되는 것이군요?

베 티: 네, 하지만 실은 그 사람들이 떠나는 이유가 충분히 이해가 돼요.

베티는 지금까지 해 온 직장 생활에 대해 이야기했다. 그녀는 고등학생이었던 열여섯 살 때부터 시간제로 일을 시작했다고 한다. 직장에서 늘 좋은 평가를 받았고 자신의 정서를 잘 다스려서 계속 좋은 평가를 받고 싶었다.

치료자: 그러면 전에 정서적으로 통제가 안 된다고 느낀 적이 있나요?

베 티: 때때로요, 하지만 누구나 그럴 때가 있잖아요.

치료자: 그렇죠.

베 티: 저의 부모님은 오래전에 돌아가셨어요. 아빠는 교통사고로 돌아가셨고, 엄마는 암으로 돌아가셨죠. 그래서 크리스마스 같은 명절 때는…… 전 결혼도 안 했고 아이도 없어요……. 힘들어요.

치료자: 그렇군요. 충분히 슬퍼할 만한 상황이네요.

베 티: 네, 명절 때는 늘 그런 기분이에요. 하지만 요즘 겪는 어려움은 크리스마스를 지나서 몇 달째 계속되고 있어요.

치료자: 음…… 혹시 직장에서 슬프거나 상실감을 느낄 만한 일이 있나요?

베 티: 직장을 잃을 것 같은 느낌을 말씀하시는 건가요?

치료자: 아뇨, 부모님께서 돌아가셨기 때문에 이따금 크리스마스 때 무척 슬프다고 말씀하셨잖아요. 직장에서 상실감을 느끼게 할 만한 일이 있나요? 어쩌면 당신이 교육한 직원들을 잃는 일 같은 것이요?

베　티: (놀라며) 대단한 통찰이네요! 충분히 가능한 일이겠죠!

치료자: 당신은 어떻게 생각하세요?

베　티: 모르겠어요. (울기 시작한다.) 아무것도 모르겠어요! 요즘 모든 게 힘들게 느껴질 뿐이에요.

치료자: 당신처럼 능력 있고 성실한 분에게는 매우 힘든 일이겠네요.

베　티: 끔찍해요. 그만 이랬으면 좋겠어요. 친구한테 직장을 그만둬야 할지도 모르겠다고 말했더니, 그 친구는 제 업무가 바뀐 것 때문이 아니냐고 했어요. 하지만 저는 변화를 피하려고 하지 않고 실제로는 변화를 찾고 있어요.

치료자: 이직 말씀이신가요?

베　티: 맞아요. 이렇게는 계속하지 못할 테니까요. 이게 요즘 하는 생각이에요.

치료자: 그러면 이직을 생각하실 때 구체적으로 어떤 생각을 하시나요?

　베티는 직장에서 그녀의 속을 썩인 사내 정치에 대해서 말했다. 그녀는 3년 동안 모셔 온 직장 상사에게 실망했다는 이야기를 했다. 2년 전 베티는 직장 상사가 평소에 일을 열심히 하지 않아 자신에게 피해가 오는 일로 상사에게 항의를 했다. 이 일이 있고 난 후 직장 상사는 좀 성실해지는 것 같더니 6개월 후엔 다시 원상태가 되었다. 그렇지 않아도 승진으로 인해서 책임이 더 커졌는데 상사의 지원이 없는 탓에 베티는 불필요한 스트레스를 매우 많이 받아야 했다. 특히 부하직원들의 불평으로 스트레스를 많이 받았다.

베　티: 이제 저도 어느 정도의 위치에 올랐기 때문에 이따금씩 제 상사에게 이야기를 좀 하곤 하는데…… 제가 이야기를 하면 그는 일단 귀담아 듣기는 합니다. 전체 부서가 관심을 기울여야 할 문제에 대해서 이야기를 할라치면, 그는 늘 이렇게 이야기해요. "음, 적당한 시기에 회의 안건으로 올려야겠네요." 글쎄요, 그 이야기는 지금 당장 직원을 불러서 이야기해야 할 문제거든요! 당신이 말하는 그 '적당한 시기'가 몇 주 혹은 몇 달이 지나도록 오지 않으면 어떡할 건데요? 늘 그렇다니까요. 여보세요, 이 문제는 당장 처리해야 할 일이에요! (이 지점에서 베티의 얼굴은 벌겋게 타올랐고 목소리에는 커다란 분노가 실렸다.)

치료자: 그런데요, 아직 뭔가 불명확한데요…… 지금 말씀하시는 게 스트레스와 관련 있는 거죠?

베　티: 아니요.

베티의 생각은 그녀의 감정과 별로 관련이 없는 것 같아 보였다. 그래서 나는 그녀에게 정서적 혼란을 일으키기로, 즉 해석을 하기로 결정했다.

치료자: 그래요, 당신 정도의 위치에 있으면 화가 많이 날 만도 하죠.

베　티: (생각하다가) 음…… 아마도요! 친구들한테 이런 이야기를 할 때 보면 전 제 직장 상사에 대해서 얘기를 많이 하는 것 같아요. 기본적으로 제가 흥분하는 까닭은 그가 일하는 방식을 제가 동의하지 않기 때문이라고 생각해요.

치료자: 그러니까 당신의 스트레스는 그 사람의 일하는 방식에 좀 더 관련이 있는 건가요?

베 티: 그렇죠. 그러고 보니 좀 놀랍네요⋯⋯. 잘 모르겠어요⋯⋯.

치료자: 그러면, 제가 요술봉을 휘둘러서 모든 상황이 당신이 원하는 대로 흘러가게 된다면, 당신은 어떤 모습을 보게 될까요?

베 티: 그렇게 된다면⋯⋯ 그 사람이 자기 일을 하지 않는구나라고 제가 느끼지 않을 것 같고요⋯⋯. 그 사람이 변할 것 같아요.

치료자: 그렇게 되도록 당신이 뭔가 해야 한다고 생각하세요?

베 티: 잘 모르겠어요⋯⋯. 하지만 그가 변하면 기분이 나아질 것 같아요.

베티는 직장 상사가 그녀에게 정당하지 않은 요구를 했던 일에 대해 말했다. 그는 직원들이 관리자에 대한 근무 평가를 나쁘게 하지 못하도록 하기 위해 직원들이 출근을 늦게 하거나 점심시간에 늦게 들어와도 눈감아 줄 것을 베티에게 요구했다. 베티는 이런 태도에 몹시 분노했는데, 이 사안은 부서의 생산성에 악영향을 줄 것이고, 모든 책임이 그들에게 돌아올 것이기 때문이었다.

치료자: 그래서 당신은 이 일을 어떻게 처리하려고 하셨나요?

베 티: 평소에 이야기하는데, 늘 나중에 처리하자고 미루더라고요. 우리 매장 실적이 떨어지고 있다고 말해도 걱정하지 말래요.

치료자: 그런 상황에 처한다면 진짜로 화가 나겠어요.

베 티: (수치심으로 고개를 떨구고 얼굴을 붉히며) 화가⋯⋯ 난다고요?

치료자: 그런 상황에서는 화를 내도 괜찮다고 생각하지 않으세요?

화를 내는 게 정상적인 반응 아닌가요?

베　티: 정말요? 오, 저 울 것 같아요. (운다.) 지금처럼 갑자기 감정

이 터져 나오는 게 제일 힘들어요.

치료자: 때때로 누구나 화낼 권리가 있다고 생각하지 않으세요?

베　티: 오, 그 말이 참 위안이 되네요.

치료자: 그런 방식으로 느끼는 게 익숙하지 않으신가 봐요.

베　티: 맞아요.

치료자: 만약 이런 상황에서 화를 내는 게 정당하다고 느끼신다면,

이 문제에 대해서 어떻게 하셔야 더 이상 화를 내지 않을

수 있을까요?

　베티는 손톱을 물어뜯기 시작했고 질문에 대한 답을 생각하면서 불안하게 주위를 두리번거리며 살폈다. 그래서 나는 과거에 그녀가 직장 상사와 문제가 있었을 때 성공적으로 해결한 적이 있는지 생각해 보라고 했고, 그녀는 한두 가지 사례를 기억해 내었다. 그러나 그녀가 말을 하는 동안 불만과 직면으로 인해 느꼈던 과거의 공포감이 되살아나는 듯했다. 나는 조심스러워져서 베티에게 과거의 공포에 대해서 이야기를 나누고 싶은지 물어보았다. 그녀는 그러고 싶다고 말했지만, 나는 그녀에게 원하지 않으면 언제든 멈추어도 된다고 말했다. 그녀는 자신의 과거 이야기를 들려주었다. 아주 어렸을 때 부모님이 세상을 떠나셨고 그녀는 먼 친척 집에 맡겨져 성장했다. 그녀는 세상 어디에서도 안정된 느낌을 받지 못했기 때문에 아무리 힘들고 어려워도, 단 한 번도 타인에게 불평을 하거나 요구를 할 수가 없었다.

　다음 주에 베티가 상담실을 다시 방문했을 때 그녀는 일주일 동안 줄곧 자신의 정서 상태를 통제할 수 있었다고 보고했다. 그러고 나서 2주 후에 상담실에 왔을 때는 문제를 경험하기 이전의 자신으로 되돌아온 것 같다

고 말했다. 그녀는 문제의 그 직장 상사에게 직원들의 생산성을 유지해야 할 필요성이 있다고 말했고, 그 직장 상사는 몇몇 직원에게 시간을 잘 지켜 달라고 말했으며, 베티에게도 직원들에게 이런 이야기를 할 권한을 주었다. 베티는 나에게 고마워했고 그녀의 상담 목표가 달성되었다고 말했다. 그녀는 상담실에 와서 이야기할 필요가 있는 문제가 또 있지만 이번에는 그렇게까지 하고 싶어 하지는 않는다는 사실을 깨달았다.

어떤 독자는 회기를 연장한다면 상담으로 도움을 좀 더 많이 받을 것 같은 이 내담자의 사례를 종결하기로 한 나의 결정에 대해서 의아스럽게 생각할 수도 있겠다. 하지만 해결중심 치료자는 '치료자는 내담자를 변화시킬 수 없으며 내담자는 스스로 변화해야만 한다'는 가정에 근거해서 일한다. 이 가정은 베티가 처한 상황과 유사한 상황이라면 다음과 같이 고쳐 말할 수 있을 것이다. '치료자는 내담자를 변화시키려고 시도해서는 안되며 내담자 스스로 언제 변화할 것인지를 결심해야 한다.'더구나 '작은 변화가 더 큰 변화를 만든다.'아마도 베티가 미래에 또 다른 어려움을 겪게 된다면 상담실에서 나와 함께 했던 대화를 떠올리면서 자신만의 해결책을 생각해 낼 수도 있을 것이며, 편안한 마음으로 다른 사람에게 도움을 청할 수도 있을 것이다. 내담자가 상담에 가져온 그 문제를 해결했다고 느끼는 지점에 도달하면, 해결중심치료 계약은 완수되는 것이다. 상담을 좀 더 하자고 치료자가 권유할 수도 있지만 이것은 어디까지나 내담자의 최종 선택에 달려 있다. 물론 내담자의 선택권에 예외도 있는데, 내담자 자신 또는 다른 사람이 위험해질 수 있는 상황이거나 비윤리적인 상황에서는 예외가 된다.

베티는 정서적으로 통제가 되지 않는 문제에 대한 해결책을 인지적 답변에서 찾으려고 했다. 이것이 베티에게는 매우 자연스러운 것이었는데, 그녀는 아주 오래전부터 감정을 느끼는 것을 스스로에게 허락하지 않았기 때문이었다. 그녀와의 대화가 아무런 변화도 만들어 내지 못했을 때, 나는 의도적으로 그녀의 문제는 분노일지도 모른다는 암시를 주었다. 이

발상이 그녀에게 전해져 반향을 일으켰고, 그녀가 해결책을 찾는 데 도움이 되었다.

내담자의 변화는 특정 시점에 그 내담자가 가진 변화할 능력만큼만 그리고 변화할 준비가 된 만큼만 가능하다고 한다. 이와 같이 내담자의 변화는 내담자의 능력과 준비 정도에 따라 달라진다고 하더라도 상담은 내담자와 치료자 간의 협력적인 과정임을 부인할 수 없다. 위에서 "당신이 화가 났다고 생각하나요?"라고 정서적인 암시를 준 것은 "운동 프로그램을 시작하면 도움이 된다고 생각하나요?"라는 인지행동적 암시만큼이나 타당한 개입이며 내담자와 치료자 간 협력의 한 예가 될 것이다.

사례: 닐

닐은 이혼한 전 부인과 번갈아 가면서 7세 아들과 9세 딸을 돌보고 있는 한부모다. 그는 상업 사진 촬영 일을 한다. 그는 우울감을 느끼는 문제 때문에 여자친구가 권해서 상담실에 왔다. 그도 한동안 기분이 저조해 왔다는 사실을 알고 있었지만 별로 신경을 쓰진 않았다. 그는 최근에는 간헐적으로 자신이 아무것도 할 수 없다고 느꼈고 심지어 자살도 생각했다고 인정했다. 자살 위험 평가 도구로 알아본 결과, 그는 수면제를 복용하거나 욕조에서 손목을 칼로 그어 자살할 생각을 했지만 아이들에게 강한 애착을 가지고 있었기에 아이들이 아빠가 스스로 목숨을 끊었다고 기억하기를 바라지는 않았다.

닐은 첫 번째 회기 내내 자신이 얼마나 우울한지에 대해서 이야기했다. 닐이 나에게 좀 더 개방적인 태도를 취하고, 고개를 좀 더 자주 끄덕이며, 눈을 좀 더 맞추는 것을 보면서, 내가 그를 이해하고 있음을 그가 알아차리고 있다고 느꼈다. 나는 그에게 상담이 잘 이루어져서 상담실에 다시 오지 않아도 된다면 어떻게 알 수 있겠느냐고 물었다. 그는 자신이 사람들과의 관계나 일에 좀 더 에너지와 열정을 쏟을 것 같다고 말했지만, 과거에 부분적으로라도 그런 일이 일어난 적은 없다고 말했다. 나는 계속해서 닐이 자신의 정신적 고통에 대해서 말하는 것을 들었고, 그에 대해 반영했다. 그는 얼마 전에 큰 프로젝트를 거절했는데, 그 일을 맡아서 할 에너지가 없었기 때문이라고 했다. (나는 이 부정적인 이야기 속에서 긍정적인 부분을 발견했다.)

> 치료자: 틀림없이 수행하기가 어려웠을 텐데, 어쩌면 현명한 선택을 하신 거네요.
>
> 닐: 그 일을 해야만 했어요. 전 그 일을 너무나 맡고 싶었기 때문에 포기하는 게 너무 힘들었어요. 하지만 제가 일을 맡는다고 해도 잘 감당하지 못해서 그 업체 사장님을 실망시키기는 싫었어요. 전부터 계속 거래해 온, 참 좋은 분이거든요. 아…… 사장님이 제게 그 일을 맡아 달라고 제안하셨을 때 너무나 압도되어서 토할 것 같았어요.
>
> 치료자: 그렇지만 당신은 스스로 자신을 보호할 줄 알았잖아요. 당신의 한계를 고려해서 포기한 것이었고요.
>
> 닐: 음…… 그렇게 생각하지는 못했어요. 포기하기가 너무 싫었거든요.
>
> 치료자: 보통은 포기하지 않으시는 거죠?
>
> 닐: 음, 아마도요……. 평소 저는 저 자신을 끝까지 몰아세우거든요.
>
> 치료자: 현명한 선택을 하신 것 같아요.
>
> 닐: 나중에는 안도의 한숨을 내쉬었죠.
>
> 치료자: 그랬을 겁니다. 최근에 이렇게 현명한 선택을 하신 적이 또 있나요? 아니면 자신을 잘 돌본 때가 있었거나요.

닐은 내 질문에 대해 답변을 하지 못했다. 대신 그는 아이들에 대해서 이야기했는데, 아이들이 그가 세상을 살아가는 이유라고 했다. 그는 아이들과 주말에 만나서 보드 게임도 하고 그들 나름대로 게임을 만들어 하면서 즐거운 시간을 보냈던 이야기를 했다.

그러다가 닐은 갑자기 말을 멈추고 몇 분 동안 혼자 생각을 했다. 그의 기분은 변했고 다음과 같이 말했다.

> 닐: 방금 전에 어떤 걸 기억했어요. 최근에 느낌이 아주 조금 좋고 저 자신을 잘 돌본 때가 한 번 있었어요. 토요일 오후였지요. 아이들은 엄마 집에 가 있었고, 저는 혼자 있었죠……. 저는 집안일을 하지 않고 그냥 편하게 쉬기로 했어요. 그냥 소파에 앉아서 텔레비전을 봤고, 해야 할 다른 일들에 대해서도 걱정하지 않았어요. 심지어 낮잠도 잔 것 같아요.

이 지점부터 우리는 해결책을 향해 움직였다. 물론 어떻게 해서 닐이 예외 상황을 기억할 수 있었는지는 알 길이 없다. 닐은 스스로 자신감을 되찾길 바랐고 자신을 돌볼 수 없는 상황에 화가 나 있었으며, 내가 그의 몇 가지 행동에 긍정적인 의미를 부여해서 그가 관점을 긍정적으로 수정했다고 추측해 볼 수 있겠다. 이것은 인지적인 재명명으로 볼 수 있다. 하지만 재명명을 하는 맥락, 즉 재명명이 발생하는 정서적인 분위기가 재명명이 수용되는 방식(수용 여부)에 영향을 준다. 닐이 대화 중에 대답을 하기 위해서 종종 생각에 잠겼고, 해결책에 대해서 이야기할 준비가 되었는지 내가 계속해서 유심히 지켜봐야 했다는 점을 상기해 보라. Kiser, Piercy 와 Lipchik(1993)은 문제중심 대화에서 해결중심 대화로 옮겨 가는 과정은 치료자가 내담자에게 질문을 던지거나 대답을 하면 자동적으로 일어나는 것이 아닌데, 이는 정동적 일치(affective congruence, 안 좋은 느낌을 가지고 부정적인 경험을 이야기하는 것)에서 정동적 불일치(affective incongruence, 안 좋은 느낌을 가지지만 초점을 좀 더 긍정적인 감정으로 옮기는 것)로 옮겨 가려면(Bower, 1981) 종종 시간, 인내심, 임상 기술이 필요하기 때문이라고 지적했다. 나는 여기에 '올바른 정서적 분위기'가 필요하다고 덧붙이려고 한다.

내가 경험한 바에 의하면 내담자가 문제 이야기에서 벗어나기 힘들어 할 때, 감정을 표현하게 하거나 때로는 감정을 더 격렬하게 느끼게 하면 내담자가 해결책을 발견하는 가교가 생겨나기도 한다. 나는 사고가 정서를 쉽게 촉발할 수 있다는 생리학적 증거가 실제로 있지만 정서를 사라지게 하는 것은 매우 어렵다는 것을 알게 되어 흥분되었다(LeDoux, 1996, p. 303; Panksepp, 1998, p. 301).

닐은 이후 여섯 번의 상담 회기동안 자신에게 심각하게 화가 나 있었으며, 여자친구의 행복을 위해서 아무것도 해 주지 못한다는 생각 때문에 무력감에 빠져 있었음을 발견했다. 조금씩 자존감을 회복하게 되면서, 닐은 관계라는 것은 혼자만의 책임이 아니라는 것을 깨달았고 커플치료에 여자친구를 데리고 왔다.

내담자의 해결책 발견을 위한
치료자 자신의 정서 활용

내담자는 자신의 느낌을 알고 그 느낌에 대해서 말하고 싶어 하지만, 때로는 말하기를 두려워하거나 말할 수 없을 때가 있으며, 이 어려움은 해결책을 찾는 과정에 장애가 된다. 치료자는 독심술사가 아니지만, 내담자가 보이는 신체 언어 속에서 내담자의 정서를 최대한 읽어 내기 위해 민감해야 한다. 말로 표현되지 않는 정서를 읽어 내기 위해 치료자는 자신의 생각과 느낌에 늘 관심을 가져야 한다. 치료자는 자신의 직관에 따라 자신의 생각과 느낌을 내담자에게 말할 수 있고 이것이 상담에 도움이 되기도 하지만, 내담자에게 말하기 전에 자신의 말이 어떤 결과를 가져올지 심사숙고해야만 한다.

사례: 산드라와 두 딸

산드라는 이혼한 43세 여성으로서, 16세의 큰딸 리타와 14세의 둘째 딸 로다와 함께 가능한 한 빠른 시간 안에 상담을 받고 싶다고 신청했다. 그녀는 일주일 안에 큰딸 리타가 다른 도시에 사는 아빠와 살기 위해 이사 갈 예정이라고 말하면서 리타와 이야기하는 데 도움이 필요하다고 했다.

산드라 가족은 무겁고 긴장된 분위기 속에서 상담실에 들어왔다. 자매는 긴장한 듯 보였고, 서로 귓속말을 했다. 딸들은 엄마가 왜 이곳에 데리고 왔는지 알지 못한다고 말했다. 딸들과는 달리 기뻐 보였던 산드라는 가면을 쓴 것처럼 무표정한 얼굴로 미동도 하지 않은 채 단조로운 목소리로 이야기했다. 그녀는 큰딸 리타가 평소에 늦으면 집에 전화를 했지만 지난주에는 아무런 연락도 없이 귀가하지 않아서 리타를 찾기 위해 경찰을 불러야만 했고 그 문제 때문에 상담실에 왔다고 말했다. 경찰이 리타를 집에 데리고 왔을 때 리타는 매우 적대적이었고, 무슨 일인지 궁금해하는 이웃들 앞에서 엄마가 레즈비언인 것이 너무나 싫어서 집을 떠나고 싶었던 거라고 외쳤다고 한다. 그다음 날 리타는 아빠와 살고 싶으니 보내 달라고 산드라에게 요구했다.

나는 이 가족에게 상담에서 어떤 이야기를 나누고 싶으냐고 질문했지만 묵묵부답이었다. 산드라는 리타의 행동 때문에 고통스러웠고 실망했으며 전에는 자기 가족에게 문제가 없었다고 말했다. 산드라는 리타가 엄마의 성적 지향을 싫어하는 것도, 아빠와 살고 싶어 하는 것도 충분히 이해하지만, 이런 식으로 행동하는 것은 반대한다고 말했다. 산드라가 말한 후에는 리타도 자기 나름대로 항변을 했고, 로다는 엄마와 언니 중 어느 편도 들지 않았으며 말을 거의 하지 않았다.

리타를 떠나지 않게 하거나 떠나기 전까지 서로 편안하게 지내기 위해서 산드라가 딸들을 상담실로 데려온 느낌이었다. 하지만 나는 이 가족이 스스로 상담 목표를 정하게 하고 싶었기 때문에 내 생각을 말하지 않았다.

이 가족과 이야기할수록 산드라의 동성 파트너에 대한 리타의 증오가 수개월 전부터 점점 심해졌다는 문제중심 대화가 점차로 증가했다. 나는 이 가족이 상담에 온 목적에 대해서 다시 초점을 맞추면 좋겠다고 느꼈고, 그래서 이 가족이 가진 긍정적인 자원(이전에는 한 번도 이런 문제를 겪지 않았다는 사실)으로 이야기의 방향을 살짝 돌렸다.

치료자: 그러니까 산드라 당신과 리타 사이의 관계가 최근 몇 달 전까지만 해도 언제나 아주 괜찮았는데요, 하지만 여러분은 이 사실에 대해서는 이야기해 본 적이 없으세요. 그런데 지금은 엄청난 고통과 분노가 있는 것 같네요. 혹시 제가 당신 가족에 대해서 좀 더 잘 이해하도록 도와주실 수 있으실까요? 혹시 가족이 가진 장점에 대해서 이야기해 주시겠어요? 자랑할 만한 일 같은 거요.

산드라: 로다, 넌 뭐가 자랑스럽니?

로 다: ('글쎄요' 하는 의미로 어깨를 으쓱하고는 오래 생각하다가) 지금은 잘 모르겠어요.

치료자: 리타, 너는 어때? 지금 옛날 일을 돌아본다면, 엄마와 로다와 지냈던 일 중에서 어떤 좋은 일이 생각나니?

리　타: 크리스마스 때 일이요. 그리고 모두 함께 플로리다에 놀러 간 일이요.

치료자: 일상생활에서는 뭐가 있을까?

리　타: 포옹이요. 엄마가 안아 줄 때 좋았어요. 엄마랑 포옹하는 것처럼 아빠랑은 포옹할 수 없거든요. 엄마하고는 아무 때나 안을 수 있어요. 엄마도 저랑 포옹하는 걸 좋아하는 걸 알고요. 비교하긴 싫지만 아빠와는 그렇게 할 수 없어요. 엄마랑 안고 있으면 기분이 좋아요. 그리고 엄마가 요리해 주시는 것도 좋고요.

치료자: 동생과 함께 하는 것 중에서는 뭐가 좋지?

리　타: 동생 방에 들어가서 함께 음악을 듣는 것도 좋고 옷을 바꿔 입는 것도 좋아요. 앞으로 그리워질 것 같아요.

치료자: 좋았던 일들이 참 많았구나, 그렇지? (리타가 고개를 끄덕인다.) 산드라, 당신은 이걸 알고 계셨나요?

산드라: 아뇨.

치료자: 당신은 어떤 일들을 그리워하게 될 것 같나요?

산드라: 두 아이를 그리워하게 될 것 같아요. (잠시 주저한다.) 우리는 볼링을 함께 치러 다녔고 성가대 활동도 함께 했어요. 전 학부모 회의에 참석하는 것과 거기서 리타에 대한 칭찬을 들을 때 참 좋았죠……. 우리는 텔레비전을 함께 보는 것도 좋아해서 얼마 전에 화면이 큰 텔레비전을 샀는데, 이젠 로다와 저만 보게 되겠네요.

산드라가 '두 아이를 그리워하게 될 것 같다'고 말했을 때, 나는 쇼크 같은 신체 반응을 느꼈다. 나는 리타가 떠나는 일을 산드라가 마치 죽음과 같이 느끼고 있으며 그래서 리타가 떠나면 다시는 볼 수 없을 거라고 느끼고 있음을 감지했다. 나는 나의 이런 느낌을 이 가족에게 말할 것인지 말 것인지를 마음속으로 고민했다. 말해서 좋지 않은 점은 무엇일까? 산드라는 내가 자신을 이해하지 못한다고 생각할 수도 있었다. 반대로, 말해서 좋은 점은 무엇일까? 말을 하면 산드라가 느끼는 우울감의 깊이를 내가 이해하고 있음을 강하게 표현할 수 있고, 리타는 엄마가 느끼는 고통의 수준을 좀 더 잘 알 수 있다. 이 말을 해서 생기는 이점이 위험성보다 좀 더 커보였다. 이 가족을 다음 상담 회기에도 만날 수 있다는 보장이 없었기 때문에 나는 말하기로 결심했다.

치료자: 산드라, 당신은 이제 더 이상은 두 아이를 볼 수 없을 거라고 말씀하셨어요. 당신이 말하는 모습을 보니…… 마치…… 물론 딸들이 이미 성장했으니 집에서 더 이상은 아이들을 볼 수 없겠죠. 그런데 영영 끝나는 것처럼 들려요. 리타와 로다는 여전히 당신의 딸이에요. 단지 리타가 집에 있지 않을 뿐이고요. 당신이 말하는 모습을 보니, 당신은 리타가 떠나는 게 아니라 죽는 것처럼 이야기를 하고 계세요.

산드라: (깊게 한숨을 내쉬며) 맞아요. 리타가 저에게 집을 떠날 일이 마치 죽는 일 같다고 이야기했는데, 저도 그렇게 느끼는 것 같아요. 아빠 집에 그냥 한 번 방문하는 것이나 일이 년쯤 가 있는 것과는 느낌이 다르잖아요. 또 아들이 집을 떠날 때와도 완전히 다르죠.

치료자: 어떻게 다르죠?

산드라: 환경이 달랐어요. 아들은 고등학교를 졸업한 후에 대학을 먼 곳으로 갔죠. 우리는 어려움을 겪었지만 곧 화해했어요. 그런데 리타는 화해하고 싶어 하지 않는 것 같아

요……. 그냥 나가서 잊고 싶어 하는 것 같아요. 그래서 이
제 나가면 끝이겠구나 싶어요.

치료자: 엄마가 너한테 받은 인상이 사실이니? 앞으로는 엄마랑 관
계없이 살 생각이었니?

리　타: 아뇨.

치료자: 그러면 엄마는 왜 그렇게 생각하실까?

리　타: 아마 한동안 엄마랑 대화를 안 해서 그랬던 것 같아요. 엄
마는 제가 어떻게 느끼는지 잘 모르세요.

치료자: 그러면 넌 아빠 집으로 간 후에 엄마나 동생 로다와 연락
할 생각이니?

리타는 엄마와 동생에게 편지나 전화를 자주 할 것이고 명절에는 엄마 집에 올 거라고 이야기하기 시작했다. 그리고 경찰과 이웃 사람들 앞에서 함부로 행동한 것에 대해서 엄마에게 사과했다. 엄마와 딸은 서로 화해하고 상담실을 나갔다. 산드라는 나중에 나에게 전화를 해서 고마움을 표현했고 당분간 리타가 아빠와 살기로 한 것은 아주 좋은 결정이라고 받아들이게 되었다고 했다. 그리고 딸과의 관계가 단절될 것이라는 생각을 더 이상 하지 않는다고 말했다.

정서와 요약 메시지

상담 시간과 휴식 시간에 형성된 긍정 마인드('yes set'; Erickson, Rossi, & Rossi, 1976; Erickson & Rossi, 1979)와 메시지의 초반에 들어가는 칭찬은 내담자의 마음을 이완 상태로 이끄는 최면적 암시로 여겨졌다(6장 참조). 그러나 이 과정에서 일어나는 정서의 역할은 전혀 논의된 바 없다. 그런데

통상적으로 내담자는 자신이 예상하는 것보다 상황이 더 나쁘다고 치료자가 말할 것으로 예상하는데, 치료자가 요약 메시지를 통해서 내담자에 대한 이해와 긍정적인 말을 전달하면 내담자는 커다란 정서적 위안을 받게 된다. 이렇게 해서 결과적으로 내담자는 이완을 경험하게 되는데, 이 이완 경험은 해결책을 찾는 데 필요한 사고 과정과 행동 결정(Damasio, 1994)에 매우 중요한 요소가 된다.

결 론

해결중심치료에서 정서를 인지나 행동과 동일한 위치로 격상시키는 것은 급진적인 시도로 보일 수도 있다. 하지만 우리가 언어와 정서가 불가분의 관계에 있음을 수용한다면, 상담에서 어떻게 정서를 제외할 수 있을 것인가?

정서는 내담자를 이해하고 내담자와 관계를 맺는 중요한 방법을 제공함으로써 해결책 구축을 촉진한다(King, 1998). 기본적인 정서는 만국 공통의 의사소통 수단이고 의식적인 통제나 언어에 상관없이 일어난다. 영아들은 놀람, 아픔 혹은 허기를 타인에게 전달하기 위해 언어를 알 필요가 없다. 일면경 뒤의 치료자들에게는 전달되지 않지만 상담실에 들어온 치료자와 내담자 사이에서만 형성되는, 말로는 설명할 수 없는 정서적 연결이 존재한다. 우리는 통상적으로 신체적·정신적 성숙과 사회화를 통해 정제되어 온 정서의 차원에서 대화를 한다. 하지만 Steve Gilligan(1997)이 "모든 사람의 핵심에 존재하므로 쉽게 파괴할 수 없는 '부드러운 부분'"이라고 일컬은 것으로 내담자의 관심을 돌린다면 해결책 구축을 촉진할 수 있다. 이렇게 하는 한 가지 방법은 안전한 느낌을 주는 정서 분위기를 만드는 것이다(Sullivan, 1956). 또 다른 방법은 우리 자신의 직관과 느낌을 활용하여 내담자가 자신의 느낌을 인식하도록 도와서 내담자가 이성뿐 아니라 정서까지 활용해 해결책을 구축하도록 돕는 것이다. 물론 방향은 달라질 수도 있다. 오로지 정서만 느끼는 내담자는 그에게 있는 이성적인 능력에 접근할 수 있도록 도와야 하고, 행동이 통제되지 않는 내담자는 느끼고 생각할 수 있도록 도와야 한다. 우리는 정서 없이는 생산적으로 살아갈 수 없으며 따라서 정서는 좀 더 나은 삶을 위한 해결책 구축 과정에 반드시 포함되어야 할 것이다.

CHAPTER 05

목표 명료화 과정

예전에 나는 상담 첫 회기에 항상 다음과 같은 질문을 내담자에게 하곤 했다. "당신이 여기 온 것이 도움이 된다는 사실을 어떻게 알게 될까요?" 또는 "다음 주에 이곳에 다시 오셔서 그동안 작은 긍정적인 변화가 있었다고 저에게 말한다면 어떤 일을 말하실 것 같으세요?" 내가 이런 질문을 사용했던 이유는 내담자가 목표에 집중할 수 있도록 하기 위해서였다. 내담자는 질문에 답하는 과정을 통해서 자신과 나에게 그가 어느 방향으로 가고 싶어 하는지를 명확히 할 것이었다. 나는 또한 이런 질문을 사용하면 내담자가 문제중심 대화로 가지 않도록 막을 수 있다고 믿었다. 내담자들의 대답은 다양했다. 그러나 이런 질문을 통해서 단시간에 바로 해결책을 찾아낸 내담자는 매우 드물었다.

10년 전에 진행했던 워크숍에서 크게 깨달은 바가 있어서 나는 위에 언급한 도입 질문을 더 이상 사용하지 않게 되었다. 워크숍에서 참여자들은 소집단으로 모여 앉아 각각 치료자와 내담자 역할을 맡아서 상담 연습을 했는데, 연습 시간이 끝난 후 한 참가자가 연습 초반에 그의 '치료자'가 던진 두 가지 질문 때문에 분노를 느꼈다고 말했다. 그는 자신의 생각을 말하고 싶었지만 질문 때문에 그렇게 할 수 없었다고 했다. 이어서 진행된 집단 토의 시간을 통해서, 나는 미래에 초점을 둔 이러한 시작 질문은 상담 초기 단계에서 내담자의 선택권을 빼앗는 것임을 깨닫게 되었다. 이것은 해결중심치료를 제대로 못한 것이다. 중요한 것은 언제 목표를 정의하느냐가 아니라, 내담자가 치료를 통해 이르고자 하는 것을 상담 목표에 가능한 한 가깝게 반영해야 한다는 것이다.

일반적으로 가능한 한 첫 회기에 행동적인 용어로 분명하게 목표를 정의해야 한다고 생각하지만 나는 이와는 정반대로 목표 명료화는 지속적 과정이라고 생각하며, 이 장에서는 이러한 점에 대해 논하고자 한다(Berg & Miller, 1992; de Shazer, 1985, 1991a; Durrant, 1993; O'Hanlon & Weiner-Davis, 1989; Walter & Peller, 1992). 이 장에 제시된 생각은 자발적으로 상담실에 찾아온 내담자에게만 해당되며, 비자발적인 내담자는 10장에서 다룬다.

목표 대 해결책

'문제가 반드시 해결책과 관련 있는 것은 아니다'라는 해결중심적인 가정은 문제가 반드시 목표와 관계 있는 것은 아니라는 가정으로 이어진다. 통상적으로, 내담자는 마음속에 상담 목표를 생각하면서 상담실에 오지만, 그 목표가 곧 해결책인 것은 아니다. 해결책이란 내담자가 생각하기에 자신이 처한 상황을 문제가 덜 되게 만들거나, 그 상황에서 문제를 없애는 것이라면 어떤 것이든 될 수 있다.

사람들은 목표를 '이것 아니면 저것' 식으로 생각한다. 즉, 문제는 '모두 나쁜 것'이고 해결책은 '모두 좋은 것'이라는 식으로 흔히 생각한다. 내담자들은 '다시는 화를 내지 않겠다' '우리 가족이 항상 행복한 가족이 될 것이다' 등의 목표를 자주 제시하지만, 사실 이런 목표는 비현실적인 목표이자 기대다. 이런 굉장한 목표를 갖는 것은 정신건강에도 좋지 않다고 본다. 또한 농담(濃淡)에서 약간 차이가 나는 두 가지 회색의 차이를 발견하는 것처럼, 해결책으로 작은 변화만을 찾아야 하는 상황에서는 위와 같은 목표가 성취하기 어려워 보일 것이다.

해결책은 발견 과정의 최종 결과물이다. 해결책은 치료를 시작할 때 내담자가 가졌던 목표에서 멀리 떨어져 있을 수도 있다. 이런 추론에 근거하면, '목표 명료화(goal clarification)'는 내담자가 이루고 싶어 하는 결과에 관련해 치료를 하는 동안 내담자를 지속적으로 모니터링하고 내담자와 함께 재평가하는 과정이라고 이해하는 것이 더 좋다. 최근 Walter와 Peller (1996, p. 18)도 목표 명료화를 의미가 진화하는 과정으로 설명하고 '목표 정하기(goaling)'라고 불렀다.

목표 명료화 과업

첫 회기 종료 시점까지 반드시 상담 목표가 정의되어야 한다는 믿음은, 치료자가 상담 시간 동안 뭔가 생산적인 활동을 했다는 확실한 증거를 요구하는 의료보험회사의 요구 때문에 강화되고 있다. 이런 믿음은 상담의 질 관리와 조사 연구에도 도움이 된다. 특별히 해결중심치료처럼 실용적이고 초점화되어 있는 접근에서는 실제로 내담자가 상담을 통해서 자신이 원하는 바가 무엇인지를 정의하도록 돕는 것이 매우 중요하다. 하지만 그 시점에 내담자에게 필요한 것을 다루는 대신에 목표 정의 자체가 치료자의 목표가 되지 않도록 목표 정의를 너무 문자 그대로 받아들여서는 안 된다. 목표 정의를 너무 급히 하다 보면 치료자나 내담자 모두에게 지나친 압박이 될 수 있고, 대화를 막다른 골목으로 이끌 수 있는 빈약한 목표로 귀결될 수 있다. 더구나 이것이 치료자-내담자 관계의 정서적 분위기에 악영향을 끼칠 수도 있다.

'목표 정의(goal definition)'라는 용어는 직선적이고, 상세하며, 인지적인 과정을 암시한다. 이것은 일종의 명제(protocol)처럼 구조(structure)를 암시한다. 어떤 내담자는 시종일관 분명하고 행동적인 언어로 상담 목표를 정의할 수 있다. 하지만 많은 경우 내담자들은 정서적으로 너무나 압도되어 있어서, 몇 가지 '불평'을 표현하는 것 이상은 할 수가 없다(de Shazer, 1985, pp. 31-32). 통상적으로, 이런 불평들은 실제로 문제로 정의되는 것보다는 좀 더 막연하거나 일반적인 것들이다. 대부분의 경우 무엇이 문제인지 내담자가 명확하게 확인할 때까지 치료 과정에서 이 불평들이 재정의된다. 문제에 대한 이해가 분명하면 대부분 목표나 해결책도 분명해진다.

목표 명료화하기: 과정

내담자 자신이 상담을 통해 무엇을 원하는지 이해하도록 돕기 위해서는 시간과 인내심이 필요하다. '단기치료는 천천히 진행된다'는 해결중심치료의 가정은 시간과 인내심의 필요성을 기억하는 데 도움이 된다. 이 가정은 또한 내담자의 말을 지나치게 의도적으로 경청하지 않고 그냥 편하게 듣고, 필요할 때만 말의 뜻을 묻고 명료화하는 등의 유연한 태도를 유지하는 데도 도움이 된다.

당신이 출근용이나 다른 용도로 새 옷이 필요한 상황을 상상해 보라. 당신은 어떤 스타일의 어떤 색 옷을 사고 싶은지 생각해 본다. 예컨대, 당신이 여성이라면 빨간 드레스를 사고 싶어 할 수 있다. 당신은 옷가게에 가서 당신이 원하는 바에 딱 들어맞는 옷을 찾을 것이다. 첫 번째로 고른 옷이 마음에 들어서 살 수도 있다. 그러나 이런 일은 가능하기는 하지만 흔하지는 않으며, 특히 여성의 경우엔 더 그럴 것이다. 대부분의 사람은 원하는 것에 맞을 것 같은 옷 몇 벌을 입어 보고, 운이 좋으면 좋아하는 옷을 발견할 것이다. 이보다 더 흔하게는, 옷 진열대를 찬찬히 둘러보다가 애초에 생각했던 것과는 다른 색과 스타일의 옷에 끌리게 된다. 빨간 드레스를 원한다고 생각했던 여성이 최종적으로는 검은 바지를 고를 수도 있다. 이런 쇼핑 경험은 공식에 따르는 예측이 제공할 수 없는 선택권을 준다.

이 과정은 내담자가 경험하는 과정과 유사하다. 처음 설정된 목표는 내담자가 다양한 시각으로 점검해 보면서 얼마든지 변할 수 있다. 치료자는 내담자와 상호작용하면서 내담자가 이렇게 할 수 있는 기회를 제공해야 한다.

'목표 명료화하기(clarifying goals)'는 첫 회기에서 시작되어 종결할 때까지 지속적으로 이어지는 과정이다. 목표를 명료화하기 위해서는 우리가 내담자와 동일한 트랙에 서 있는지 확인하기 위하여 내담자를 끊임없이 모니터링해야 한다(Walter & Peller, 1994). 다음은 치료의 단계와 상관없이 자동적으로 내담자에게 목표를 생각해 볼 수 있도록 제안하는 질문이다.

① "(현재) 무엇이 문제라고 생각하세요?"
② "문제가 해결되었다는 사실을 어떻게 아시게 될까요?"
③ "당신이 이곳에 다시 오지 않아도 된다는 걸 어떻게 아시게 될까요? 무엇이 그 신호가 될까요?"
④ "그렇게 되려면 당신의 행동, 생각, 감정과 관련해서 어떤 일이 일어나야만 할까요?"

⑤ "상황에 관련된 다른 사람들에게서는 어떤 점이 달라졌음을 알아채실까요?"

⑥ "당신이 일어나기를 원하는 상황을 자유롭게 공상해 본다면 그것은 어떤 모습일까요?" (기적질문을 어떻게 변형시켜도 목표 명료화에 많은 도움이 된다.)

일단 방향에 대한 합의가 이루어지면 해결책으로 향하는 과정을 점검하기 위해 척도질문을 사용할 수 있다.

해결중심치료에서 내담자들이 목표를 명료화하는 과정을 돕는 것이 중요한 이유는, 만일 내담자가 자신이 진정으로 원하는 것에 대해서 명확하게 인식하지 못한다면 해결책도 생각해 내지 못할 것이기 때문이다. '모든 내담자는 독특하고' '치료자는 내담자를 변화시킬 수 없으며 내담자는 스스로 변하기 때문에' 오직 내담자만이 언제 그때가 왔는지를 알 수 있다.

예를 들면, 회기의 시작 시점에 내담자 부부가 좀 더 적극적인 성생활을 하겠다는 것이 목표라고 말할 수도 있다. 만약 이 부부가 좀 더 친밀한 관계를 나눌 준비가 되어 있다면, 성관계가 일어나는 맥락에 대한 이야기를 나누지 않은 채 이 목표에 근거하여 해결책을 찾는다고 해도 성공할 수 있다. 하지만 '해결중심모델은 천천히 진행된다'는 가정에 따라서, 먼저 그들이 성관계를 나누게 되는 맥락에 대해서 탐색해 볼 가치가 있다. 이렇게 탐색을 하다 보면 부가적인 정보, 예컨대 서로 사랑받고 있다는 느낌이 부족하다는 정보를 얻을 수 있다. 이 내담자 부부가 목표를 수정하여 상호 신뢰 형성을 목표로 작업한다면, 능동적 성생활을 목표로 작업을 하는 것보다 성공적인 해결책을 만들어 갈 기회를 좀 더 얻을 수 있을 것이다. 그 이유는 신뢰로 나아가는 작은 단계를 밟는 편이 성적인 친밀감을 향하는 단계를 밟는 것보다 좀 덜 위험하기 때문이다. 어쨌든 둘 사이에 신뢰가 회복되면 아마도 좀 더 능동적인 성생활로 이어질 것이다. 역설적이게도, 겉으로 보기에 조금 돌아가는 길을 선택하는 것이 해결책에 좀 더 빨리 도달하는 방법이 될 수 있다. 해결중심 치료자의 역할은 작은 변화가 내담자에게 딱 맞는 해결책이 될 가능성을 만들기 위해서 내담자가 자신을 잘 인식할 수 있도록 자극하는 것이다.

목표와 정서

정서는 언어의 한 부분이기 때문에 목표를 명료화하는 과정에 포함되어야 한다. 예컨대, 내담자 조나선은 "제가 결정을 좀 더 잘 내릴 수 있으면 좋겠어요."라고 상담 동기를 밝혔다. 그는 이 동기를 행동적으로 이렇게 명료화했다. "누가 제 주장이나 선택에 대해서 뭐라고 해도 제 의견이나 선택을 의심하지 않고 그냥 제 결정대로 하고 싶어요." 치료자는 이 말의 이면에 있는 정서적인 부분을 반영했다. "그러니까 당신은 당신이 스스로 결정을 내리는 것을 두려워하지 않겠다고 말씀하시는 거죠?" 조나선의 얼굴이 밝아졌다. "맞아요! 바로 그거예요!" 그런데 조나선이 타인을 기쁘게 만들고 싶어 하는 사람인 점을 감안한다면 이 상황에서 치료자는 다음과 같은 사실에 주의를 기울여야 했다. 즉, 치료자의 정서적 반영에 대해 조나선이 '주도적으로 행동하고 싶다' 혹은 '편안하고 싶다'는 등의 문장으로 답하지 않은 이유는 정서적 반영을 위해 치료자가 한 질문은 치료자의 언어였기 때문이다. 치료자는 조나선이 자신의 상담 목표를 표현하는 방식을 스스로 선택할 수 있도록 요청해야만 했다. 조나선의 목표는 '주도적으로 행동하기'가 되어야 할까, 아니면 '두려워하지 않기'가 되어야 할까? 이 둘은 분명히 서로 연결되어 있지만, 조나선은 어떤 표현이 자신의 목표를 가장 정확하게 나타내는지를 자신의 힘으로 밝혀야 했다. 이 경우에 내담자에게 목표를 명확하게 표현해 줄 것을 요청하는 일은 해결책으로 향하는 자연스러운 방법을 찾을 가능성을 높이는 것만큼이나 내담자의 의사 결정에 도움이 되는 개입이다.

'목표 재정의'보다는 '목표 명료화'라는 관점에서 접근하면, 진전이 없는 내담자에게 긍정적 영향을 줄 수 있다. 내담자에게 변화가 반드시 일어나야 한다고 암시하기보다는 내담자가 치료를 통해서 원했던 것이 혹시 변했는지를 물어보고, "지금은 어떤 목표에 더 집중하고 싶으세요?"라든지 "어떤 목표가 당신에게 더 잘 맞을까요?"라고 질문해야 내담자의 가능성을 훨씬 덜 제한할 것이다. 목표가 바뀌면 내담자는 이전에 자신이 목표를 잘못 설정했다는 의미로 해석할 수도 있다. 이와 같이 내담자가 실수했다고 느끼게 되면 수치심이 일어 정서적 분위기를 방해할 수도 있다.

어떤 내담자는 변화를 원해서 상담에 왔으면서도 변화를 두려워할 수도 있다. 이러한 두려움이 있는 경우 대개 진전이 없거나, 재발하거나, 혹은 변화가 있는데도 인식하지 못한다. 변화에 대해 양가감정을 가진 내담자는 자신과 치료자나 치료에 대한 느낌을 부정적으로 표현하면서, 직간접적으로 모순된 마음을 표현하는 경향을 보인다. 그래서 다시 말하지만 내담자가 양가감정을 가지고 있다면 목표를 재정의하는 대화를 하기보다는, 현재 시점에서 내담자가 치료를 통해서 원하는 바가 무엇인지를 탐색하는 편이 훨씬 더 안전하다. 아무리 "당신이 이전에 정의한 상담 목표를 점검해 보는 것이 도움이 될지 궁금하네요."와 같은 부드러운 말을 건넨다고 해도 내담자에게 수치심을 불러일으킬 수 있기 때문이다. 내담자와 지속적으로 대화를 나누는 방식으로 목표를 명료화하는 편이 좀 더 안전하다.

사례: 마릴린

 다음 사례는 3개월 동안 5회기의 상담을 진행한 사례로서 목표 명료화가 단일한 과업이 아니라 계속 진행되는 과정이라는 나의 생각을 보여 준다. 또한 4장에서 논의한 치료자의 선택에 관한 내용도 잘 보여 준다.

 마릴린은 30세의 기혼 백인 여성으로, 19개월 된 아기가 있었고 은행에서 시간제로 일을 했다. 그녀는 약간 통통하지만 비만해 보이지는 않는, 상냥해 보이는 여성이었다. 5년 전, 그녀는 결혼 직후에 아버지와의 관계 문제로 5회에 걸쳐 상담을 받은 적이 있다. 딸을 사랑하지만 통제하려는 성향이 있던 아버지는 딸을 사위와 공유하는 것을 힘들어했으며, 딸 부부에게 자신과 함께 시간을 보내고 자신에게 관심을 가져 달라는 무리한 요구를 했다. 그 당시 마릴린이 찾아낸 해결책은 아버지에게서 관심을 거두는 것보다는 아버지에게 관심을 쏟는 방법을 선택하는 것이었다.

 마릴린은 이번 상담의 목표를 '섭식장애를 치료하는 것'이라고 했다. 지난 5년간 어떻게 지냈는지 이야기하면서 마릴린은 아버지와 지속적으로 원만하게 지내 온 것이 자랑스럽다고 말했다. 그녀는 아버지를 변화시키려는 노력을 중단했고 있는 그대로의 아버지를 받아들였다. 그녀는 "아빠는 아직도 잔소리를 자주 하시지만 저는 한 귀로 듣고 한 귀로 흘려 버려요."라고 했다.

 마릴린은 불안하고 고통스러운 태도로 현재의 문제에 대해서 이야기했다.

> 마릴린: 전 평생 체중 문제로 힘들었는데 요즘 점점 더 통제하지 못해서 살이 계속 불어나고 있어요. 제 생각에는…… 식욕

을 참지 못하는 식습관이 문제인 것 같아요.

치료자: 혹시 식욕이 잘 통제된 적이 있나요?

마릴린: 전에 '체중 감시자(Weight Watchers)' 프로그램에 참여했을 때요. 그때는 14킬로그램 정도를 뺐는데, 점점 옛날 습관으로 돌아가서…… 그러니까…… 잘 모르겠어요……. 제 목표는 예전에 살을 뺐을 때로 돌아가는 게 아니에요. 아시다시피, '체중 감시자'에서는 참여자의 몸무게를 재고 그 밖에 모든 것의 무게를 측정해요. 마가린을 티스푼으로 한 스푼 먹지 않고 두 스푼 먹는 게 문제는 아니에요. 그건 제가 원하는 게 아니에요. 폭식, 바로 그게 문제예요. (여기서 마릴린은 처음으로 자신이 원하는 걸 표현했다.)

치료자: 그렇죠…… 그렇죠……. 그러면 얼마나 자주 폭식을 하시죠?

마릴린: 매일요.

치료자: 그 말은 정확하게 무슨 뜻이죠?

마릴린: 그러니까 저는 찬장과 냉장고를 샅샅이 뒤져서 나오는 걸 모두 먹어 치워요. 만약 음식이 안 나오면 지하 창고에 가서 크래커 같은 걸 찾아내죠.

치료자: (여기서 내담자의 자기인식을 높이기 위해서 음식물을 찾아 헤매는 행동이 그녀에게 어떤 의미인지 물었다.) 그런 행동을 당신 자신에게는 어떻게 설명하실 수 있나요?

마릴린: 이건 정말 오래된 습관이죠. 초등학교, 혹은 고등학교 초반에 생겨서 지금까지 그래왔어요.

치료자: 오, 그렇군요. 매일요?

마릴린: 음…… 제가 다이어트 할 때 한동안은 안 그런 적도 있었지만…… 일반적인 경향을 말하자면 그래요. 폭식하는 이유에 대해서 분석해 보곤 하는데요, 잘 모르겠어요. 우울한

것과도 크게 관련은 없는 것 같고…… 그러니 정서 같은 것과 관련이 있는 것 같지 않고…… 정말 어떻게 설명을 못하겠네요.

치료자: 이제는 '습관'으로 굳어진 건가 봐요. (여기에서 나는 일부러 내담자가 이미 여러 번 사용한 단어를 골라서 사용했다.)

마릴린: 네. 참 어리석지요. 폭식을 하면서도 저는 '이거 참 바보 같은 짓이야'라고 생각하고, 그다음에는 우울해지기 시작하죠.

치료자: 그렇다면 당신이 폭식을 하지 않는 유일한 때는 다이어트 프로그램에 가겠다고 결심할 때로군요?

마릴린: 맞아요. 제가 '체중 감시자' 프로그램에 있을 때가 가장 길게 폭식을 하지 않았을 때예요. 그때 4개월 정도를 유지했던 거 같네요. 하지만 곧 서서히 옛날 습관으로 돌아가요. 요즘엔 정말 최악인 거 같아요.

치료자: 짐은 뭐라고 생각하나요? (마릴린의 시각을 확장하기 위한 질문)

마릴린: 그이는…… 그러니까 전 울면서 제가 절제해야 한다고 말해요. 짐은 제가 '체중 감시자' 프로그램에 참여하는 걸 좋은 아이디어라고 말했죠. 하지만 그이는 제가 결국은 체중 조절에 실패할 거라는 태도를 보였어요. 나는 모든 살 찌는 음식을 좋아하는 것일 뿐, 절대 집착은 하지 않는데 말이죠.

계속해서 마릴린은 남편이 출근하자마자 자신이 음식을 찾기 시작하고 약 한 시간 동안 먹는다고 말했다. 그녀는 폭식이 남편의 부재와 관련이 있다고 생각했을까? 그렇진 않았다. 그녀는 무엇을 먹었을까? 그녀는 볼

로나나 리버소시지 같은 햄 종류, 여러 가지 크래커, 인스턴트 음식, 땅콩 버터 등을 좋아했다. 최근에는 저녁 식사를 한 후에 냉장고에서 남은 음식을 또 꺼내서 먹기도 했다.

마릴린은 항상 부엌에서 TV를 보면서 음식을 먹는다고 했다. 그녀는 조금 바쁘면 적게 먹었지만, 바쁘게 지내기에는 자신이 '너무 게으른' 성격이라고 생각했으며 TV 앞에 머무는 경우가 많았다. 그녀는 자신이 게으르다는 것을 알고 나서 자신에게 화가 났고 곧 또 먹기 시작했다. 주말에는 폭식 증상이 조금 덜했다. 하지만 남편 짐이 외출하면 바로 뭔가를 먹기 시작했다. 그녀는 "다른 사람 앞에서 먹는 모습을 보여 주긴 싫어요. 남편 앞에서도요."라고 말했다. 결국 '바쁜 것'에 대한 확장 대화는 별 효과가 없었다.

나는 속으로 이중 트랙에 서서 마릴린의 과정을 기록했다. 그녀는 자신이 바라는 변화를 이야기하기는 했지만 그것에 다가가는 실현 가능한 방법들은 죄다 거부했다. 이것은 '맞아요-하지만' 대화 패턴이었다! 그녀는 계속해서 자신에 대한 분노를 표현했다. 나는 마음이 불편했고 우리의 대화가 부정적인 방향으로 흘러간다는 사실을 깨닫고는 바람직한 미래에 초점을 맞추기 위해서 마릴린에게 기적질문을 던졌다.

> 마릴린: 기적이 일어나면…… 아마 정크푸드, 칩, 팝콘 같은 걸 조금만 먹겠죠. 그리고 남은 음식은 절대 안 먹을 거고요. 그걸 먹으면 한 끼를 또 먹는 거니까요. 이렇게 음식에 대해서 통제력을 좀 갖게 될 것 같아요.
>
> 치료자: 식욕을 통제하기 힘든 시간을 따지면 몇 %나 될까요?
>
> 마릴린: 90%요.
>
> 치료자: 그렇다면 당신 마음이 편해지려면 식욕에 대한 통제력을 얼마나 가져야 할 것 같나요?

마릴린: 최소한 75%에서 80% 정도는 통제가 되어야겠죠.

치료자: 좋아요. 근데…… 그 목표가 지금 당장 이뤄지기는 어렵겠죠. 지금은 통제할 수 없는 시간이 90%인데 거꾸로 75%의 시간 동안 통제력을 갖고 싶으시다는 건데…… 이건 커다란 도약이거든요. 혹시 5% 정도는 어떨까요? 5% 더 통제할 수 있다면 어떤 상황이 펼쳐질까요?

마릴린: 이런 방식으로 먹는 것을 그만두고 일주일에 하루나 이틀은 통제를 해요. 그리고 닷새는 그대로 해서 열 번을 폭식하고 1%나 2% 아니면 5%를 줄이는 것, 뭐 그런 거요.

치료자: 어느 편이 좀 더 쉬우시겠어요? 바로 폭식을 중단하는 것과 폭식 횟수를 줄이는 것 중에서요. (이 말은 '이것 아니면 저것'에서 '두 가지를 동시에' 쪽으로 선택의 폭을 넓혀 주었고, 두 가지 중에서 하나를 선택해야 한다는 갈등을 겪고 있던 내담자에게 정서적인 안도감을 주었다.)

마릴린: 아마도 폭식을 한 번 줄이는 편이 쉽겠죠. 아니면 최소한 간식에 대해서만이라도 변화를 줄 수도 있고요. 뭔가를 허용하면서도 통제할 수 있는 방식으로요.

치료자: 그러면 당신이 시간을 정해서 무엇을 먹을지 선택했는데, 뭔가를 허용하면서도 통제할 수 있는 방식으로 음식을 드신다면, 이 방식을 유지하고 만족감을 느끼려면 어떤 일을 하셔야 할까요?

마릴린: 뭔가는 해야겠죠.

치료자: 예를 들면?

우리는 마릴린이 먹는 것 대신에 '뭔가 다른 일'을 할 수 있을지를 탐색하는 방향으로 돌아왔지만, 그녀는 또다시 자신을 비난하는 쪽으로 향했다. 그녀는 함께 일하는 직장 동료들이 모두 날씬하고 늘 다이어트를 의식하는 사람들이라서, 그들이 모두 마릴린을 자제력 없는 사람으로 볼까 봐 걱정이 된다고 했다.

마릴린이 해결책을 탐색할 준비가 되어 있지 않다는 사실이 점점 더 분명해지고 있었다. 다른 한편으로, 나는 그녀가 좀 더 심각한 자기부정에 빠지는 것을 막고 싶어서 이점질문(advantage question)을 던졌다. 기적질문을 이미 사용한 상태였기 때문에 이어서 기적 상황을 물어볼 수도 있었지만, 그 대신에 나는 이점질문을 선택했다. 이점질문은 유연한 사고를 자극하기 위해 사용하는데, 이점질문에 답하면서 내담자는 자신이 경험한 부정적인 상황 안에서 긍정적인 부분이 있는지를 생각해 보게 되기 때문이다.

치료자: 제가 지금 드릴 질문은 조금 생소하게 들릴 수도 있을 겁니다. 당신의 스트레스와 걱정에 대해서 듣고 있는데요, 혹시 이 문제가 있어서 좋은 점이 있다면 그게 무엇이라고 말씀하실까요?

마릴린: 좋은 질문이네요. 음…… 전 아는 사람들과 함께 식당에 가지 않는 것 같아요. 아마도 제 문제를 핑계거리로 사용하는 거겠죠. 모르겠네요.

치료자: 왜 그걸 피하고 싶어 하실까요?

마릴린: 제가 뚱뚱하다고 느끼니까요.

치료자: 그거 말고 또 있을까요?

마릴린: 전 먹고 싶은 만큼 많이 먹을 수 있고 그것에 대해서 생각하지 않아요. 덕분에 에너지가 크게 절약되죠.

치료자: 그런 이점들은 어떻게 가지실 수 있는 건가요?

마릴린: 음…… 아마 저 자신과 싸우는 걸 멈추게 해 주기 때문이

겠죠.

치료자: 당신 자신과 싸운다고요?

마릴린: 아, 그러니까 스스로 너무 많이 먹지 말아야 한다고 혼잣 말을 해요. 어쨌든 먹고 싶어 하지만.

치료자: 이게 폭식할 때 일어나는 일인가요?

마릴린: 네, 사실 이게 진짜 문제예요. 음식을 먹고 싶어 하는 저 자신에 게 화가 나는 거요. (그녀는 자신의 문제를 또다시 재정의했다.)

여기까지 나는 그녀가 자신의 문제(섭식장애, 폭식, 나쁜 버릇, 자제력 상실, 그리고 자신에게 화남)에 대해 다양한 방식으로 말하는 걸 들었다. 그리고 이 모든 것의 핵심은 그녀 자신이 자제력이 떨어진다고 느끼면 느낄수록 더욱더 분노하게 된다는 점이었다. 예전에 그녀가 아버지와의 관계 문제를 겪을 때 사용한 해결책이 통제력을 얻는 것이었기 때문에 나는 여기에 다시 주목하였다.

치료자: 결혼하신 후에 아버지에 대해서 상담하러 오셨을 때 무엇이 계기가 되어 변화가 일어났다고 생각하세요?

마릴린: 기억나요…… 음…… 선생님이 저에게 아버지를 다루는 방법들에 대해서 물어보셨는데, 그 이전에는 한 번도 저 자신의 의견이 무엇인지 생각해 본 적이 없거든요. 제가 선택할 수 있었던 한 가지 방법은 아버지와 관계를 끊는 거였지만 그렇게 하고 싶지는 않았어요. 선생님은 제가 이 문제를 어떻게 접근하고 싶어 하는지 생각할 수 있도록 해 주셨지요. 제 생각이 뭔지 질문해 주셨잖아요.

치료자: 그렇다면 지금 이 상황에서 당신이 선택할 수 있는 방법은 어떤 게 있을까요?

마릴린: 모든 상황을 있는 그대로 받아들이든가 아니면 통제하든
　　　　가 둘 중 하나겠죠.

치료자: 그 두 가지 사이에 또 어떤 방법들이 있을까요? (두 가지 모
　　　　두 관점)

마릴린은 땅콩버터나 아이스크림을 먹지 않는 것이 시작이 될 것 같다
고 말했다. 하지만 또다시 그녀는 먹는 즐거움을 포기하고 싶지도 않고 너
무 엄격한 규칙을 세우고 싶지도 않다고 강조해서 말했다.

요약 메시지와 과제를 만들면서 나는 마릴린이 통제력과 의존 사이에
서 끊임없이 투쟁해 왔다는 사실을 꼭 담아야겠다고 생각했다. 따라서 요
약 메시지에는 그녀가 생각해 볼 구체적인 사항들과 함께 그녀의 통제력
문제에 대해 내가 이해한 것을 포함시켰다.

치료자: (요약 메시지) 저는 오늘 당신에게 이런 이야기를 들었습니
　　　　다. 당신은 고등학교 때부터 가지고 있는 습관을 다루고
　　　　싶어 합니다. 당신은 먹고 싶은 것을 원하는 만큼 먹고 싶
　　　　어 하는 자신과 싸우는 습관이 있는데, 이 습관 때문에 자
　　　　신에 대해서 좋지 않게 느낄 뿐만 아니라 다른 사람들이
　　　　당신을 어떻게 볼지 걱정하기 때문에 힘들어집니다. 당신
　　　　은 이번에는 식사량을 조절하는 집단 프로그램에 참여하
　　　　는 방법이 아니라, 개별적인 도움을 받아서 이 문제를 제
　　　　어하고 싶어 합니다. 그리고 당신은 너무 꽉 짜여서 나중
　　　　에는 지키지 못하게 될 수도 있는 섭식 방식을 원하지는
　　　　않습니다. 당신의 남편은 분투하는 당신을 더 이상은 지지
　　　　하려 하지 않는 것 같고, 또 자신이 그렇게 하는 것처럼 당
　　　　신도 당신 자신의 모습을 있는 그대로 받아들이도록 설득

하려고 애쓰고 있습니다.

또한 당신은 지난 5년 동안 아버지와의 관계에서 통제력을 잘 유지해 왔고, 새로운 대안을 생각해 보는 방법이 도움이 되었다고 하셨어요.

제 생각에 당신은 뭔가를 해야겠다고 마음을 먹으면 그대로 실행하는 사람이기 때문에 이번에 당신이 뭔가를 결정한다면 그 결정이 많은 의미가 있을 거라고 생각합니다. 당신은 어떤 방법이 당신에게 효과가 있는지와 효과가 없는지를 잘 이해하고 있고, 여러 가지 대안을 생각해 보는 방법이 이전에도 효과가 있었기 때문에 이번에도 아마 효과가 있을 거예요.

마릴린: 그냥 그런 일이 순식간에 생기기를 바라는 것은 비현실적인 거겠지요.

치료자: 비현실적일 수도 있어요. 당신이 자신에 대해서 화내는 것을 멈추고, 스스로 원하는 만큼 자제력을 가질 수 있는 방법을 알아내려면 시간이 조금 걸릴 수도 있을 거예요. 확신할 순 없지만, 당신이 어느 시점에 어떤 종류의 음식을 먹고 싶어 하는지와 바쁘게 지낼 수 있는 방법들과 대안들을 생각해 보면 도움이 될 겁니다. 그러면 아침에 일어나서 밥을 어떻게 먹을지, 어떻게 하루를 바쁘게 보낼지를 당신이 선택하고 싶어질 수도 있어요. 그리고 이렇게 하는 게 좋은지 싫은지도 보고 싶어 할 수도 있고요.

마릴린: 좋아요. 그렇게 할게요. 전 큰 욕심 갖지 않고 임신 전의 몸무게까지만 도달하고, 그 수준만 유지할 수 있으면 좋겠어요. (마릴린은 이제 현실적으로 달성 가능한 또 다른 목표로 체중 감량하기를 언급했는데, 이것은 이전에 그녀가 말한 것과

는 반대되는 것이다.)

두 번째 회기(2주 후)

치료자: 그래서 당신이 계속 일어나기를 바라던 어떤 좋은 일이 일
어났나요?

마릴린: 아주아주 힘들었어요. 때때로 전 이게 가능하긴 한 걸까,
의문이 들기도 했죠. 지난주에 전 모든 대안을 하나씩 주
의 깊게 시도해 봤어요. 대안을 써 보고, 세부 계획을 세우
고 써 봤죠. 그리고 나서 이번 주에 말로는 하겠다고 했지
만 행동은 그렇게 되지 않더라고요.

치료자: 지난주는 어땠는지, 어떤 방법이 효과가 있었는지 말씀해
주세요.

나는 그녀에게 성공적인 행동에 대해 아주 자세히 물어보았고, 그녀가
땅콩버터와 아이스크림 먹는 것을 멈추었고, 기름기 많은 크래커 대신에
담백한 크래커로 바꾸었다는 사실을 알게 되었다. 나는 이런 변화에 대해
서 크게 기뻐하며 칭찬했지만, 그녀는 흔쾌히 받아들이지 않으면서 "어떤
날은 효과가 있었지만 다른 날은 효과가 없었어요."라고 말했다. 내가 질
문했다. "하지만 어쨌든 2주 전보다는 음식량을 줄였다는 거죠?" "아, 맞
아요. 하지만 전 한 장소에서는 적게 먹었지만 다른 곳에 가서는 과식을
했어요." 좀 더 나은 미래로 향하는 실마리가 될 수 있는 분명한 변화에 대
해서 마릴린이 이처럼 하는 말을 듣고서, 나는 그녀가 아직 해결책으로 향
할 준비가 안 되었다는 사실을 깨달았다. 나는 변화 동기를 촉발시키기 위
해서 약간 다른 관점으로 그녀를 바라보아야만 했다.

치료자: 이번에는 관심을 가질 만한 가장 효과적인 것이 무엇이었다고 생각하시는지 제가 명확히 잘 모르겠네요.

마릴린: 한 번에 하루씩 생각해 볼 수 있을 것 같네요. 제가 간식을 하나도 안 먹은 날이 한두 번 있었거든요. (내가 그녀의 입장에 도전하지 않았을 때, 그녀가 자신에 대해 좀 더 긍정적인 태도를 가지게 된 사실에 주목하라.)

치료자: 그 대신 뭘 했나요?

마릴린: 예컨대, 재의 수요일(Ash Wednesday) 같은 날이요. 절기를 지키느라 먹지 않았죠.

치료자: 음식을 먹는 대신 무엇을 했나요?

마릴린: 음식을 먹는 대신에 하고 싶은 일을 다 적어 보고, 집 주변에 할 일이 없나 찾아보았어요. (화를 내며) 근데 하루나 이틀은 되는데 왜 다른 날은 안 되는 거죠?

치료자: 자신에게 화가 나신 것처럼 들리네요.

내담자: 맞아요. 결국 문제는 자제력이죠. 다른 사람들도 문제는 한 가지씩 다 있어요. 하지만 그들은 자기 문제에 대해서 생각할 필요조차 없죠. 왜 그 사람들은 하는데 나는 못할까요?

마릴린의 태도를 보면서 나 자신이 좌절감을 느끼고 있다는 사실을 깨달았다. 그러면서 내가 내담자를 변화시킬 수는 없으며 오로지 내담자 자신만이 스스로 변화할 수 있다는 사실을 상기했다. 결국 나는 마릴린의 현재 상태를 수용하게 되었고 그녀가 자신에 대해서 화를 낼 때 그녀의 감정을 그저 반영하면서 따라갔다. 그러자 마릴린의 좌절감은 점차 사라졌고, 그녀가 자신을 수용하는 법을 배워야 한다는 사실을 이해했다고 말하면서 회기가 끝났다.

치료자: (요약 메시지) 저는 오늘 당신에게 이런 이야기를 들었습니다. 당신은 이곳에 오는 것의 목표가 식습관으로 인한 화를 멈추는 것임을 알게 되었다고 말씀하셨어요. 그리고 당신이 자신의 행동과 타인의 시선을 수용하게 되는 것도 목표라고 말씀하셨고 여기 오면 곧바로 자제력이 생길 것으로 기대했다고 하셨어요. 당신의 남편은 당신이 지금 있는 그대로 괜찮다고 말하면서, 남편이 당신을 수용하듯이 당신도 자신의 모습을 수용해야 한다고 말했다고 하셨죠. 하지만 당신은 지금 자신의 모습을 수용해 버리면 점점 더 체중이 불어날 거라고 생각하고 계세요.

당신의 말씀을 들은 제 생각을 말씀드리자면, 당신은 자기 자신을 수용하는 길에 제대로 들어서신 것 같아요. 그런데 당신이 자신과 좀 더 싸우게 될수록, 자신에게 딱 맞는 대안을 찾을 힘과 에너지는 줄어들 수도 있다고 봐요. 그래서 저는 당신이 자기 자신과 싸우는 방식을 바꾸실 의향이 있는지 궁금하네요. 예컨대, 어느 날은 하루 종일 당신 자신과 싸우고, 그다음 날은 전혀 싸우지 않고 자기 자신을 수용하는 거죠.

마릴린: 그런데 어떻게 하루 동안 안 싸울 수 있을지 모르겠어요.

치료자: 하지만 벌써 여러 번 그런 적이 있다고 말씀하셨잖아요.

마릴린: 그래도 제 안에서 일어나는 싸움을 멈출 수 없을 것 같아요.

치료자: 전에는 어떻게 멈출 수 있으셨나요?

마릴린: 음…… 그때는 다이어트 프로그램에 참여도 했죠……. 이번에도 참여할 수 있을 건데요, 제가 어떻게 해야 하죠?

치료자: 자신과 싸우지 않기로 한 날에, 언제든 마음속에서 싸움이 일어나면 스스로 이렇게 말씀해 보세요. 오늘은 나를 기쁘

게 하는 일들을 하는 날이니까 이 싸움은 내일로 미루자라고요. 그러고는 싸워도 되는 날에는 기회가 생길 때마다 자신과 싸울 수 있도록 스스로 허용하세요. 다음 날이 되면 싸울 수 없으니까요.

마릴린: 알겠어요. 한번 해 볼게요. 그러니까 제가 해야 할 일이……? 근데 제 안의 그 녀석이 입을 다물지는 잘 모르겠네요.

치료자: 즉각 입을 다물게 해 보시겠어요, 아니면 싸움을 좀 나중으로 미루어 보시겠어요?

마릴린: 제 생각엔 잘개 쪼개서 적용하면 조금 더 잘 될 것 같아요. 저 자신과의 싸움을 오후에 해 보자고 생각하는 거죠. 오후부터 밤까지는 피곤이 쌓이니까 제가 저 자신하고 계속 싸우는 것도 힘들 수 있거든요.

(언제나 내담자가 제안을 조정할 수 있도록 허용하라. 그러면 내담자는 자신에게 맞는 방식으로 조정할 것이다.)

치료자: 효과만 있다면 어떤 방법도 괜찮을 것 같아요. 단지 너무 빨리, 너무 많이 좋아지길 기대하지는 마시라는 주의를 드리고 싶군요.

세 번째 회기(2주 후)

마릴린은 폭식과 관련해서는 조금 나아졌지만 실제로는 몸무게가 약간 늘어났다면서 이제는 몸무게를 줄이는 활동을 하고 싶다고 말했다. 나는 이러한 전환에 놀랐지만, 분위기를 해치고 싶지 않아서 그에 대해서 아무 말도 하지 않았다. 이 날 마릴린과 대화를 이어 나가면서 나는 그녀가 자신에 대해 좀 더 수용적인 태도를 갖게 되었고 먹는 문제에 대해선 조금 덜 집중하게 되었다는 사실을 알게 되었다. 하지만 그녀는 이러한 변화가 남편이 좀 더 자신과 함께 있었으며 전반적으로 그녀가 해야 할 일이 많았기 때문이라고 주장했다. 그녀는 자신이 점진적으로 자제력을 갖게 되고는 있지만 아직 충분하지는 않다고 했다. 마릴린이 살아오면서 한 번도 변화를 유지해 본 적이 없으며 또 앞으로도 유지할 수 없을 거라고 말했을 때, 나는 그녀에게 매우 중요한 예외 경험(아버지와의 관계에서 있었던)이 있음을 상기시켰다.

요약 메시지에서는 과거 그녀가 아버지와 투쟁했던 일을 현재의 투쟁과 비교했고 과거의 해결책과 유사한 과제를 준비했다. 마릴린은 아버지의 냉혹한 평가 대신에 자신의 필요와 욕구에 관심을 기울임으로써 과거의 문제를 해결했던 경험이 있었다. 나는 이와 비슷한 과정을 밟아 보라고 제안했다. 즉, 자기 자신에 대해 비판적이라고 느낄 때마다 그것이 그녀에 대해 아버지나 타인들이 그렇게 생각할 거라고 생각해서인지, 아니면 스스로가 자신에 대해 그렇게 생각하고 싶어 해서인지를 스스로에게 물어보라고 제안했다.

네 번째 회기(3주 후)

회기가 시작되자 마릴린은 제일 먼저 지난 3주 동안 자신에 대해서 조금 화를 덜 냈던 것 같다고 말했다. 그녀는 이 기간에 평소보다 50% 정도 적게 화를 냈지만, 이것만으로는 충분치 않다고 했다. 그녀는 또한 내가 지난 회기 말미에 제안했던 질문을 자신에게 던져 보았는데, 자신 안에 마치 반항적인 아이가 존재하는 것처럼 느꼈다고 했다. 이 아이는 그녀로 하여금 음식을 먹게 만들었는데, 이는 그 아이가 과거엔 단 한 번도 자신의 방식으로 말하고 행동할 수 없었기 때문이었다. 그녀는 자신 안의 아이가 "이건 내가 진짜로 원하는 거야. 누구도 나를 막을 순 없을 거야."라고 말하는 것 같다고 말했다. 문제를 좀 더 분명하게 파악하게 되면서, 나는 이젠 충분히 성숙한 성인인 마릴린은 어떤 식으로 이 반항적인 아이를 달래고 싶어 하는지를 물어보게 되었다.

마릴린: 아마도 저 자신을 수용하는 데에 오로지 집중해야 할 것 같아요.

치료자: 먹는 즐거움을 포기하지 않으면서 동시에 당신 자신을 수용하려면 어떻게 하셔야 할까요? (두 가지 모두 관점)

마릴린: 저는 저에 대해 실망하지 않을 거예요. 저에 대한 실망은 거의 먹는 문제와 관련되어 있는 것 같아요.

치료자: 그렇다면 먹는 것은 자신에 대한 실망에서 비롯된 증상인가요?

마릴린: 네, 그게 저의 최대 실수예요. 저 자신에 대해 제일 화나는 일이고요. (그녀는 계속해서 문제를 재정의한다.)

치료자: 좋아요! 당신이 이곳에 와서 성취하고 싶어 하는 것이 그것이라면, 당신이 자신을 좀 더 수용한다는 사실을 어떻게 알게 될까요?

마릴린: 다시는 저 자신에 대해서 실망하지 않게 될 것이고, "당신은 자제심이 없군요."라는 말을 듣지 않겠죠.

치료자: 다른 상황에서는 어떻게 당신 자신을 수용하는 법을 배웠나요?

마릴린: 모르겠어요. 다른 부분에서는 거의 저 자신을 수용하는 편이에요.

치료자: 딸로서는 어떤가요?

마릴린: 전 나쁜 딸은 아니었어요. 그건 제 문제가 아니었어요. 하지만 이 상황은 저 자신의 문제잖아요.

치료자: 그렇다면 만약에 당신이 예전에 아버지 문제와 관련해서

그랬던 것처럼, 자신에 대해서 있는 그대로 수용도 하고 비판적으로 바라보기도 한다면, 자신에게 어떻게 다르게 반응하실 수 있을까요?

마릴린: 아버지가 하고 싶어 하는 말씀을 하시도록 해 드리고 전 제가 하고 싶은 걸 하겠지요.

치료자: 그러면 자신의 식습관에 대해 비판적인 당신의 태도에 그런 방식을 어떻게 적용할 수 있을까요?

마릴린: 제 생각엔 제 안에 있는 먹는 걸 못 참는 녀석에게 입을 다물라고 말해야 할 것 같아요.

치료자: 그건 당신이 아버지를 다룬 방법과 다르잖아요.

마릴린: 전 아버지의 말을 듣고 무시했죠.

치료자: 바로 그 방식을 당신 자신의 비판적 목소리에 적용할 수 있을까요?

마릴린: 네, 제 생각엔 그 방법이 느낌이 좋을 때 무의식중에 제가 적용해 온 방법 같아요. 그러니 지금 당장 선택한다고 말하는 거죠.

치료자: 언제 이 방법을 쓰셨나요? 당신이 여기에 오셨던 그다음 주인가요? 아니면 그다음에도?

마릴린: 여기 와서 선생님을 만난 직후에는 훨씬 더 좋았지만 이전보다는 늘 더 좋았어요.

치료자: 상담을 받으신 이후에 그 방법을 사용한 비율이 증가했나요? 전에 비해서 지금은 얼마나 더 수용하고 있나요?

마릴린: 30~40% 정도요.

치료자: 처음에는 겨우 10%만 좋다고 말씀하셨는데 지금 30~40%가 높아졌으니, 그러면 합쳐서 50% 정도 더 좋아진 거네요?

마릴린: 이젠 제 목표가 달라졌어요. 처음엔 몸무게를 줄이는 거였

는데 더 이상은 아니에요. 제 옷이 작아서 저에게 맞지 않기에 밖에 나가서 새 옷을 샀어요. 이건 제가 저 자신을 수용한다는 신호잖아요.

치료자: 그렇게 느낀다니 정말 놀랍네요. 대단해요!

마릴린: 저도 마음만 먹으면 3주 안에 5킬로그램은 뺄 수 있어요. 하지만 그렇게 하고 싶지는 않아요. 앞으론 그냥 제 마음에 드는 옷을 마음 편히 사려고요. 근데 그러다가도 제가 회피하고 있는 것인가 하는 생각도 들어요.

치료자: 당신은 뭐라고 답하시겠어요?

마릴린: 이게 그냥 지금의 저예요. 지금처럼 제가 저를 수용한다면 일 년 정도 지나면 어쩌면 체중이 줄거나…… 다른 일이 생기겠지요. 전 아이를 갖고 싶어요. 완전히 좋거나 아니면 완전히 나쁘다는 식으로 생각하고 싶지 않아요.

치료자: 그러면 지금은 그 균형이 당신을 어떻게 바꾸어 놓았나요?

마릴린: 먹는 것에 대한 제 느낌이 변해서, 제 식습관에 대해서 훨씬 더 많이 수용하게 되었어요. 하지만 제 식습관은 그대로죠. 좋아질 때도 있고 나빠질 때도 있어요.

치료자: 그렇다면 혹시 다른 경우에도 이전과 다르게 선택을 하실 수 있을 것 같으신가요?

마릴린: 흠, 그걸 모르겠어요.

치료자: (요약 메시지) 저는 오늘 당신에게 이런 이야기를 들었습니다. 당신은 분명 나아지고 있지만 그렇게 빨리 결과가 나타나고 있지는 않다고 하셨죠. 그리고 당신의 첫번째 목표가 분명해졌는데, 그것은 식습관과 상관없이 당신 자신을 수용하는 것이라고 하셨습니다.

제가 보기엔 당신은 제대로 잘 하고 있어요. 하지만 당신 자신을 수용하는 유일한 길은 한동안 자기 자신을 바꾸려고 노력하지 않고 일어나는 일을 그냥 그대로 두는 거라고 생각합니다. 그러면서 어떤 일이 벌어지는지 가만히 두고 보는 거죠. 한 달 정도요. 물론 때로는 비판적인 생각이 들 거예요. 그럴 때는 다른 사람들처럼 비판적인 생각을 모아 뒀다가 하루에 딱 10분만 비판적 생각을 하는 방법도 괜찮아요. 아니면 비판적인 생각이 들 때 종이에 썼다가 찢어 버리는 방법도 괜찮고요. 종이에 적는 것을 좋아하시지 않는다고 알고 있으니 다른 방법을 찾아보시는 것도 좋고요. 무슨 일이 생기는지 지켜봅시다.

다섯 번째 회기(5주 후)

마릴린은 그동안 자신을 수용하고 '나쁜 점뿐만 아니라 좋은 점도 보려고' 노력함으로써 매사에 기분이 좋았다고 했다. 식습관과 관련해서는 좀 더 잘 통제하고 있는 느낌이라고 했다. 가장 두드러진 변화는 자기 자신과 싸우는 것이 많이 줄었다는 것이다. 그녀가 말했다. "마침내 아버지와 싸우지 않게 됐을 때처럼 마음이 편해졌어요." 나는 이 새로운 변화가 그녀의 일상생활에 어떤 영향을 끼쳤는지 물었고, 그녀는 그 변화 때문에 우울하지 않게 지낼 수 있었다고 대답했다.

> 치료자: 아버지와의 관계에서 느꼈던 무력감과 음식에 대해서 느꼈던 무력감은 서로 비슷한가요?
>
> 마릴린: 네. 저는 자제력이 없고 아버지는 자제력이 엄청나다고 예전엔 느꼈죠. 하지만 제가 자제력을 갖게 되니까 마음이 아주 편해졌어요.

치료자: 행동도 변하고요?

마릴린: 네. 계속 유지하고 있어요.

치료자: 그렇군요. 이제 당신은 먹는 것, 자신과 싸우는 것, 그리고 무력감 때문에 자신에게 분노하는 것에 대해 모두 이해하게 됐네요.

마릴린: 맞아요. 이젠 더 이상 저 자신과 많이 싸우지 않아요.

치료자: 정말요?

마릴린: 네.

치료자: 지금부터 2년 후…… 혹은 3년 후에는 당신이 지금 이루어 낸 변화가 당신의 식습관에 어떻게 영향을 줄까요?

마릴린: 바라기로는, 제 자신과 싸우지 않거나 먹는 문제에 대해서 생각하지 않게 되면 좋겠어요. 제 생각엔 저에게 먹을 자유를 주면 오히려 덜 먹을 것 같아요. 제 몸의 신진대사가 달라지지만 않는다면 지금보다 더 살이 찌진 않을 거고, 그래서 마음이 편안할 거예요.

회기의 끝 부분에 나는 마릴린에게 척도질문을 함으로써 그녀가 자신의 식습관에 대하여 그녀 자신을 얼마나 수용하게 되었는지를 물어보았다. 그녀는 식습관은 만족감의 한 부분에 불과하며, 전체적으로 볼 때 처음에 상담실을 찾아왔을 때의 자기통제감 점수가 100점 만점에 25점이었다면 지금은 85점이 되었다고 답했다. 이 상태를 유지할 확신이 있는지를 물어보자 그녀는 "변화가 있은 지 얼마 되지 않기 때문에 잘 모르겠어요."라고 대답했다.

치료자: 어쨌든 당신은 변화를 유지하고 강화하려고 노력해야 하겠죠. 앞으로 그렇게 노력하는 과정에서 으레 생길 수 있

는 일이 있는데요…… 그러니까 자기수용과 자신감은 올라갔다 내려갔다 하는 게 정상이라는 점이에요. 지금 자기통제감 점수가 85점이라고 하셨으니 아주 좋은 상태잖아요. 하지만 이것도 습관이 되려면 시간이 필요할 거예요. 그러니 만약 자기통제감 점수가 85점 이하로 떨어진다고 해도 실망감을 느끼지 않기 위해서는, 점수가 조금 떨어진다고 느껴지면 0 아니면 100이라는 이분법적 생각을 하기보다는 자기수용과 자기판단 사이의 균형을 맞추기 위해서 어떤 일을 해야 할지 생각해 보시라고 권하고 싶어요.

마릴린과 나는 그녀가 목표를 달성했으며 상담이 더 이상 필요 없겠다는 데에 의견을 같이했다.

요약 메시지에는 그녀의 상담 목표와 지금까지 좋아진 부분들, 그리고 이 문제에 대해 새롭게 갖게 된 생각에 대해서 되돌아보는 내용을 담았다.

이 사례에서 중요한 것은 마릴린이 내용을 지속적으로 명료화하는 동안 과정이 변화해 간 방식이다. 5회기 동안 그녀는 '섭식장애 치료'를 한다는 목표와 자신에 대한 분노로부터 자기수용으로 이동했다. 과정 수준에서의 연결이 그녀가 내용 수준에서 자신의 생각을 명료화하는 데 도움을 주었다.

목표 결정하기

내담자의 상담 목표가 둘 혹은 그 이상의 대안 중에서 선택하는 것이라면, 치료자는 문제 해결 과정의 안내자가 된다. 이때 치료자는 내담자가 여러 대안을 숙고할 수 있도록 돕기 위해 주의 깊게 경청해야 한다. 각 대안의 장단점을 비교하는 것이나 우선순위를 따져 보는 것 등을 과제로 내줄 수도 있다. 이를 약간 변형한 것으로, 각 대안별로 장기적인 장ㆍ단점과 단기적인 장ㆍ단점을 적어 보도록 내담자에게 요청할 수 있겠다.

예를 들어, 어떤 남성이 아내가 외도한 후 후회하고 있으며, 그래서 아내를 용서해 줄 것인지 아니면 헤어질 것인지를 결정하기 위해 상담실을 찾아왔다.

> 단기 이점: 헤어지면 자존심을 회복할 수 있다. 그리고 그녀가 준 상처만큼 그녀에게 상처를 줄 수 있다.
> 장기 이점: 헤어지면 앞으로 그녀를 믿을 수 있을지 더 이상 걱정하지 않아도 된다.
> 단기 단점: 헤어지면 자신의 삶 전체가 흔들릴 것이며 아직 중요하게 여겨지는 한 사람을 잃는 것이다.
> 장기 단점: 헤어지면 결혼 생활에서 미래를 위해 좀 더 긍정적인 변화를 만들어 갈 수 있는 기회를 놓치는 것일 수 있다.

여기서 목표는 무엇을 선택하느냐와 상관없이 무언가를 결정하는 것이다. 내담자가 결정을 한 이후에도 치료자를 계속 만나고 싶어 한다면, 치료가 도움이 되었다는 사실을 미래에 어떻게 알겠는가라는 질문을 통해서 상담받고자 하는 문제를 정의해야만 한다.

앞서 제시한 사례에서 내담자가 부인과 헤어지기로 결정했다면, 싱글로서 어떻게 살아갈 것인지, 상실감을 어떻게 처리할 것인지, 아이들 양육은 어떻게 협조할 것인지, 혹은 이 모든 문제에 어떻게 대처할 것인지가 새로운 문제로 대두될 수 있겠다. 만약 그가 부인을 용서하고 결혼 생활을 유지하기로 결정했다면, 그와 부인은 부부상담을 받길 원할 수 있고, 그러면 문제 정의와 목표 정의를 함께 해야만 할 것이다. 만약 부인은 부부상 담을 원하는데 남편은 원하지 않는다면, 남편은 자신의 문제를 설정해야 할 것이고, 이것은 신뢰를 어떻게 쌓아 가고 어떻게 용서할 것인가의 문제 가 될 것이다. 다른 한편으로, 내담자가 아내와 헤어지고 더 이상의 치료 는 필요하지 않다고 느낄 수도 있다. 그가 치료를 통해서 원했던 것은 단 지 결정을 내리는 것이었고, 그러므로 치료자와 맺은 계약은 만족되었기 때문이다. 그가 자신이 내린 결정을 해결책으로서 만족스러워한다면 치 료자 또한 틀림없이 만족스러워할 것이다. 이 지점에서 내담자가 별로 원 하지 않는데도 결정한 내용을 좀 더 부드럽게 실행으로 옮겨 가기 위해서 내담자에게 좀 더 치료를 받으라고 설득하는 것은 해결중심적인 철학에 들어맞지 않는다.

결정을 하기 위해서 상담실에 온 내담자는 가능한 한 빨리 선택을 해야 할 것 같은 압박을 받기도 한다. 조급함은 오로지 이것 아니면 저것 식의 이분법적인 결정을 낳게 한다. 이럴 땐 시간을 충분히 들여 관련 정보를 검증해 보는 것이 좋은 대안일 수 있다. 결국 결정에 대해 조급해하는 내 담자를 만날 때는 내담자가 여유를 가질 수 있도록 돕거나, 가능하면 결정 을 조금 미루도록 도와야 한다. 치료자는 내담자에게 주어진 상황을 좀 더 면밀하게 살펴볼 시간이 필요하거나, 옳은 결정을 하기 위해서 결정을 잠 시 미루는 것이 더 좋겠다고 제안하는 것이다.

애인과 헤어지고 싶다면서 상담실을 찾아온 한 여성의 사례가 기억난 다. 척도질문을 통해 알아본 애인에 대한 그녀의 만족도는 10점 만점에 7점 으로 높은 편이었지만, 그녀의 애인은 그녀보다는 전처와의 사이에 낳은 자녀들을 우선시한다고 그녀가 말했다. 그녀는 어떻게 해야 할지 너무 심 하게 고민해서 지쳐 있었기 때문에 결정을 몹시 내리고 싶어 했다. 나는 그녀가 나와 만나서 상담을 하면서 자신의 마음을 더 깊이 탐색할 동안 몇 주 정도라도 결정을 미룰 생각이 있는지를 물어보았다. 그러자 그녀는 긴장을 풀고 안심하는 눈치였다. 그 후 나는 그녀에게 당장 결정할 필요가 없으니, 애인과 만나기 시작했을 때 어떤 이유로 그와 함께 지내는 것이 즐거웠는지를 생각해 보라고 권유했다. 다음 회기 때 그녀는 한 주 동안 마음이 여유로웠다고 보고했다. 2주 후, 그녀는 애인이 갑자기 그녀의 요구에 좀 더 귀를 기울이기 시작했고 그녀를 더 자주 만나기 원한다고 했다. 그녀는 다음 회기에 오지 않았고, 모든 일이 다 잘 풀려가고 있으며 애인을 떠나지 않고 관계를 유지하기로 결정했다고 했다.

내담자가 결정을 내리기 힘들어할 때 유용하게 사용할 수 있는 또 다른 질문으로는 "만약 당신이 미래 시점에서 지금을 기억할 때(혹은 돌아볼 때) 자신에 대해서 만족스럽게 느끼려면 지금 무엇을 해야 할까요(혹은 어떻게 결정해야 할까요)?"를 들 수 있다. 이 질문은 기적질문보다 훨씬 더 효과적일 수 있다. 그 이유는 좀 더 좋아진 미래에 대하여 상상하지 못하는 사람들은 있지만, 과거에 내렸던 잘못된 결정과 그 결정을 내린 후에 가졌던 느낌을 기억하지 못하는 사람은 없기 때문이다.

타인의 행동을 변화시키려는 목표를 가진 내담자

내담자가 성공적으로 해결책을 구축하려면 그 안에 자신이 감당해야 할 부분이 있다는 점을 받아들여야 한다. 하지만 어떤 내담자들은 타인의 행동이 바뀌어야 문제가 사라질 거라고 치료자를 설득하려고 한다. 이에 대한 전형적인 사례는 자기 아이나 배우자의 행동을 '뜯어고치고' 싶어 하는 사람에게서 볼 수 있다.

다른 내담자들을 만날 때와 마찬가지로, 이런 유형의 내담자와 만날 때는 관계를 협력적으로 풀어 가는 게 가장 중요하다.

마조리는 남편 프레드와 함께 한 15년간의 결혼 생활이 불행했다고 생각하여 상담실에 왔다. 그녀는 프레드가 이기적이고, 정직하지 않으며, 경제적으로 책임감이 없다고 설명했다. 마조리와 프레드는 둘 다 열심히 일을 했고 수입이 비슷했다. 하지만 마조리가 사고 싶은 것들을 참는 동안 프레드는 가계에 부담이 될 만큼 전기 장난감을 마구 사들였다. 마조리는 남편의 신용카드를 빼앗고 조금만 절약해 달라고 부탁하는 등 이 문제를 해결해 보려고 애써 왔다. 이 해결책은 한동안은 효과가 있었지만 이제는 프레드가 점점 비협조적으로 나오면서 그녀의 계획을 깨트리려고 했다. 프레드는 또한 마당의 잔디를 깎는 일이나 차를 정비하는 일과 같은 자신이 해야 할 일을 등한시했다. 최근에 마조리는 친정 부모님의 결혼기념일을 위한 파티를 계획했는데 그날 프레드가 만취한 상태로 나타나 사람들 앞에서 자괴감을 느끼게 했다. 마조리는 프레드에게 함께 치료를 받자고 제안했지만 프레드는 거절했다.

내담자도 '치료자는 내담자를 변화시킬 수 없으며 내담자는 스스로 변해야 한다'는 사실을 이해해야 한다. 더 이상 치료에 올 필요가 없게 된다면 이것을 어떻게 알 수 있을지를 물었을 때, 마조리는 프레드의 행동이 변하면 알 수 있을 거라 답했다. 이런 일이 일어나게 하기 위해서 마조리가 뭔가 다른 것을 시도해 볼 의사가 있었을까? 마조리의 대답은 '절대로 그럴 생각이 없다'였다. 마조리는 그동안 가능한 모든 방법을 다 써 보았다고 했다. 프레드에게 예산에 맞게 소비하자고 점잖게 요청도 해 봤고, 있는 대로 성질도 부려 봤고, 시어머니에게 부탁해서 프레드를 설득도 해 봤고, 나긋나긋하고 로맨틱한 분위기를 이용해서 말도 해 봤고, 성관계를 거부해 보기도 했다. 그런데 그 어떤 방법도 효과가 없었기 때문에 전문적인 도움을 받기로 한 것이었다. 치료자는 우선 내담자가 문제를 재정의하고 뭔가 다른 것을 해 보도록 도우려 했다. 치료자는 프레드가 마조리나 다른 사람과의 관계에서 변화했던 적이 있는지를 물었다. 조금 생각하던 마조리는 언젠가 프레드가 해고당할 것을 두려워하여 출근 시간을 앞당긴 적이 있다고 보고했다. 부인이 떠날지도 모른다고 생각하면 프레드가 변할 것 같은지를 물었더니, 마조리는 남편과 헤어질 생각은 전혀 없다고 바로 답했다. 이혼은 마조리의 종교적 신념에 반하는 일이고, 그게 아니더라도 위스콘신 주에는 이혼 시 적용되는 공동재산분할법이 있는데 마조리는 그동안 모은 재산을 나누고 싶지 않다고 말했다.

　이런 상황에서 우리가 취할 수 있는 대안은 무엇일까? 가장 치료적인 것은 우리는 다른 사람을 변화시킬 수 없다는 사실을 내담자에게 솔직하게 말하는 것이다. 그러나 현실적으로 우리가 할 수 있는 건 여러 가능성과 대안을 함께 찾아보는 일이다. 한 가지 대안은 내담자가 주어진 상황을 더 잘 다룰 수 있도록 돕는 일일 것이다. 마조리는 이러한 답변에 실망했고 결국 치료를 종결했다. 하지만 그렇다고 해서 그 치료자가 자신의 역할을 다 하지 않은 것은 아니었다. 어떤 내담자는 치료자가 더 이상 도울 수 없다고 선언할 때 스스로 뭔가 다른 시도를 해 보기로 결정한다.

결　론

　표면적으로는 '목표 정의'라고 말하기보다 '목표 명료화'라고 말하는 것이 별로 중요하지 않게 보이기도 한다. 질문을 하되 과업(task)으로서보다 과정(process)의 일부로서 하는 것이 무슨 차이가 그렇게 있겠는가? 주로 의미에 있어서 차이가 있으며, 이것은 다시 치료자-내담자 상호작용에 영향을 준다. '과업'이 아닌 '과정'을 생각하게 되면, 다른 가능성에 우리 마음이 지속적으로 열려 있는 어떤 끊임없는 흐름 같은 것을 생각하게 된다. 그러면 우리는 내담자가 이전에 결정했던 지점에 서 있다고 생각하기보다는, 지금 현재 내담자가 어디에 서 있는지를 궁금해하게 된다. 목표가 '고정'되었다는 믿음은 상담의 진행을 방해하거나 상담을 막다른 골목으로 이끌 수 있다.

해결중심치료 중에 전환이 일어날 때마다, 우리는 치료 목표가 무엇인지 결정하기 위해서 내담자를 살펴보아야 한다. 내담자는 어떻게 해야 더 이상 치료에 오지 않아도 될지를 정확하게 알 수 있는 유일한 사람일 뿐만 아니라, 목표 지점까지 도달할 수 있는 능력과 의지의 유일한 원천이기 때문이다. 따라서 우리는 전체 과정을 거치는 동안 인내심을 가지고 유연한 태도를 보이며 호기심을 가지는 것(Cecchin, 1987)이 도움이 된다.

내담자가 무엇을 원하는지와 그들이 원하는 것을 성취할 준비가 되었는지의 문제는 요약 메시지와 과제를 구성하는 중요한 요소이며 이에 대해서는 7장에서 논한다.

CHAPTER 06

일면경 뒤의 팀과 자문을 위한 휴식 시간

"관찰 팀은 구조주의 접근, 밀란 접근, 전략적 접근의 치료자들이 가장 흔히 사용한다."(Nichos & Schwartz, 1995, p. 521) 관찰 팀의 기능에 대한 가장 적절한 묘사는 다음과 같은 밀란 팀의 문헌에서 발견할 수 있다(Selvini Palazzoli et al, 1978, p. 16).

관찰실의 동료 두 명이 계속해서 슈퍼비전을 주는 것은 필수불가결하다는 느낌이다. 치료실 안에서 진행되는 과정에서 분리된 바깥 영역에 있기 때문에 그들은 쉽게 빨려 들어가지 않고 마치 관중석에서 미식축구를 관람하는 관중처럼 좀 더 전체적인 시점에서 관찰 가능하다. 경기를 누가 잘하는지는 출전자 자신들보다는 관중이 더 잘 파악하는 것과 같다. —Selvini Palazzoli et al., 1978, p. 16

최근에 Tom Anderson(1991, 1995)이 팀 개념에 관한 좀 더 협력적 변형이라고 할 수 있는 '반영 팀'을 소개하였다. 이 과정에서는 내담자가 일면경 뒤에서 팀이 토론하는 과정을 지켜보고 난 후에 그 소감을 말하게 된다.

원래 단기치료센터에서는 일면경 뒤의 관찰자들은 내담자와 전혀 직접적으로 대화하지 않는 분리된 관찰자 역할을 했다. 그들은 면접 중인 치료자가 회기 끝의 휴식 시간 동안에 메시지 작성하는 것을 도왔지만 메시지 자체에 자신들을 포함시키지는 않았다. 내담자들은 일면경 뒤에 관찰자가 있다는 정보는 듣게 되지만 관찰자가 누구인지는 모르게 된다. 이것은 신비로운 분위기를 만드는 이점은 있다고 본다. 그런데 한 내담자가 관찰자로부터의 피드백을 듣고 싶어 해서 변화가 생기게 되었으며(Nunnally, de Shazer, Lipchik, & Berg, 1986), 이 일로 인해 내담자와 팀 사이의 직접적 연결이 치료 과정에 또 다른 차원을 제공한다는 것을 깨닫게 되었다. 그 후로 관찰자들이 일면경 뒤에서 치료자나 내담자에게 직접 전화를 하여 질문을 하거나 의견을 말하게 되었다. 관찰자들의 질문과 의견은 때로 치료자들이 내담자와의 관계가 위험에 처하지 않고는 다룰 수 없었던 내용을 가지고 내담자에게 도전하는 방편이 되었다. 밀라노의 Selvini Palazzoli와 동료들(1978) 그리고 뉴욕의 애커먼 연구소(Ackerman Institute)의 연구진(Papp, 1980)은 팀을 이와 같은 방식으로 활용하였다.

상담실 안의 치료자와 일면경 뒤의 관찰자들은 각기 다른 경험을 하게 된다. 이렇게 다양한 방식으로 수집하게 된 내담자에 대한 인상은 개입 메시지를 만들 때 풍부한 정보가 되며, 이것은 치료 기간을 단축하는 데 도움이 된다. 그러나 현재 개업한 대부분의 치료자는 시간이 충분히 없으며 직원도 없고 정기적으로 함께 일할 팀도 없다. 팀을 활용하는 곳은 대부분 대학이나 훈련 기관이며 여기서 교육과 연구를 위한 목적으로 활용되는 것 같다.

치료자에게 주는 이점

팀으로 일하는 것과 상담 끝 무렵의 휴식 시간은 내담자를 돕는 훌륭한 방법이다. 이런 협력 방식은 지적으로나 정서적으로 치료자에게 지지가 되며 치료자의 소진(burnout)을 예방하는 데 도움이 된다. 그러나 휴식 시간은 팀이 없더라도 그 자체로 귀중한 것이다. 메시지와 과제를 작성하기 위해 휴식 시간을 늘 가지는 우리 치료자들은 한때 시간 절약을 위해 휴식 시간을 갖지 않았던 경우에 관한 이야깃거리를 늘 가지고 있다. 어떤 때는 휴식 시간을 갖지는 않고 그냥 잠시 멈추어 재빨리 생각을 모으고는 내담자에게 피드백과 과제를 주기도 했다. 그러나 그날 저녁 아마도 귀가 길에 하루를 되돌아볼 때, 내담자에게 잊어 먹고 말하지 못한 것이 있다는 것을 기억하곤 했다. 좀 수고스럽긴 하지만 다행히도 이런 상황을 개선할 수 있는 방법이 있기는 하다. 상담 후의 생각을 내담자와 나누는 편지를 작성하는 것이다. 이런 편지는 메시지가 항구적으로 보존된다는 장점이 있다. 반복해서 읽을 수 있기 때문이다. 이런 편지는 내담자가 상담실에서 나간 이후에도 치료자가 내담자를 생각한다는 것을 말해 주므로 둘의 관계에도 도움이 된다.

내담자와 정서적 · 인지적으로 대화를 하면서 메시지와 과제를 만들기는 힘든 일이다. 메시지를 만들려면 내담자가 생각하는 문제나 상담 목표가 무엇이며 이번 회기나 지난 회기에 내담자가 말한 것들, 그에 대한 치료자의 반응들까지 검토해야 한다. 물론 힘들이지 않고 메시지를 만들 수 있는 경우도 있다. 그러나 그러한 때는 상담이 종결되어 가는 시점, 즉 모든 것이 잘 되어 가서 "지금 하고 계시는 것들을 계속 하세요."라는 말만 하면 될 때다. 팀과 함께 일하면 메시지 만드는 일을 좀 더 효율적으로 할 수 있다.

동료 팀이 없을 때에는 혼자라도 휴식 시간을 가지는 것이 좋다. 상담실로부터 다른 장소로 몸을 옮기면 치료자는 '행함'에서 '검토함'으로 옮아가기 쉽다. 상담하는 것과 검토하는 것은 두 가지 다른 경험이다. 즉, 내담자를 이해하고, 내담자와 우리의 상호작용을 이해하고, 우리가 그들에게 반응하는 방법을 이해하는 것의 단순한 합계가 아니라 합계 그 이상이기 때문이다.

내담자에게 주는 이점

팀으로 일하는 것과 내담자를 위한 자문 휴식 시간을 갖는 것의 장점은 명백하다. 팀으로 일한다는 것은 '한 사람이 상담하는 것 이상'이며 상담의 질을 보증해 주게 된다. Erickson의 최면 5단계에 따르면(Schmidt & Trenkle, 1985, p. 143), 치료자가 휴식하는 동안 기다렸다가 그 후에 팀이 말하는 것을 듣는 과정은 다음과 같은 방식으로 내담자에게 도움이 된다.

① 치료자가 돌아와 할 말에 대한 주의력이 높아진다.
② 치료자가 수용과 이해를 표현하는 메시지를 주면 내담자는 편안해진다.
③ 놀람, 안도, 주의가 흩어지는 것으로 인해 문제에 대한 내담자의 관점에 차이가 생긴다.
④ 메시지는 내담자의 언어와 협력 방식을 반영하므로 연속성을 제공한다.
⑤ 최면과 유사한 상태에서 내담자는 정보에 좀 더 수용적이 된다.

내담자는 주로 고개를 끄덕이거나 알았다는 표시로 미소 지음으로써 이 과정에 반응한다. 이런 반응은 '긍정 세트(yes set)'(de Shazer, 1982; Erickson & Rossi, 1979; Erickson et al., 1976) 혹은 내담자가 주의 집중하며 동의하는 상태에 있다는 표시로 간주된다.

팀과 휴식 시간에 대해 소개하기

대부분의 사람은 치료를 개인적인 것으로 생각한다. 대부분은 자신의 문제와 정서를 자유롭게 표현할 수 있는 치료 세팅을 기대한다. 팀으로 일하려면 관찰을 위하여 일면경이나 비디오 장치 같은 것이 필요하다. 어떤 내담자는 이런 식의 노출에 위협을 느끼기 때문에 치료자가 민감성을 가지고 잘 설명해야 한다. 아마도 팀 접근 방식에 대해 내담자가 동의하는지의 여부를 결정짓는 것은 이 접근을 어떻게 소개하는가에 달린 것 같다. 설명은 성급히 하거나 미안해하는 분위기에서 하면 안 된다. 이런 특별한 돌봄을 받게 되는 것을 내담자가 자랑스러워하라는 분위기여야 한다. 우리가 이런 과정이 옳다고 믿을 때 내담자들은 거의 반대하는 적이 없다. 예를 들면 다음 중에서 한 가지 이상을 사용해도 된다.

"저희는 당신들께 가장 도움이 되기 위하여 이런 방식으로 상담합니다."
"한 사람의 머리보다 몇 사람의 머리가 더 나으므로 더 도움이 되실 것입니다."
"이런 방식으로 하면 좀 더 빠르게 도와드릴 수 있습니다."

학생들은 관찰당하는 것을 불편해하는데, 학생이 치료자일 경우 이러한 점이 투사되어 내담자로부터 팀 관찰에 대한 허락을 받는 데 힘이 드는 경우가 종종 있다. 이 과정에 대해 치료자가 편안해하면 할수록 내담자도 더 편안해한다. 때로 내담자들은 상담 시간 동안 관찰자들이 같은 상담실 내에 머무는 한 관찰해도 아무런 상관이 없다고 말한다. 이렇게 하는 것은 목적에 좀 어긋나긴 하지만 여전히 다양한 관점을 제공해 주면서도 정서적 분위기를 유지해 주기 때문에 이에 동의하는 것이 더 낫다.

팀 접근에 대한 동의를 얻기 위한 다른 대안은 다음과 같다.

① 첫 회기에 오기 전에 전화로 내담자에게 팀 접근을 설명한다.
② 상담실에 들어오기 전인 접수상담 시에 팀 접근에 대해 설명하는 문서를 제공한다. 내담자가 상담실에 들어온 후에 다시 검토하게 한다.
③ 내담자에게 팀원들을 소개하고 궁금한 것이 있으면 질문하라고 한다.

팀 관찰 여부에 대한 결정을 내릴 권리는 내담자에게 있다는 것이 나의 견해다. 그러나 내담자의 결정이 존중되는지 여부와 내담자가 거부하면 다른 곳으로 의뢰되는지 여부는 특정 기관이나 특정 팀의 정책에 따라 달라질 것이다. 스스로 선택해서 내담자들이 찾아오는 개업 치료자의 경우에는 좀 더 논란의 소지가 있는 이슈다. 의무적으로 치료를 받아야 하는 사람들의 경우라고 해서 다른 기준이 적용되어서는 안 되겠지만 현실에서 그들의 선택 폭은 좁은 편이다. 그러므로 비영리 기관에서 무료로 혹은 정부 지원으로 상담을 받는 내담자들처럼 '다른 대안이 없는' 경우에는 유료 내담자보다는 좀 더 동의하는 경향이 있게 된다. 이것은 팀 접근이 교육 방식의 하나인 병원이나 대학의 상담소에서 상담을 받는 내담자의 경우에도 마찬가지일 것이다. 모든 경우에 기억해야 할 중요한 것은 내담자의 거부감에 대해서 대화를 나누어야 하며 팀 접근의 장점에 대해 인내하며 설명해야 한다는 것이다.

팀 접근과 휴식 시간의 실용성

많은 치료자는 실제로는 휴식 시간을 갖기 어려운 환경에서 일한다. 휴식을 취하기에 필요한 공간이 부족한 기관에서 일하기 때문일 수도 있다. 혹은 자신의 집에서 상담하는 치료자가 내담자더러 다른 방에 가 있으라고 하는 것이나 잠시 그 방을 떠나 달라고 요청하는 것은 어색한 일일 것이다. 차선책으로 메시지와 과제를 편지에 써서 상담 직후에 내담자에게 보내는 방법이 있다.

다른 고려 사항은 시간 문제다. 오늘날 다른 어떤 때보다 치료자들은 많은 수의 내담자를 상담해야 한다. 시간이 부족해서 휴식 시간을 갖기 어려운 경우도 많이 있다. 치료자들은 과정 기록을 작성하거나 몇 분 후에 상담하게 될 내담자에 대해 기억을 되살리기 위하여 상담 사이에 10분은 필요로 한다. 치료자들은 휴식 시간을 가지고 메시지를 읽어 주기 위하여 45분 내지 50분짜리의 상담을 35분으로 줄이길 원치 않는다. 나는 상담 시간을 줄이는 것을 불편해하는 치료자들에게 재고해 볼 것을 강조하고 싶다. 조심스럽게 고안된 요약 메시지와 과제로부터 내담자가 얻는 것은 10분간 대화를 더 해서 얻는 것보다 훨씬 많을 것이다.

팀의 관찰과 달리 휴식 시간은 선택 사항이 되어서는 안 될 것이다. 치료 초기에 내담자에게 치료에 대한 정보를 제공할 때 언제나 전문적인 태도로 휴식 시간에 대하여 소개하여야 할 것이다. 내담자는 그들에게 휴식 시간이 사려 깊은 주의집중을 받게 됨을 의미하므로 보통 호의적으로 반응한다.

다음은 휴식 시간을 소개하는 방법을 보여 주는 한 예다.

"저는 상담 끝에 우리가 오늘 나눈 이야기에 대하여 생각해 보기 위하여 짧은 휴식 시간을 가질 것입니다……. 그 휴식 시간은 당신께 상담 내용을 요약해 드리고 제가 생각하거나 제안할 만한 것을 말씀드리기 위하여 준비하는 시간입니다."

팀 과정

팀은 한 명 혹은 그 이상으로 구성될 수 있다. 상담하는 치료자를 포함하여 5명 이하가 가장 적절하다. 정해진 시간에 간결한 메시지를 만들어야 하는데 팀원이 너무 많으면 너무 많은 내용이 이야기될 가능성이 있기 때문이다. 팀의 기능은 면접을 관찰하며 전화 연결이나 다른 수단으로 면접에 참여하고, 휴식 시간에 일면경 뒤에서 토론에 참여하며 가족을 위한 메시지를 함께 작성하는 것이다.

밀란 팀은 개입 메시지 작성을 위하여 많은 시간을 들였지만(Tomm, 1984, p. 255), 오늘날 미국의 경우 개업 치료자들은 대부분 45분 내지 60분을 한 회기로 한다. 실질적 시간은 면담을 위하여 35분, 휴식 시간을 위하여 10분, 나머지 시간은 메시지를 제시하고 그에 대한 내담자의 반응을 받는 시간으로 한다. 시간을 충분히 사용하는 호사를 누릴 수 있는 경우에는 빡빡한 시간적 제한이 없어서 더욱 좋을 것이다.

내담자의 두 가지 관점

내담자와 얼굴을 마주 대하는 경험과 일면경 뒤에서 만나는 경험은 매우 다르다. 누구든지 관찰하는 팀원이었다가 후에 면접하는 치료자가 되어 보면 이를 잘 알 수 있다. 일면경 뒤에서 가졌던 무례한 가치판단적 생각이 내담자의 얼굴을 마주했을 때에는 사라지는 경험을 하는 것이 드물지 않다. 이 경험은 내담자와 치료자 간의 유대감 형성에 도움이 되는 내담자의 비언어적 측면이(아마도 정서적 수준이겠지만) 일면경 뒤에서는 걸러져 없어진다는 점을 의미한다. 일면경 뒤에서 보는 장면은 면접하는 치료자보다 좀 더 즉각적인 반응을 할 수 있게 하며 내담자와 면접 치료자 사이의 과정을 좀 더 거리를 두고 사정할 수 있게 한다는 이점이 있다. 그러나 두 가지 관점을 합하는 것이 이상적이며 이는 팀 없이는 치료자가 얻을 수 없는 것이다.

끊임없이 싸움을 하는 부부를 상담하는 치료자와 팀을 상상해 보라. 면접하는 치료자는 내용, 즉 싸움의 세부적인 것을 검토함으로써 내담자 부부와 협력한다. 여러 문제를 다루어 가면서 부인은 싸움에 있어서 자신도 책임이 있다는 태도를 보이며 그녀의 신체 언어는 개방성을 보여 준다. 그러나 남편은 거만한 태도로 아내를 비난하며 그의 신체 자세는 회피적이다. 일면경 뒤의 팀은 이 과정에 대해 궁금해하며 상담실로 전화를 걸어 부부가 둘의 관계에 헌신하는 정도를 1부터 10까지의 척도로 표시해 볼 것을 부부에게 요청한다. 척도질문에 대한 답변을 하면서 대화의 초점은 내용으로부터 좀 더 깊은 문제인 두 사람의 관계에 대한 헌신 정도로 이동하게 된다. 이와 같이 일면경 뒤에서 볼 때는 내용과 과정에 대해 좀 더 거리를 두는 사정이 가능케 되며 이는 치료 과정을 촉진하게 된다.

팀은 도움이 되기 위해서 내담자의 과정에 비교해 팀 자신의 과정에 대해 인지하고 있어야 한다. 한번은 한 부부가 어느 도시에서 살아야 할지를 결정할 수가 없어서 상담에 온 경우가 있었다. 휴식 시간 동안 팀은 두 진영으로 나뉘어 어떤 과제를 줄지 논쟁하였는데, 한 팀원이 이 팀의 과정이 부부의 과정과 유사하다는 것을 지적할 때까지 논쟁이 계속되었다.

팀이 이 부부의 이것이냐 저것이냐 과정에 끼이게 되었다는 것을 깨닫게 되자 팀은 다음과 같은 메시지를 부부에게 만들어 주었다.

"두 분이 각자 자신의 방식대로 하는 것을 원하시면서 동시에 배우자를 만족시키고 싶어 하신다는 것을 알겠습니다. 이건 참 힘든 입장입니다. 저희는 두 분이 집에 가서서 자기 자신의 방법으로 하는 것과 두 분의 관계 중 어느 것이 더 중요한지 생각해 보시라고 권하고 싶습니다. 해결을 향한 새로운 생각이 떠오르는지 잘 관찰해 보십시오."

팀으로 일하기와 정서적 분위기

치료자와 내담자 관계가 안전한 정서적 분위기 속에서 이루어져야 한다는 점이 중요하다면 팀원 서로 간의 관계에서도 마찬가지다(Cantwell & Holmes, 1995). 그러므로 일면경 뒤의 팀원들은 치료자와 내담자 간의 대화뿐만 아니라 서로의 의견을 수용하는 것이 중요하다. 면접하는 치료자에게 해 주는 제안도 내담자에게 하듯이 존경과 민감성을 가지고 할 때 가장 잘 전달된다. 팀원 간의 갈등이 치료에 손상을 입히듯이 치료자 사이의 우호적인 정서 분위기는 치료를 촉진할 것이다.

팀원들이 면접이 진행되고 있는 치료실로 전화를 하는 것은 치료를 방해하지 않도록 매우 필요할 때에만 조심스럽게 고려되어야 한다. 중간에 끼어들 만한 이유가 있겠지만 치료자뿐만 아니라 내담자에게 방해가 될 수도 있다. 일면경 뒤의 여러 사람 중에서 한 명만 질문이나 코멘트를 하는 것이 가장 좋다. 면접하는 치료자를 혼란스럽게 만들지 않도록 내용은 매우 분명하고 짧아야 한다.

팀의 크기가 클 경우에는 휴식 시간 동안에 치료자와 얘기할 사람을 미리 한 명 정해 놓는다. 다른 팀원들은 회기 중이나 회기 후에 적어서 미리 정해진 팀원에게 정보를 준다.

면접하는 치료자가 질문을 그대로 따라 할 것인지 혹은 자신의 말로 바꾸어 할 것인지는 미리 논의하여야 한다. 이것은 치료 팀의 노련함에 따라 다를 것이다. 일반적으로는 면접하는 치료자에게 그대로 질문을 반복하라고 하는 것이 좋다. 특히 면접 치료자가 교육생일 때에는 더욱 그러하다. 숙련된 치료자 간의 전화는 작은 자문일 경우가 많고 "내가 보기에 당신은 계속 내용에 머물고 있는데요. 그건 고의적인 건가요 아니면 권력 갈등에 대해 다루려고 고려 중인 건가요?"와 같은 질문의 형태를 띠는 경우가 많다.

면접하는 치료자가 일면경 뒤에서 팀을 만날 때 우선 팀원들은 자신이 받은 인상을 얘기할 수 있다. 내담자와 함께 정서적 현장에 있게 되는 면접 치료자의 의견이 관찰자의 의견보다 좀 더 비중을 받게 된다. Breunlin과 Cade(1981)는 다음과 같이 제안하였다.

> 면접하는 치료자가 충분한 정보를 가졌다고 느낄 때 자신의 말로 메시지를 작성하거나 팀원의 의견을 직접적으로 인용하겠다고 결정한다. 메시지나 생각을 사용하겠다는 최종 결정은 치료자에게 주어진다. 그가 메시지를 최종적으로 전달해야 하는 사람이고 그 회기의 정서적 분위기에 대해 가장 정확하게 파악하고 있는 사람이기 때문이다(p. 456).

어느 기관에서 모든 내담자에게 팀 접근을 적용하는 정책을 쓸 경우에는 면접하는 치료자가 그 사례에 대해 독립적인 결정권을 가질 수 있는지를 미리 결정해 두어야 한다. 만약 회기 사이에 내담자가 면접 치료자에게 전화를 한다면 면접 치료자가 바로 답변할 것인가 아니면 답하기 전에 팀에게 자문을 구해야 하는가? 대부분의 팀에서는 팀의 구성원이 늘 동일하지 않다는 이유와 실질적 이유로 인해 면접 치료자에게 답변할 권한을 준다. 또한 치료적 이유로 인해서 면접 치료자가 팀 전체나 일부에게 자문을 구하는 경우도 있을 수 있다.

예를 들면, 내담자가 치료자에게 전화를 걸어 유부남인 그의 애인이 또 다른 여성과 관계가 있어서 자신이 매우 화가 나 있으며 그 유부남의 부인에게 전화를 걸어 자신과 또 다른 여성의 존재에 대하여 말할지 말지에 대해 조언을 구한다. 정신이 올바른 한, 해결중심 치료자는 그런 행동에 대해 얼마나 반대하는지에 상관없이 이에 대해 직접적인 답을 줄 수 없다. 치료자가 할 일은 내담자가 도덕성을 포함하여 이 행동의 모든 측면에 대해 탐색하게 돕는 것이다. 그러나 그 행동의 결과에 대해서는 내담자가 달게 받아야 한다. 그러므로 이런 사례에서는 치료자가 팀과 이야기해 보겠다고 하는 것이 내담자에게 자신의 행동에 대해 생각해 볼 시간을 주게 되며, 치료자에게는 조심스럽게 구성하는 메시지를 만들 수 있는 시간을 주게 된다. 예를 들면, "팀의 절반은 당신이 그렇게 화가 나서 복수하겠다는 것을 이해하고 있어요. 그러나 나중에 후회하지 않을 것이라고 확신을 하셔야 합니다. 팀의 나머지 절반은 '똥 묻은 개가 다른 똥 묻은 개를 나무라 보았자 소용없다'('two wrongs don't make a right')고 생각해요." 처럼 내담자와의 관계를 망치지 않으면서도 내담자에게 직면할 수 있다. 일반적으로 회기 사이에 내담자가 하는 전화에 대한 결정은 면접실의 정서적 분위기를 보존하는 데 주의하여 이행되어야 한다.

7장에서는 이름 붙이자면 '요약 메시지'와 '제안'에 대해 논하고자 한다.

CHAPTER 07

요약 메시지와 제안

요약 메시지와 제안은 매우 긴밀하게 관련되어 있다. 하지만 우리는 내담자에 대한 서로 다른 정보에 근거하여 이 두 가지를 만든다. 따라서 이 장에서는 양자를 구분해서 다룬다.

요약 메시지

이 책에서 사용하는 '요약 메시지(summation message)'는 사람들이 일반적으로 '개입 메시지(intervention message)'라고 칭하는 개념을 변형한 것이다. 내가 이렇게 한 이유는 나의 관점이 문제중심에서 해결중심으로 이동했기 때문이다. 내담자의 문제를 유지시키는 행동 패턴을 중단시키는 방법에서 문제가 되지 않는 행동, 사고, 감정을 강화시키는 방법으로 바꾸게 되면, 상담 과정이 이전에 비해서 훨씬 더 협력적으로 변화하고, 반면에 전략적인 요소는 좀 더 줄어든다. 관례적으로, '개입 메시지'의 구조는 먼저 내담자를 칭찬하고, 연결문을 사용한 후, 과제를 주는 것이다 (de Shazer, 1982, pp. 42-46). 이러한 구조는 마치 의료적인 진단이나 처방처럼 들리기 때문에 상담의 협력적인 분위기와는 어울리지 않아 보인다. 따라서 이 책에서 요약 메시지는 회기의 마지막에 제시되는 메시지가 상담의 질문-응답 패턴을 반영할 수 있도록 고안되었다(2장의 [그림 2-2] 참조). 요약 메시지는 다음의 세 가지 부분으로 구성된다.

① 치료자나 반영 팀이 내담자의 상황에 대해서 '들었거나' 이해한 바를 진술하는 부분
② 내담자가 치료자의 진술에 대해 동의하는지 질문으로 확인하고 필요하다면 수정하는 부분
③ 반영 팀이 제안을 포함하여 새로운 정보나 색다른 관점을 내담자에게 제시하는 부분

요약 메시지가 효과를 발휘하려면, 우리가 내담자에게서 들은 내용과 이에 대해서 우리가 보였던 반응이 내담자가 자신의 상황에 대해서 인식하는 방식에 부합해야 한다. 메시지는 내담자가 말한 내용에 기초하고 내담자가 쓴 어휘와 비유적 표현을 사용할 때 가장 적절할 수 있다. 1장에서 기술한 이론적 맥락에서 보면, 요약 메시지와 제안은 내담자의 내적 구조에 작은 변화를 일으키는 요소로 볼 수는 있지만, 결코 구체적인 변화를 이끌어 낼 수 있는 개입 기술로 볼 수는 없다.

또 다른 커플 내담자인 릴리와 톰은 싸움을 그만하고 싶어서 상담실에 왔다. 그들은 서로 사랑하고 있고 많은 부분에서 동일한 관심과 목표를 공

유하고 있지만 그들의 재정, 성생활, 릴리의 부모님과 맺고 있는 관계에 대한 관점에서 중요한 차이점을 가지고 있다고 보고했다('내용'). 이 커플은 재정 문제를 가장 우선적으로 다루고 싶어 했다. 회기가 진행되면서 치료자는 두 사람 중 한쪽이 어떤 의견을 말할 때마다 곧바로 다른 한쪽에서 반대를 하면서 치료자에게 자신의 편을 들어주기를 바라는 눈빛으로 바라본다는 사실을 알아챘다('과정'). 메시지를 구성할 때는 내용에 입각해서 구성해야 하지만 과정도 언급해야 한다는 점을 염두에 두면서, 치료자는 내담자 커플에게서 들은 상담 동기를 언급한 후에 다음과 같이 재명명 (reframe)하였다.

"사람들은 종종 자신의 생각을 관철시키기 위해서가 아니라 자신의 삶에서 가장 중요한 의미를 가지고 있는 누군가가 자신을 알아주고 지지해 주기를 바라기 때문에 싸우곤 합니다."

또한 치료자는 이 재명명에 기초해서 다음과 같이 제안했다.

"다음번에 오실 때까지 이런 걸 생각해 보시면 어떨까요? 당신은 재정 문제에 대해서 당신의 배우자가 당신에게 존중심과 배려심을 어떻게 보여 주길 바라시나요? 그리고 반대로 당신은 배우자에게 당신의 존중심과 배려심을 어떻게 보여 주고 싶으신가요?"

해결중심 치료자들은 종종 자신이 '적절한' 메시지를 만들고 있는지를 걱정한다. 그러나 어떤 메시지가 특정 문제를 겪고 있는 특정 내담자에게 적절한지 알 방법은 없다. 어떤 메시지라도 내담자가 상황을 바라보는 관점에 부합한다면 모두 도움이 될 것이다. 내담자의 말을 가장 잘 요약하고 가장 좋은 제안을 만들 수 있는 방법은, 내담자가 이미 표현한 것에 대해서 우리가 이해한 것들을 우리의 이론적 가정, 우리가 치료사로서 가지고 있는 경험, 인간 행동에 관한 일반적 이해, 그리고 우리의 직관과 결합하는 것이다. 효과적인 요약 메시지를 만드는 한 가지 방법은 그것을 읽거나 듣는 누구에게도, 심지어 그 사람이 상담에 오지 않았다고 할지라도 회기의 내용과 과정에 대한 훌륭한 통찰을 제공하는 것이다.

요약 메시지의 구조

요약 메시지는 '오늘 제가 당신에게 들은 내용은……'이라는 첫 문장을 시작으로 상담 중에 내담자에게서 들은 이야기를 요약하는 내용으로 시작한다. 그리고 이 단락은 (첫 번째 회기에서는) 다음과 같은 내용을 포함한다.

① 내담자가 말한 불평이나 문제
② 현재 상황까지 이어진 경과적 배경
③ 내담자가 일어나길 바라는 일들에 대한 묘사
④ 상담 전 변화와 강점
⑤ 내담자가 자신의 감정에 대해서 이야기한 모든 내용

후속 회기에서는 다음과 같은 내용을 포함한다.

① 지난 회기 이후에 일어난 변화에 대해서 내담자가 보고한 내용
② 변화된(혹은 변화하지 않은) 상황에 대한 내담자의 반응
③ 강점, 자원, 감정을 포함해 내담자가 새롭게 말한 정보

요약 메시지는 대화 톤으로 전달해야 하며, 상담 과정을 통해 형성된 정서적 분위기를 이어 가야만 한다. 요약과 제안을 말하는 동안에는 연령

에 상관없이 상담실에 있는 모든 내담자를 각각 개인적으로 언급해야만
한다.

사례: B 가족

"아버님, 어머님, 오늘 두 분께서는 학교 상담 선생님의 권유를
받고 여기 오셨다고 말씀하셨습니다. 학교에서는 티나가 교실에
서 집중하지 않고 해야 할 일을 하지 않는다고 하더군요. 그리고
티나는 학교에서 혼자 있는 시간이 많다고 들었습니다. 그 이유는
티나가 아무 일에나 너무 쉽게 화를 내서 친구들이 티나랑 놀고
싶어 하지 않기 때문이겠지요."

"두 분께서는 티나가 학교에서 보이는 이런 행동이 아버님께서
본인의 사업을 시작하시고 어머님께서 두 번째 이직을 했을 때쯤
인 일 학년 때부터 시작되어서 점점 악화되어 왔다고 말씀하셨습
니다. 또한 두 분께서는 그 무렵 티나가 집에서도 두 분 말씀을 안
듣고 화를 잘 내게 되었다고도 하셨습니다. 그래서 두 분은 매우
걱정을 하고 계시고 티나를 도울 수만 있다면 무슨 일이든지 하고
싶으시죠."

"두 분은 이 문제를 해결하시려고 많은 노력을 기울이셨는데요,
예를 들어 학교에 자문도 구하셨고 여러 치료자를 만나기도 하셨
습니다. 언젠가는 티나가 좀 더 인내력이 많은 선생님의 반으로 옮
겨 갈 수 있도록 역할도 하셨습니다만, 그 효과가 오래가는 것 같
진 않았어요. 또한 두 분은 보상 프로그램도 시도해 보셨고, 티나
를 체조 교실에 보내기도 하셨으며, 부모 역할에 대한 책도 찾아서

읽으시기도 하고, 학교 당국과 긴밀하게 의논하기도 하셨습니다. 티나를 훈육하는 면에서, 두 분은 일반적으로 철학이 서로 다르고 자주 공통되는 기반을 찾지 못하신다고 말씀하셨고요."

"오늘 두 분은 티나를 돕기 위한 시도를 계속하기 위해서 여기 오셨어요. 어머님! 어머님께서는 티나가 집과 학교에서 어른들 말에 좀 더 귀 기울이기를 바라시죠. 아버님! 아버님은 이곳에서 상담을 받은 후에 티나가 결국은 좀 더 행복해지기를 바라십니다. 아버님께서는 티나가 스스로 좀 더 행복감을 느끼면 좀 더 얌전해질 거라고 생각하고 계십니다."

"마이크, 너는 집에서 이 문제를 무시하려고 애쓴다고 말했어. 넌 그냥 모든 사람이 좀 더 행복해지길 원할 뿐이지."

"티나, 너는 학교와 집에서 여러 가지 일이 변하면 좋겠다고 말했어. 학교에서 친구가 좀 더 많으면 좋겠고 부모님이 너한테 늘상 화내지 않도록 만들기를 바라지."

"제가 여러분의 말씀을 올바르게 들었나요? 제가 빠뜨렸거나 혹은 여러분이 덧붙이실 만한 중요한 부분이 있나요?"

이 첫 번째 부분 뒤에는 내담자에 대한 치료자의 반응을 담은 두 번째 부분이 이어지는데, '오늘 당신의 말씀을 듣고 저는 이런 생각을 했습니다'라는 문장으로 시작한다. 이 두 번째 부분은 치료자와 내담자 사이의 정서적 분위기를 강화하고 내담자에게 새로운 관점을 제공하기 위하여 중요하다. 또한 이 시점에 제시되는 정보는 제안에 직접적으로 연결된다.

첫 번째 회기에서 두 번째 부분은 다음 항목을 포함한다(순서는 중요치 않음).

① 치료자의 공감 혹은 수용을 반영하는 진술하기. "당신이 그렇게 우울한 것이 전혀 놀랍지 않습니다." "당신이 말한 상황대로라면 정말 고통스러우셨을 것 같네요." "누군가에게 이야기하기 위해 이곳에 오신 건 참 좋은 생각이었어요."

② 내담자가 표현하든 그렇지 않든 내담자가 처한 상황의 정서적 충격을 반영하기. "제 느낌에는 당신이 정말로 힘들 것 같네요!" "당신이 왜 그렇게 느꼈을지 이해할 수 있어요."

③ 상담 전 변화, 미래의 변화에 대한 생각, 이미 가지고 있는 강점 및 자원에 대한 칭찬과 긍정적 인정

④ 변화 – 정상화(normalizations), 재명명(reframe), 아동 발달 과정에 대한 지식, 혹은 관계 역동, 치료자의 생각 혹은 의견

⑤ 부부나 가족 사례의 경우, 구성원 간에 공유된 감정이나 목표, 즉 부부 양측이 모두 고통스럽다거나 모든 구성원이 덜 싸우고 싶어 한다거나, 모든 구성원이 행복한 가족 분위기를 만들고 싶어 하는 마음

사례: B 가족(위에 이어짐)

"여러분의 말씀을 듣고 저희가 생각한 것을 말씀드릴게요. 우선, 저희는 오늘 아버님, 어머님께서 이곳에 오기로 결정하신 것, 그리고 티나와 마이크를 데려오기로 결정하신 것이 현명한 선택이었다고 생각합니다. 여러분 모두는 저희가 여러분의 상황에 대한 그림을 그릴 수 있도록 많은 도움을 주셨습니다. 저희는 여러분 모두가 기본적으로 동일한 것을 원하신다는 사실을 알게 되었

습니다. 그것은 여러분 모두에게 상황이 좋아지기를, 즉 모두 행복해지기를 원한다는 점이지요. 이 말씀을 듣고 저희는 여러분이 서로 얼마나 걱정하고 있는지를 알게 되었습니다."

"어머님, 아버님, 저희는 두 분이 바쁘신데도 티나를 돕기 위해서 온갖 노력을 다 하시는 모습에 깊은 인상을 받았습니다. 두 분은 훌륭한 부모라면 당연히 할 수 있는 모든 노력을 다 하고 계시는데…… 이에 더해서 일도 하셔야 하고 집안일도 신경 쓰셔야 하며 노부모님까지 돌보셔야 하지요. 이건 작은 일이 아닙니다."

"저희는 두 분이 자녀 훈육 방법에 관해 상이한 철학을 가지고 계신 부분이 때로는 도움이 될 수 있겠다고 생각했습니다. 모든 아이가 한 가지 훈육 방식에 잘 반응하는 것은 아니랍니다. 그러니 일관성 있게 계획하기 위해서 머리가 하나만 있는 것보다는 두 개가 있는 편이 때로는 좀 더 좋을 수가 있습니다(부모 생각의 불일치를 긍정적으로 재명명)."

"마이크, 집에서 네가 이 문제를 무시하려고 애쓴다고 솔직하게 말해 줘서 고맙다. 다른 애들은 솔직하지 않을지도 모르거든. 네가 가족을 염려해서 가족에게 문제를 만들어 주지 않으려 하는 것이 인상적이었어. 식구들이 조금 더 행복해지기를 네가 원한다는 것을 알 수 있었다."

"티나, 너는 네 자신을 자랑스러워해야 할 것 같아. 너는 변화를 위해서 이렇게 용기를 낼 정도로 성숙한 아이니까. 잘못을 인정하는 건 무척 어려운 일이거든. 하지만 그렇게 인정하는 것이 너 자신이나 다른 사람들을 위해서 상황을 긍정적으로 바꾸기 위한 출발점이 되곤 한단다."

"지금까지 말씀드린 것에 대해서 덧붙이시거나 질문하실 게 있나요?"

당신은 요약 메시지가 상담 중에 나타나는 대화의 경청/답변 패턴을 반영하고 그에 이어진다는 사실을 깨닫게 될 것이다. 칭찬은 답변과 긴밀하게 연결되어 있다. 우리가 내담자의 말을 제대로 들었는지 내담자와 함께 확인하는 과정은 내담자에 대한 존중을 표현하는 것이다. 이렇게 하면 내담자는 치료자와 그의 팀을 좀 더 신뢰하게 된다. 나는 칭찬으로 메시지를 시작하는 방법 대신에 "저는 이렇게 들었습니다."라는 말을 사용하기 시작하면서, 내담자가 '긍정 세트' 답변(de Shazer, 1982; Erickson et al., 1976; Erickson & Rossi, 1979)을 훨씬 더 뚜렷하게 한다는 사실을 경험했다.

제 안

회기의 끝 무렵에 내담자에게 어떤 제안을 할 것인지 결정하는 일은 치료자가 가장 고민스러워하는 부분일 것이다. 내담자는 당연히 치료자의 제안을 수용할 것이라는 가정하에서, 수많은 치료자(Brown-Standridge, 1989; de Shazer & Molnar, 1984; Fisher, Anderson, & Jones, 1981; Haley, 1976; Molnar & de Shazer, 1987; Papp, 1980; Rohrbaugh, Tennen, Press, & White, 1981; Todd, 1981)가 이와 관련된 가이드라인을 제시하려고 노력해 왔다. (예컨대, 변화 동기가 높은 내담자에게는 직접적인 제안을, 변화 동기가 없는 내담자에게는 간접적인 제안을 주는 방법이 제시되기도 했고, 혹은 행동적인 제안과 이에 반대되는 인지적인 제안을 주는 방법이 제시되기도 했다.)

처음에 단기가족치료센터에서 사용한 과제는 밀란 팀의 반대역설 처방 (Selvini Palazzoli et al., 1978)이나 정신건강연구소(MRI)의 '역설적' 개입과 유사한 것이었다. MRI의 '역설적' 개입은 체계가 자기 고유의 방식으로 스스로를 재조직할 수 있도록 간접적이고 체계론적으로 행동양식에 대한 방해를 하는 것이다(Frankl, 1960; Haley, 1973, 1976; Watzlawick et al., 1974). 이러한 방법은 내담자가 보이는 역기능적 행동양식에 내포된 긍정적 의미를 부각하면서, 그 행동을 더 수행하라는 처방을 함으로써 내담자의 저항을 줄임과 동시에 내담자가 반대로 행동하기를 바라는 것이다. 그러나 단기가족치료가 해결중심모델로 발전하면서 저항 개념이 '협력(cooperation)' 개념으로 바뀌었고(de Shazer, 1984) 역설적인 과제를 부과하는 것은 이론적으로 불가능하게 되었다. 이제는 내담자가 얼마나 협력적인지, 그래서 과제가 얼마나 쉽게 수용될 수 있는지에 기초해서 과제를 만들게 되었기 때문이다. 하지만 실천 현장에서는 이 두 가지가 실제로는 같은 것으로 보였다. 예를 들어, 경쟁심이 많은 내담자에게는 특정 과제가 다른 사람들에게는 효과가 있지만 아마도 그에게는 효과가 없을 거라고 말할 수도 있다.

나는 '과제(tasks)'라는 단어 대신에 '제안(suggestion)'이라는 단어를 사용하는데, 이 단어가 '내담자는 자신에게 도움이 되는 자원을 이미 가지고 있다'는 해결중심적 신념에 더 부합하기 때문이다. 마찬가지 이유로, 나는 어떤 과제를 줄 것인지를 결정하기 위해서 내담자들에게 '고객형'(de Shazer, 1988; Fisch et al., 1982), '불평형' '방문형'(de Shazer, 1988)과 같은 꼬리표를 붙이는 것이 도움이 되지 않는다고 생각한다. '고객형'의 내담자는 변화를 향한 동기가 많이 있기 때문에 뭔가 새로운 것을 시도할 가능성이 높다고 한다. '불평형'의 내담자는 문제가 있다고는 생각하지만 그것을 해결하기 위해서 많은 노력을 기울일 만큼 동기화되어 있지는 않다.

이들은 직접적인 과제를 할 수도 있고 안 할 수도 있으므로 직접적인 과제를 주면 안 되고, 단지 어떤 일을 관찰하는 과제를 줄 수 있다. '방문형'의 내담자는 문제가 있다고 생각하지도 않고 문제에 관심조차 없다. 이들은 동기부여가 전혀 안 되어 있고 과제를 거의 확실히 안 할 것이기 때문에 어떤 과제도 주면 안 된다. 이러한 꼬리표를 붙인다고 해도 내담자의 반응을 예상하기란 무척 어렵다(Fisch, 1997). 상담 첫 회기나 후속 회기를 통해서 치료자와 관계를 맺음으로써 '방문형'의 내담자가 '고객형'으로 변할 수도 있고, '고객형'의 내담자가 '불평형'이 될 수도 있다. '고객형'의 내담자들도 상담 중에 부정적인 경험을 하게 된다면 얼마든지 '방문형'으로 변화할 수 있다고 알려져 있다. 또한 정서적 분위기와 회기의 끝 부분에 제시되는 메시지는 상담에 임하는 내담자의 태도를 결정적으로 변화시킬 수 있다. 이 모든 불확실성을 고려한다면, 상담에 온 모든 내담자에게 변화를 위한 제안을 해야 할 것 같다. 하지만 과제보다는 제안으로 가야만, 이것을 그대로 행동으로 옮길 것인지, 자신의 상황에 맞게 변형시킬 것인지, 혹은 무시할 것인지를 내담자가 스스로 선택할 수 있다. 치료자의 제안에 대해서 내담자가 어떻게 반응하든지, 그들은 효과가 없는 행동을 하지는 않을 것이기 때문에, 정서적 분위기는 유지될 것이다.

개별적 제안 만들기

이 책의 205~209쪽에는 통상적으로 자주 사용되는 해결중심적 제안들의 목록이 제시되어 있다. 그러나 이 목록을 내담자의 상황에 맞게 구사하기 위해서는 내용 또한 주의 깊게 살펴보아야 한다. 심지어 가장 일반적으로 많이 사용되는 첫 회기 과제 공식도 모든 경우에 적절하지는 않다. 이것은 내담자가 부정적인 것들에 더 이상 관심을 가지지 못하게 하기 위해서 만들어진 것이지만, 감당하기 힘든 커다란 상실감을 겪고 있는 사람이나 자신이 지금 완전히 부정적인 상황에 처해 있다고 말하는 사람에게 기계적으로 질문해서는 안 될 것이다.

언제든지 제안을 만들어 내는 가장 효과적인 방법은 각 사례에 맞추어 개별적인 제안을 만드는(tailor) 것이다. 개별적 제안을 만드는 작업은 보기보다는 어렵지 않으며 재미있을 수도 있는데, 그 과정이 창조적이기 때문이다. 제안은 상담 중에 나타난 내담자의 정체성과 내담자의 희망에 대한 정보를 논리적으로 정리해서 만든다. 치료자는 내담자에 대한 정보를 활용해서 어떤 유형의 행동이 그들에게 변화를 가져올 것인지를 상상해서 제안을 만든다. 따라서 회기 중에 내담자가 긍정적인 변화를 만들어 냈다는 말을 하고, 치료자가 칭찬을 포함한 요약 메시지를 활용해서 내담자의 변화를 확대했다면, 제안에서도 내담자의 긍정적인 변화를 유지시킬 내용으로 만들 생각을 하게 된다. 혹은 내담자가 상황이 변화되지 않았거나 좀 더 나빠졌다고 말한다면, 치료자는 상황이 악화되는 것을 막거나 작은 긍정적인 변화를 만들어 낼 수 있는 제안이 어떤 것일지 생각하게 된다. 어떤 부부 내담자가 서로 상대방에게 인정을 받지 못한다는 느낌 때문에 얼마나 상처를 받고 있는지를 이야기한다면, 우리는 이 두 사람이 일상생활에서 서로 상대방에게 소소한 칭찬을 표현하고 들으면서 실제로 경험할 수 있도록 하는 제안을 생각한다. 이것은 또한 우리가 해결중심적인 사고의 너머까지 도달하게 해 주고, 내담자가 가진 부정적인 패턴을 중단시키거나 증상을 외재화할 수 있는 제안에 의지할 수 있게 해 주는 영역이다(White & Epston, 1990). 우리의 목표는 내담자를 의도적으로 살짝 흔들어서 우리가 내어놓는 제안이 최대한 내담자에게 적합하도록 만드는 것이다. 왜냐하면 모든 내담자는 서로 다르며, 이렇게 다른 내담자를 흔들기 위해서는 폭넓은 사고를 해야만 하기 때문이다. 우리는 제안을 만들 때 머릿속에서 떠오르는 아이디어를 언제나 내담자가 상담에 협력하는 방식에 적합하도록 만들어야 한다. 예컨대, 승부욕이 매우 강한 커플을 만난다면,

치료자는 다음과 같은 말을 제안의 끝 부분에 덧붙일 수 있겠다. "두 분 중에서 어느 분이 먼저 상대에게 감사한 마음을 표현하는 위험을 감수할 만큼의 힘을 가지고 계신지 궁금하네요."

아울러 제안을 만들 때는 '해결중심치료는 느리게 진행된다'는 해결중심적 가정을 염두에 두는 것도 중요하다. 오랫동안 문제에 얽매어 있던 내담자는 변화를 만들어 내기 위해서 준비할 시간이 필요할 수 있다.

다음에서 소개하는 네 가지 질문은 해결중심 단기치료자들이 제안을 구성할 때 유용하게 활용할 수 있는 것이다.

① 내담자는 자신의 상황에 대해서 어떻게 설명했는가? (내용)
② 내담자는 무엇을 원했나? 내담자는 변화할 의지가 있는가?
③ 내담자는 자신이 말하고 있는 것들에 대해서 행동으로는 어떻게 표현하는가? (과정)
④ 요약 메시지에 들어 있는 새로운 정보나 관점을 어떻게 제안으로 전환할 수 있겠는가?

사례: B 가족(위에 이어짐)

B 가족의 구성원들은 문제를 다음과 같이 기술했다.

어머니 – 티나는 행동 문제가 있다.
아버지 – 티나는 행동 문제가 있다.
마이크 – 나는 티나 문제에 휘말리기 싫다.
티나 – 집에서도 학교에서도 일들이 꼬여 있다.

내담자들은 무엇을 원하는가?

어머니 – 티나가 어른들 말을 좀 더 귀담아 들으면 좋겠다.

아버지 – 티나가 좀 더 행복해지길 바란다.

마이크 – 식구들 모두 좀 더 행복해지길 바란다.

티나 – 아빠와 엄마가 나에 대해서 행복해지면 좋겠다.

내담자들은 티나 문제에 대해 어떻게 반응하고 있는가? 그들은 새로운 시도를 할 의지가 있는가?

어머니 – 티나를 변화시키기 위한 방법을 계속 찾고 있다.

아버지 – 티나를 변화시키기 위한 방법을 계속 찾고 있다.

마이크 – 상황을 무시하고 있다.

티나 – 아무것도 안 하고 있다.

아직까지는 부모님과 티나가 뭔가 새로운 시도를 행동에 옮길지는 불확실하다. 이는 제안에 대한 그들의 반응을 보면 좀 더 분명해질 것이다.

가족 구성원별로 서로 다르게 제시된 요약 메시지에서의 차이를 어떻게 하나의 제안으로 전환할 수 있는가? 메시지는 모든 사람을 격려했다는 점에서 상이했다. 그것은 가족이 행복해지고 싶어 하는 공통의 바람을 강조했다. 이때는 지속적으로 예외와 긍정적인 부분에 초점을 두려고 노력하는 방법이 가장 도움이 될 것이다.

제안:

"안타깝지만, 저희는 오늘 여러분에게 도깨비 방망이와 같이 한 번에 모든 문제를 해결할 수 있는 답변을 드릴 수는 없습니다. 다만 저희는 여러분을 아주 조금이라도 더 잘 이해하기 위해서 노력할 것입니다. 여러분이 이런 방향으로 나가시도록 도와드릴 수 있는 몇 가지 제안을 생각해 보았습니다. 지금까지 저희는 여러분이 걱정하고 계시는 일에 대해서 들었습니다. 그 일들은 중요합니다. 하지만 저희는 여러분의 가족 안에서 긍정적인 효과를 나타내고 있는 일들에 대해서도 좀 더 알고 싶습니다. 그리고 이제 저희는 문제의 일부가 어떤 것인지 알고 있습니다. 저희는 여러분이 이미 하고 계시는 좋은 일들을 유지하실 수 있을지 확인하고 싶습니다."

부모는 서로 생각이 다르므로 분리해서 제안을 주라.

"어머님께서는 가능하시다면 티나가 집이나 학교에서 계속 하기를 바라시는 행동을 할 때가 있는지 관찰해 보셨으면 합니다. 잘 관찰하고 계시면서 그런 일이 생기면 기억해 두셨다가 다음 주에 말씀해 주시면 좋겠어요." (이것은 티나의 어머니가 바란다고 말했던 것이다.)

"아버님께서는 다음 한 주 동안 티나가 좀 더 행복해 보일 때가 언제인지 관찰해 보시고 여기 오셔서 이야기해 주시면 감사하겠습니다. (이것은 티나의 아버지가 바란다고 말했던 것이다.) 매일 저녁 부인과 함께 티나에 대해서 관찰한 결과를 서로 비교하고, 부인의 생각에 동의하는 부분이 있는지 확인하고 싶어 하실 수도 있을 것 같습니다."

"티나, 너는 학교에서 생활하다가 네가 계속 일어나기를 바라는 일이 생기는지를 관찰해 보면 좋겠어. 괜찮으면 집에서 해도 좋겠고." (티나는 학교생활이 변하면 좋겠다고 말했다.)

"마이크, 네가 하고 싶다면 다음 주까지 집에서 네가 계속 일어나길 바라는 일이 혹시라도 생기는지 관찰하고 우리에게 말해 주면 좋겠어."(마이크는 이 작업에 참여하는 게 아직 내키지는 않는 것 같지만 치료자는 그가 참여할 기회를 제공한다.)

'부정적이기만 한 일은 없다' 그리고 '내담자는 자신의 문제를 해결할 자원을 가진다'는 해결중심적인 가정을 견지하면서, 우리는 문제가 아닌 해결책에 초점을 맞추기 위한 제안을 가족 구성원들에게 제시했다. 상담실에 다시 왔을 때는 그들이 무슨 말을 어떻게 하더라도 그 답변이 가치 있을 것인데, 이는 답변을 통해서 그 가족이 상담 작업에 협력하는 스타일을 우리에게 알려 줄 것이기 때문이다.

사례: 제임스

이 사례는 제안을 준비하기 위한 질문들을 어떻게 사용하는지를 보여 준다.

53세의 제임스는 절망적이고 혼자서는 좋아지는 것이 어렵다고 느껴져서 누군가와 대화를 하고 싶어 상담실에 왔다고 했다. 6개월 전, 그는 인력 감축으로 인해 직장에서 해고되었다고 한다. 그는 새로운 일자리를 찾으려고 열심히 노력했지만 번번이 실패했다. 제임스는 그가 겪은 이 부당한 일 때문에 점점 더 괴로워했고 이제는 더 이상 구인 광고에 관심을 기울이거나 이력서를 보내는 일도 하지 않게 되었다고 말한다. 이와 동시에, 그는 힘없이 지내는 자신의 모습에 분노와 역겨움을 느꼈다고 표현했고 자신은 오로지 옛날의 자기 모습으로 돌아가고 싶을 뿐이라고 말했다.

요약 메시지의 첫 번째 부분에는 제임스가 상담에 온 이유에 대해서 치료자가 들은 것과 이해한 것 그리고 내담자가 강조한 것을 반영해야만 한다. 두 번째 부분, 즉 치료자의 반응 부분에서는 내담자에게서 포착한 강점(누군가의 도움이 필요한 상황임을 인식한 점, 실제로 도움을 받기 위해 행동하기로 결심한 점, 그의 정의감, 그가 능동적이고 활발하게 활동하던 과거의 이력들)을 강화해야 한다. 또한 여기에는 상황에 대한 새로운 정보나 새로운 관점이 들어가야만 한다. 다음 예는 제임스의 정의감을 그가 또 다른 관점을 가질 수 있도록 만들 자원으로 바라보는 생각을 담은 것이다.

> "당신이 겪은 부당한 일에 대해서 들으면서, 저희는 당신이 아직 일자리를 구하지 못했다는 이유로 자신에게 화를 내시는 것은 매우 온당치 않은 일이라고 생각했습니다. 누구든지 부당한 대우를 받았다고 느끼는데도 긍정적이고 능동적인 태도를 취하기란 어려운 일이지요. 안타깝게도 당신은 회사의 결정을 바꾸지는 못하시겠지만, 저희는 당신이 자신을 좀 더 공평하게 대하는 데 관심이 있으신지 궁금합니다."

앞에서 언급한 네 가지 질문을 사용해서 두 가지 버전의 제안을 만들었다. 물론 이 밖에도 얼마든지 다양하게 제안을 구성할 수 있다.

① 내담자는 에너지가 바닥나고 자신과 타인에 대해서 분노하고 있기 때문에 막막하다고 설명하고 있다. 그는 자신이 변화하기 위해서 도움이 필요하다고 강력하게 말한다.
② 그는 예전의 자기 모습처럼 되고 싶어 한다.
③ 상황에 대한 내담자의 반응은 타인과 자신에 대한 분노로 나타나며, 화를 내면 낼수록 자기통제감은 낮아지고 있다.
④ 치료자가 제시한 새로운 관점은 이 내담자가 자기 자신에 대해서는 불공평하게 대하고 있다는 것이다. 내담자의 정의감은 매우 강한 편

이며, 따라서 내담자에게 자기 자신에 대해서도 정의감을 제대로 적용해 보라고 요청하면 도움이 될 수 있겠다.

제안 A:

"제임스, 저희는 당신이 겪고 계신 상황과 비슷한 상황에서 다른 분들에게 도움이 되었던 제안을 드릴 생각입니다. 이걸 하시려면 매일 두 번, 30분씩 시간을 내셔야 합니다. 먼저 15분 동안은 당신이 처한 상황이나 자신에 대해서 느껴지는 분노의 감정을 종이에 적으시는 거예요. 그리고 나머지 15분 동안은 스스로 자신을 좀 더 공평하게 대하려면 어떻게 해야 할지 여러 가지 방법을 생각해 보시고 목록으로 정리하는 거죠. 다 끝내시면 첫 번째로 쓴 것은 찢어서 버리시고 두 번째로 쓴 것만 보관하세요."

제안 B: (제임스의 분노를 활용)

"저희는 당신이 답답하고 막막해하는 것에 놀라지 않았습니다. 왜냐하면 당신이 경험한 상황과 당신 자신에 대한 분노가 능동적인 당신의 에너지를 모두 무너뜨리고 있기 때문이죠. 당신이 예전에 보였던 에너지 넘치는 모습을 되찾기 위해서는 몇 가지 새로운 시도를 하시는 것이 좋겠다는 생각을 했어요."

"당신이 답답한 상황을 벗어나서 조금씩 그 목표를 달성해 나가시는 데 도움이 될 제안을 하나 드릴까 합니다. 이런 새로운 시도를 한번 해 보고 싶으신지 생각해 보세요. 분노를 멈추고 과거의 모습으로 돌아가려면 시간이 좀 필요할 거예요. 습관을 바꾸는 것과 조금 비슷한 거죠. 마음속에서 분노가 올라오는 게 느껴지시면, 그 분노가 가라앉을 때까지 시간이 얼마나 필요할지 대략적으로 가늠해 보세요. 그리고 이력서를 보내지 않아서 자신에게 정말로 화가 났다고 말씀하시고, 분노를 없애려면 진짜로 몇 분이 필요할지 결정하세요. 이렇게 정한 시간이 다 되면, 이제부터는 새로운 활동을 하시는 거예요. 예전에 자신감 있던 당신이었다면 당연히 시도했을 행동이면 더 좋겠습니다. 화를 내시는 것만 빼면 어떤 것이라도 괜찮습니다.

이 두 가지 제안은 스스로 해결하겠다고 하는 제임스의 요청에 맞는 방법으로서 행동지향적이지만 동시에 감정도 다루고 있다. 또한 이 방법은 일종의 의식이라고 할 수도 있겠는데, 내담자에게 의식을 제안하는 것은 구조와 통제를 가능케 하기 때문에 합리적으로 느껴진다.

자주 사용되는 해결중심적 제안

여기에 제시된 제안의 대부분은 체계적·전략적·구조적 가족치료의 전통에서 유래한 것이지만 현재에도 굉장히 자주 사용하고 있기 때문에 원래의 출처가 어느 쪽인지는 정확히 판별하기가 쉽지 않다. 이 제안들은 정신건강연구소(MRI)의 단기치료클리닉, Jay Haley, Salvador Minuchin과 그의 팀, 밀란 팀, 그리고 애커먼 연구소에서 유래했고 많이 사용하고 있는 것들이다. 하지만 이 중에서 첫 회기 과제 공식(Formula-First Session Task)과 예측 과제(Prediction Task)는 단기가족치료센터에서 유래하였다. 내담자의 삶에서 변화를 만들어 내기 위해서는 상황에 맞게 조정된 과제와 매우 유사하게 이 제안들이 내담자가 처한 특정한 상황에 잘 부합해야만 한다.

1. 첫 회기 과제 공식

이 과제는 내담자가 극심한 애도, 상실을 경험하고 있거나, 예외가 전혀 없다고 보고할 때를 제외하고는 거의 대부분의 첫 회기 끝 무렵에 사용할 수 있다.

> "지금부터 우리가 다음 번에 만날 때까지, 당신의 가정에서 계속 유지되기를 바라는 일들 중에서 실제로 어떤 일들이 일어나는지를 관찰하고 다음 번에 우리에게 설명해 주세요." (Adams, Piercy, & Jirhc, 1991; de Shazer, 1985, p. 137)

앞에서 언급한 제임스의 사례에는 이 제안이 적합하지 않다. 왜냐하면 제임스가 자신의 상황을 바라보는 시각이 너무 부정적이기 때문이다. 제임스에게 이 제안을 주게 되면 실제로는 그가 자신에 대해서 분노를 더 강하게 느끼게 될 것이다.

2. 효과가 있다면 더 많이 하라

이 제안은 이미 효과가 있는 것은 건드리지 않는다는 생각에서 나온 것이다. 회기 전 변화나 기존의 긍정적인 부분이 뚜렷한 상황에서는 이 과제를 사용하면 매우 효과적이다.

3. 뭔가 다른 것을 하라

이 제안은 앞으로 뭘 해야 할지를 듣고 싶어 하거나 그들이 현재 시도하고 있는 방법이 효과적이지 않은 사람들에게 주는 제안이다.

4. 변화하지 말라

이 제안은 통상적으로 결정적인 상황에서 내담자가 즉각적인 해결책을 원하고 있을 때 효과적이다. 하지만 내담자가 자신이나 타인을 해칠 위험이 있을 경우에는 이 제안을 사용해서는 안 된다.

> "저희는 당신의 상황이 얼마나 심각한지, 그리고 당신이 얼마나 이 문제들을 조금이라도 빨리 해결하고 싶어 하는지 이해합니다. 하지만 우선은 여러 가지 일에 대해서 좀 더 이해해야만 도움이 될 것 같습니다. 그래서 저희는 우리가 다시 만날 때까지 당신이 아무것도 하지 않으시길 제안합니다. 상황이 위태로울 때는 더 악화되기도 하는데 저희는 그렇게 되기를 원하지 않습니다."

5. 천천히 가라

내담자가 변화에 대해서 압박감을 느끼거나, 내담자가 너무 빨리 변하고 있을 때 이 제안을 준다. 좋은 변화를 유지하려면 시간이 필요하기 때문에 천천히 가는 것이 필요하다는 말을 사람들에게 하면 도움이 된다. 이런 말을 들으면 변화가 들쑥날쑥해도 실망을 덜하게 된다.

6. 반대로 하라

이 제안은 상대방을 변화시키려고 아무리 노력해도 실패하고 있을 때, 부부 중 한 사람만 상담에 오고 있거나 자녀 없이 부모만 상담에 오는 경우에 주면 좋은 제안이다.

7. 예측 과제

이 제안은 내담자가 예외를 경험하지만 왜 그런 예외가 일어났는지는 설명하지 못할 때 사용한다. 부부나 가족에게 이 제안을 줄 때, 다음 회기 전에 미리 내담자들끼리 이 과제에 대해서 서로 이야기를 나눌 것인지 말 것인지는 사례에 따라 다르게 결정한다. 부모의 경우, 만약 상담 목표가 그들로 하여금 공동 전선을 펼 수 있도록 만드는 것이라면, 아이는 제외하고 부모가 매일 밤 진행 상황을 나누고 서로 논의하라고 제안하는 것은 적절하다. 아이는 자신의 행동에 대해서 예측은 해야 하지만 다음 회기 전에 부모와 이 사실을 공유해서는 안 된다. 부부 둘 다 상대방이 자신을 돌보지 않는다고 믿고 있는 부부의 경우에는, 회기 사이에 서로 과제에 대하여 나누라는 제안을 하지 않는 것이 최선이다. 두 사람이 과제와 관련하여 매일 나눌 것이 없다면 실망하게 될 수도 있다. 하지만 다음 회기까지는 몇 가지 놀라운 기쁨을 경험할 기회가 생길 수 있다.

> "오늘 밤 잠자리에 들기 전에 증상이나 처해 있는 상황이 내일은 똑같거나 좋아질 거라고 예측해 보세요. (또한 치료자는 내담자에게 다음 날의 문제 심각도를 점수화해서 예상해 보라고 요청할 수도 있다.) 그리고 내일 밤에는 하루 동안의 생활에 점수를 매겨 보시고, 당신이 예상했던 점수와 비교해 보세요. 예상이 맞았던 이유나 틀렸던 이유는 무엇인지를 따져 보세요. 우리가 다시 만날 때까지 이런 활동을 매일 밤 계속 하시고, 매일 기록을 남겨 주시기 바랍니다." (de Shazer, 1988)

8. 쓰고 태우라

이 제안은 자신의 감정을 제대로 통제하지 못하는 사람들에게 주면 좋은 제안이다. 몇몇 사람은 쓰는 것을 싫어할 수도 있는데, 이런 경우에는 테이프에 녹음을 하도록 권유할 수도 있겠다.

> "하루에 두 번 20분씩(시간의 양과 주기는 상황에 따라 다르게 적용) 짬을 내서서 당신이 느끼는 고통(분노, 좌절감 등)을 종이에 적어 보세요. 너무 잘 쓰려고 하지 마시고요, 우선은 그냥 생각나는

대로 쭉 써 보세요. 그중에서 반복되는 구절이나 단어가 있으면 아주 좋은 거예요. 참지 마시고 당신의 감정을 뽑아내세요. 이 감정 때문에 울거나 소리를 질러야 한다면 그것도 좋아요. 시간이 끝나면 당신이 쓴 것을 읽지 말고 그냥 태워서 연기 속에서 사라지는 모습을 관찰하세요. (이 제안은 내담자가 불을 안전하게 사용할 수 있는지 논의한 후에 줘야 한다. 만약 내담자의 안전에 확신이 가지 않는다면 태우는 과제 대신에 종이를 잘게 찢어서 쓰레기통에 천천히 던져 넣는 과제를 제안하라.)

결 론

요약 메시지와 제안을 구성하는 것은 분명히 쉽지 않은 일이다. 이는 내담자가 우리에게 주는 것과 우리가 우리의 전문적 지식과 인격으로 내담자에게 제공할 수 있는 것을 진정으로 종합하는 일이다.

요컨대, 3장에 나오는 마리가 말한 상황을 반영한 요약 메시지와 제안이 어떤 것일지 다시 생각해 보면 괜찮은 연습이 될 것이다.

마리는 한부모로서 모든 사람이 자신을 잘못 이해하고 있다고 느꼈고, 자신이 미쳤을지도 모른다고 걱정하는 여성이었다. 그녀는 신체적 증상을 겪고 있었으나 의사가 증상의 원인을 발견하지 못했고 상담을 권유하여 상담실에 오게 되었다.

요약 메시지:

1. 내담자에게 들은 말에 대한 정리

　"저희가 오늘 당신에게 들은 이야기는 이렇습니다. 당신은 몸

전체에 통증과 심각한 두통을 느껴서 주치의를 찾아갔고 주치의 가 상담을 받아 보길 권했기 때문에 이곳에 오셨습니다. 당신은 의사 선생님이 상담을 권했다는 것이 신경 쓰인다고 말했습니다. 그분이 당신에게 정신적으로 문제가 있다고 생각할까 봐 두렵다 고 하셨지요."

"당신은 현재 남편과 별거 중으로 아이 두 명과 함께 친정어머 니 집에서 살고 계십니다. 어머니께선 어머니의 생활 방식을 따르 기를 요구하시고, 그래서 당신은 힘들어하고 계시죠. 전 남자친구 와 남편도 당신 인생에 계속 들락날락하면서 무엇을 하고 무엇은 하지 말라며 자꾸 참견을 하는데, 당신은 이 역시 무척 힘들어하 고 계세요."

"당신은 미래에 대한 계획도 명확하게 그리고 계시는데, 예컨 대 자신이 교육을 받을 계획도 있고 아이들에게도 반드시 훌륭한 교육을 받을 수 있도록 해 주고 싶어 하신다고 말씀하셨어요. 하 지만 사람들은 모두 당신을 돕기는커녕 현실에 주저앉힐 생각만 하고 있지요."

2. 내담자의 말을 듣고 난 후 치료자가 보인 반응

(공감, 긍정적인 것, 새로운 정보와 관점)

"저희가 볼 때, 당신은 매우 극심한 스트레스에 노출돼 있습니 다. 지금 말한 모든 것을 억누르고 계시니 두통과 온갖 종류의 통 증을 가지고 계신 것이 전혀 이상한 일은 아니죠. 그렇게 힘든 상 황에서도 자기 할 일을 하고 정신을 차리고 계신다는 사실이 놀라 울 뿐입니다. 독립적으로 생활할 공간이 없고, 다른 생각을 가졌 다는 이유로 당신을 헐뜯는 사람들에 둘러싸여 계신데 얼마나 힘 드시겠어요. 잠도 별로 못 주무시고, 주위에서 도움도 거의 못 받고 계시는데도, 당신은 아이들과 원만하게 지내면서 아이들을 잘 교육하고 계시고, 스스로 공부하러 도서관에도 다니고 계시죠."

"당신은 미래에 대한 몇 가지 훌륭한 아이디어를 가지고 계신데요, 집도 마련하고 학교에도 지원할 계획이시지요. 너무 긴장하지 말고 때로는 볼링 같은 걸 하면서 놀기도 해야 한다고 하셨죠. 이런 계획이 현실화되려면 시간이 필요하다는 사실을 인식하시고, 건강을 잘 유지하시면서 여유를 가질 필요가 있다는 점을 느끼시는 게 좋을 것 같습니다."

제안:

① 마리는 자신의 증상에 대해서 불안해하고 있고 스트레스를 느끼고 있다고 보고했는데, 이는 그녀가 자신의 목표를 성취하기 위한 지원을 하나도 받지 못하고 있기 때문이다. 그녀는 변화를 원하고 있음을 비쳤지만, 그 변화가 반드시 상담을 통한 변화는 아니다.

② 마리는 자신에게 뭔가 심각한 문제가 있는 건지 알고 싶어 한다. 그리고 누구의 간섭도 받지 않으면서 자신의 길을 걸어갈 수 있는 방법을 찾고 싶어 한다.

③ 마리는 자신의 스트레스를 신체적 증상으로 전환시키고 있으며, 자신의 목표를 이루기 위해서 최선을 다해서 노력하고 있다.

④ 요약 메시지에 포함된 새로운 정보는, 그녀는 결코 미친 것이 아니고 주어진 조건 아래서 잘 해 나가고 있다는 것이다. 이 정보는 그 자체로 그녀에게 안도감을 줄 것이며, 제안은 그녀가 좀 더 안도감을 느낄 수 있는 것이어야 한다(예: 안전한 방식으로 분노와 좌절감을 누그러뜨릴 기회).

제안:

　"저희는 오늘 당신의 문제를 단번에 해결할 수 있는 도깨비 방망이 같은 방법을 알려 드리고 싶지만, 당연히 그런 방법은 없습니다. 당신이 바라는 미래를 만들어 나가는 모습을 보기 위해서, 저희가 머리를 좀 더 맞대고 방법을 생각해 내야 할 것 같습니다. 한편, 저희가 보기에 당신은 전혀 미치지 않았고, 더 이상 그것 때문에 걱정하실 필요가 전혀 없다고 생각합니다."

　"이제 저희가 당신이 집에 돌아가서 생각을 해 보고 싶을 수도 있고 아닐 수도 있는 제안을 한 가지 드려 볼게요(마리의 말투를 그대로 따라 함). 당신은 당신을 화나게 만드는 사람들에게 자신의 생각을 말하지 못하고, 이런 성격 특성 때문에 많이 힘들어하시죠. 그러니 다른 방식으로라도 그런 속마음을 표현하고 싶으실 거예요. 어떤 사람들은 하루 중에 30분 정도 시간을 정해 놓고 그 시간이 되면 앉아서 부글부글 끓는 자기 마음을 그냥 마음 내키는 대로 자유롭게 종이에 쓰는데요, 이게 마음 가라앉히는 데 정말로 도움이 된다고 합니다. 글을 다 쓰고 난 후에는 그걸 다시 읽어 보지 않고 그냥 바로 박박 찢어서 버린다고 하네요. 당신도 이 방법으로 속마음을 쓰고 또 쓰면 도움이 될 거 같아요. 그렇게 하고 난 다음에는 당신이 왜 좋은 사람이고 좋은 엄마인지 세 가지 이유를 써 보세요."

　해결중심 과정의 모든 부분이 어떻게 서로 맞물려 돌아가는지 살펴보라. 잘 형성된 정서적 분위기는 면접 과정을 촉진하고, 면접을 통해 요약을 위한 정보를 얻게 된다. 요약은 이 정보를 반복하는 것이고, 여기에 뭔가 첨가하기도 하고, 과제를 통해 정보를 경험 가능하게 만든다.

PART **2**

적용

CHAPTER 08

커플치료

커플 관계는 짝을 맺는다는 것이 어떤 것인지에 대해 모든 것을 보여 주는 최고의 사례다. 남성과 여성은 생물학적 · 정서적 · 경제적으로 의존성을 가지며 이 때문에 서로 짝을 맺음으로써 인류가 수천 년 동안 종족을 보존해 올 수 있었다.

커플 내담자(미혼 커플이든 기혼 커플이든, 이성애 커플이든 동성애 커플이든)를 만나는 일은 마치 외줄타기와 같다. 커플 관계는 복잡하다. 그것은 단순한 화학작용이나 동반자 관계가 아니다. 커플 관계는 맹목적인 사랑으로 시작해서 상대방의 성격을 알아 가면서 현실적인 차이점을 서로 맞추어 가는 다소 힘든 조정기를 거치고, 생활상의 변동을 겪으면서 상호 간에 원하는 것들을 알아 가는 과정으로 이어진다. 커플 관계는 둘 중 한 명이 기대하거나 원하는 방향으로 변화하기도 하고, 때로는 부모나 형제와의 관계 패턴이 재현되기도 한다. 커플 관계에서 두 사람은 서로 상대편의 부족함을 보충하는 경향이 있다고 하지만, 이와 같은 보완적 균형은 상호 관계를 좋게 만들 수도 있지만 권력 투쟁을 일으킬 수도 있다. 그럼에도 불구하고 환경과 상관 없이 대부분의 사람은 혼자 사는 것보다는 커플 관계를 이뤄 사는 것을 선호한다.

커플이 가지는 관계적 결속의 중요성은 상담을 위한 강력한 자원이 되기도 한다. "상처를 조금이라도 덜 받기 위해서(혹은 걱정을 덜 하기 위해서, 화를 덜 내기 위해서) 서로 상대방이 어떻게 해 주길 바라세요?"라고 내담자에게 질문하면 '힘든' 느낌이 '부드러운' 감정으로 변할 수도 있다(Donovan, 1999, p. 5; Gilligan, 1997; Johnson & Greenberg, 1994). 내담자가 아무리 거칠게 보이거나 차갑게 보인다고 하더라도, '부드러운 감정'은 커플 관계의 모든 것이다.

제인과 스티브는 자신들의 관계를 서로 전혀 다른 관점으로 설명한다.

제 인: 스티브는 날이 갈수록 나와 함께하는 시간이 적어지는 것 같아요. 우리 관계에 무슨 일이 벌어진 건지 모르겠어요. 예전에는 저에게 모든 일에 대해 이야기했고 늘 제 의견을 물어봤는데, 지금은 아니에요.

스티브: 그건 내 잘못이 아니야. 마라톤을 시작한 후로 당신은 늘 앞서 달려 나갔잖아. 그래서 당신은 나와 함께할 시간이 없는 거야.

제 인: 아니죠. 나는 당신과 대화하려고 노력했지만 당신은 거기 앉아서 TV만 쳐다보잖아요. (치료자에게) 선생님의 남편이 선생님을 못 본 척한다면 어떻게 하시겠어요?

스티브: (치료자에게) 저는 아내를 못 본 척하지 않았습니다. 아내가 늘 시비조로 나오기 때문에 전 어떤 이야기도 제대로 집중

해서 할 수 없고 옳은 이야기도 꺼내지 못합니다. (치료자에게) 제가 이 모든 걸 그냥 받아들여야 하나요?

치료자는 양쪽 중 어느 편도 들 수 없기 때문에 자신에게 던져진 두 가지 질문 모두 답할 수 없다. 게다가 만약에 치료자가 이러한 불평 중에서 아주 작은 부분이라도 반응한다면 커플이 적대적인 언쟁을 벌일 수도 있다. 하지만 치료자는 두 사람이 불만을 토로하는 것에서 공통의 기반을 찾을 수 있고 그것을 둘 사이를 연결하기 위한 자원으로 활용할 수 있다.

> 치료자: 두 분은 모두 서로 상대방이 자신에 대해서 관심이 적어진 것 때문에 불만스러워하시는 것 같네요. (두 사람 모두 고개를 끄덕이며 이 주제와 관련된 좀 더 자세한 이야기를 해 주었다.) 두 분 다 같은 것을 원하시는 것 같아요. 그렇다면 두 분 다 상대방에게 좀 더 관심을 받아서 만족스러웠던 때가 있었나요?

제인과 스티브는 이 질문을 통해서 그들이 서로 관계가 아주 소원해졌다고 느꼈을 때에도 여전히 서로 긴밀한 관계를 유지하고 있다는 사실로 관심을 돌릴 수 있었다. '작은 변화가 큰 변화를 만들 수 있다.' 제인과 스티브가 문제를 '파트너와 함께 시간을 충분히 보내지 못하는 것'으로 재정의하고 두 사람 모두 만족할 만한 해결책을 만들어 낸다면, 어떤 해결 중심 치료자들은 이 커플에게 상담 종결을 권할 것이다. 하지만 내 경험에 따르면 이러한 '기적의 도깨비 방망이'가 나타날 가능성은 아예 없지는 않아도 매우 드문 것이 사실이다. 그리고 당장은 이러한 도깨비 방망이가 효과를 나타낸다고 하더라도, 그것은 내담자들로 하여금 동일한 과정을 거쳐서 동일하거나 비슷한 문제를 다시 가져오게 할 가능성이 있다.

체계이론의 용어로 표현하자면, '이차적 변화(second-order change)' 보다는 '일차적 변화(first-order change)'가 나타났다고 말할 수 있다(Hoffman, 1981, pp. 47-49; Watzlawick et al., 1974, p. 10). 이러한 상황은 변화를 좀 더 단단하게 만들려는 노력을 기울여서 피할 수 있다. 이 사례에서는 두 사람 사이의 관계를 좋게 만들어 줄, '함께 시간을 보내는 활동'에는 무엇이 있는지를 커플과 함께 확인하는 것이 그 방법이 될 수 있다. 제인과 스티브는 감정적인 영역에서 서로 좀 더 연결되고, 서로 좀 더 보살피고, 서로 좀 더 인정받는 느낌을 가질 수 있는 일들을 하면 될 것이라고 답할 것이다. 이런 방법들을 구체적으로 답하면서, 그들은 자신들의 관계에 대해서 좀 더 이해하게 될 것이고, 관계를 지킬 수 있게 될 것이다.

기본적으로 해결중심적 커플상담은 개인상담과 유사하다(Friedman & Lipchik, 1999; Hoyt & Berg, 1998). 하지만 커플상담에서 해결책은 두 사람의 관계에 도움이 되어야 하고, 이 관계는 서로 다른 시각을 가진 개인들로 구성된다는 점에서 실천하기가 어렵다. 이 장애물을 넘기 위해서, 치료자는 어느 한쪽의 편을 드는 느낌을 주어서는 안 된다. 상담 경험이 아주 많은 능숙한 치료자에게도, 서로 자신이 옳다고 믿는 커플 내담자에게 공평한 수용과 이해의 마음을 전달하는 것은 결코 쉬운 일이 아니다.

다음 부분에서는 한 단계 더 높은 자신감을 가지고 이러한 복잡한 것들을 관리하는 방법을 보여 준다. 첫 단계는 치료에 온 커플이 해결중심치료에 적합한 커플인지를 판단하는 것이다.

사 정

공동 치료 회기

커플치료에서 첫 회기는 반드시 두 사람이 함께 참여하는 공동 치료 회기여야 하는데, 공동 치료 회기를 통해서 양쪽 파트너가 서로 의사소통하는 방식을 알아볼 수가 있기 때문이다. 또한 공동 치료 회기는 내담자 커플이 관계를 개선하고자 하는 욕구와 능력을 얼마나 가지고 있는지 측정할 수 있는 계기가 된다. 사람들이 원하지 않는다면 우리는 해결책을 찾아낼 수 없다. 특별히 커플치료는 내담자 두 사람의 상담 목표가 서로 다르고 두 사람 모두 해결책 구축 과정에 참여하지 않으려고 할 때 어려워진다. 따라서 남편 측에서는 어떤 대가를 치르더라도 결혼을 유지하려고 하는데 부인은 결혼 관계를 지속하는 데 회의적이라면, 이 커플은 해결중심 커플치료에 참여할 준비가 되어 있지 않다고 볼 수 있겠다. (사실 개별치료 사례에서는 해결중심치료로 접근하는 것이 부적절한 경우는 드물다. 당사자는 치료실에 오기 싫었는데 오로지 누군가를 기쁘게 만들기 위해서 오는 사례 정도를 중요한 예외로 꼽을 수 있을 것이다.) 이런 경우는 양쪽 파트너를 함께 만나기보다는 따로따로 한 명씩 만나서 이러한 차이점에 대해서 논하고 그들의 욕구를 좀 더 명확하게 규정하는 것이 좀 더 좋겠다. 때로는 상담에 회의적인 한쪽 파트너가 상담을 받을 것인지 말 것인지를 결정하기 위해서 개별치료 회기에 와야 할 필요가 생길 수도 있다. 이때는 주저하고 있는 파트너를 돕기 위해서 좀 더 적극적인 파트너도 개별적으로 상담을 받을 수 있다. 만약 상담에 회의적인 파트너가 생각할 시간이 많이 필요한 것 같다면, 두 사람을 모두 각각 외부 기관의 개인상담에 의뢰하고, 그 상담을 통해 그들이 좀 더 나은 결혼 생활을 위해서 함께 노력하기로 결정한 후에 그들을 다시 초대하는 것이 가장 좋은 방법이다.

커플치료의 첫 회기에서 치료자는 내담자 커플에게, 커플치료는 개인을 위한 것이 아니며 두 사람 사이의 관계에 대한 것이라는 사실을 반드시 말해야 한다. 그리고 치료의 목표는 두 사람이 가지고 있는 여러 가지 차이점 사이에 다리를 놓아, 두 사람 모두에게 도움이 되는 해결책을 찾는 것이 될 것이라는 점도 밝혀야 한다. 이렇게 하면 치료자가 두 사람 중 어느 한쪽의 편이 아니라는 사실이 명확해진다. 양자 사이에서 공정한 태도를 유지하는 것이 무척 어려운 일이기 때문에 커플을 대하는 우리 자신의 반응을 점검하는 이중 트랙 사고(dual-track thinking)는 마지막까지 도움이 된다. 양쪽 편 모두를 수용하고 이해하려는 태도는 회기 말에 제시하는 요약 메시지에도 반영될 수 있겠다.

개별치료 회기

공동 치료 회기 후에는 각 파트너와 함께 일대일 상담이 이어진다. 개별치료를 진행하면 치료자가 치료자-내담자 관계를 좀 더 깊게 형성할 수 있다. 회기의 첫머리에 치료자는 내담자에게 이 개별적인 대화가 파트너 앞에서는 이야기하고 싶지 않을 수도 있는 문제들을 이야기할 수 있는 기회라고 말한다. 개별치료에서 나누는 이야기가 누군가의 생명과 관련된 것이 아니라면 비밀이 보장된다는 사실도 내담자에게 설명해야 한다. 내담자가 하는 말 중에서 커플 관계에 관하여 중요한 암시를 주는 내용이 있다면 치료자는 그것을 상대 파트너에게 말해도 되는지 허락을 구해야 한다.

개별치료에서 한쪽 파트너가 과거에 이미 끝난 외도 사실에 대해서 고백한다면, 치료자는 상대 파트너에게 이 사실을 말하지 않아야 한다. 이 외도 사실이 커플 관계에서 중요한 의미가 있다고 하더라도, 과거의 외도 사실을 이 결혼의 현재 상태에 대한 논의에 끌어들이지 않는 것이 최선이다. 어쨌든 변화는 지속적으로 일어나고 불가피하기 때문이다. 현재 상태, 그리고 미래에 내담자가 원하는 것들에 초점을 유지하는 것이 좀 더 도움이된다.

한편, 현재 진행 중인 외도 사실은 또 다른 문제다. 한쪽 파트너가 현재외도를 하고 있다면 나는 커플치료를 진행하지 않는다. 일반적으로, 사람들은 어떤 사람에게 좀 더 빠져 있을 때는 다른 사람과의 관계를 개선하기위한 동기를 가질 수가 없다. 이보다 더 중요한 점은 현재 진행 중인 외도사실을 듣고 이 말을 한 사람과 비밀을 공유하는 것을 나는 비윤리적이라고 생각한다. 이런 상황을 정리하는 한 가지 방법은 현재 진행형의 외도를하고 있는 내담자에게 이 비밀을 말하든가 아니면 적어도 상담을 받을 동안만큼은 그 애인과 어떤 형태의 연락(전화나 이메일을 포함)도 하지 말라고 제안하는 것이다. 놀랍게도 지금까지 수많은 사람이 나의 제안을 실제로 받아들이고 약속을 지켜 냈다. 물론 이 사실은 결혼 생활을 개선하려는사람들의 의지가 얼마나 강한지를 단적으로 보여 준다! 반면에, 어떤 사람들은 외도 관계를 잠시 중단하겠다고 나와 약속하고서도 지키지 않고 성공적으로 나를 속인다. 하지만 일반적으로 커플치료를 하기로 결정한 후에도 외도를 지속한다면 관계가 전혀 개선되지 않거나 혹은 좋아졌다가다시 나빠지는 패턴이 반복되는 등 숨길 수 없는 신호가 나타난다. 이때는치료자의 직감도 유용한 도구가 된다.

한 사례가 기억나는데, 남편이 외도를 정리하겠다고 부인과 합의를 했다. 그는 부인과의 관계를 회복하기 위해서 무척 애쓰는 것처럼 보였고 부인도 남편이 노력한다고 보았다. 그러나 그녀는 상담을 받는 동안 남편과의 정서적 관계가 전혀 좋아지지 않는 것 같다고 보고했다. 나는 이 정보에 기초해서 개별치료를 제안했고, 남편은 여전히 애인을 만나고 있다고고백했다.

이와 같은 상황에서는 치료자가 외도를 하고 있는 파트너에게 진실을 밝히지 않으면 더 이상 상담을 하지 않겠다고 말하는 방법이 바람직하다. 이러한 조건은 대개 위기 상황을 만들고, 외도를 한 사람을 최종적으로 결혼 관계와 외도 중에 한 가지를 선택할 수밖에 없는 상황으로 몰고 간다.

이런 사례를 종결하는 가장 좋은 방법은 커플을 만나서 현재로서는 개별상담이 좀 더 유익하다는 사실을 깨달았다고 말하는 것이다. 당신이 이렇게 공식적으로 말하고 나면, 진행 중인 외도 사실을 의식하지 못하는 파트너가 여러 가지 질문을 할 것이다. 그러면 나는 전문가적인 태도를 강하게 취하고 구체적인 이유는 절대 언급하지 않은 채 일반적인 말만 계속 반복한다. 나는 또한 이런 경우 계속 커플을 만나기보다는 개별상담을 의뢰할 것을 권유한다.

일반적으로, 내담자는 공동 상담 회기에서보다 일대일 상담 회기에서 좀 더 솔직해지는 경향이 있다. 심지어 파트너 앞에서 못할 말이 없다고 말하는 사람도 그러하다. 최근에 내가 만난 부부는 부인이 시어머니와 갈등을 빚어 몇 가지 심각한 문제를 겪고 있었다. 공동 치료 회기에서는 시어머니의 부당한 처사에 대해 부인이 꺼내 놓는 불만에 대해서 아무런 반박도 하지 않던 남편이, 개별치료에 들어오자 사실 자신의 부인이 가족 안에서뿐만 아니라 일반적인 사회적 관계에서도 문제를 겪고 있다는 이야기를 털어놓았다.

한쪽 파트너에게 상대 파트너의 생각을 어떻게 생각하는지, 혹은 파트너가 특정한 방식으로 행동하는 이유가 뭐라고 생각하는지를 순환질문을 활용해서 물어보면, 개별치료 회기에서 유용하게 사용할 수 있는 정보를 얻을 수 있다. 이 질문 기술은 개인과 만나면서도 커플치료를 하는 것으로 간주할 수 있는데, 답을 하려면 다른 사람의 관점을 생각해 보아야 하기 때문이다. 예컨대, "당신의 부인도 자신이 다른 사람들과 잘 지내지 못한다고 믿을까요?" "방금 저에게 말씀하신 내용을 부인에게도 말씀하신 적이 있나요?"와 같은 질문을 했는데 내담자가 '그렇다'고 답한다면 "부인께선 뭐라고 말씀하시던가요?"라고 후속 질문을 하고, 만약 '아니다'라고 답한다면 "만약에 이 말씀을 하신다면 부인께선 뭐라고 답하실까요?"라고 후속 질문을 한다. 만약 내담자가 부인을 너무나 속상하게 만들 것 같다고 느낀다면, "부인을 속상하게 만들 수도 있는 말을 하고 싶을 때, 당신은 보통 어떤 방식으로 말씀하시나요?"라고 질문한다. 어떤 내담자들은 자신과 파트너가 어떻게 서로 영향을 주고받는지에 대해서 세련된 이해를 가지고 있는 반면에, 어떤 내담자들은 파트너와 맺고 있는 대인관계적 역동에 대해서 전혀 인식하지 못한다. 파트너의 행동과 그에 대한 내담자 자신의 반응에 어떤 이유와 의미가 있다고 믿는지 알아보는 순환질문을 사용하면 변화를 위한 작은 움직임이 일어나기도 한다.

내담자는 치료자와 대화하는 중에 자신이 파트너와 의사소통하면서 반복하는 자신만의 소통 방식을 드러내며, 이는 그들이 치료에 협력하는 방식에 관한 귀중한 정보를 주기도 한다. 하지만 우리는 그들이 협력하는 방식이 치료의 결과에 어떻게 영향을 줄 것인지에 대해서 함부로 가정하지 않기 위해서 주의를 기울여야 한다. 결국 관계를 두 사람 모두에게 만족스럽도록 만들지 말지를 선택하는 주체는 내담자 커플이기 때문이다. 우리에게 하찮게 보일 수 있는 작은 변화가 그들에게 큰 변화를 만들어 낼 수도 있다.

결 정

한 번의 공동 치료 회기와 두 번의 개별치료 회기에서 얻은 정보를 기반으로 커플치료를 지속하는 것이 적절할지 결정하게 된다. 나는 아래에 소개한 기준을 판단의 가이드라인으로 사용한다. 물론 내가 이 기준을 완벽하게 문자 그대로 적용하는 건 아니다. 어떤 관계에 대해서 의문만 품는 대신 직접 부딪혀서 느껴 봐야 할 때가 있다. 우리는 이런 직감의 목소리를 차단하지 말아야 한다.

① 두 파트너 모두 관계를 끝내기보다는 유지하고 싶어 하는 것이 확실한가?
② 두 파트너 모두 현재의 관계 상태에 대해 약간씩 책임이 있음을 이해하는가?
③ 두 파트너 모두 상대방의 입장에 대해서 약간의 공감을 표현할 수 있는가?
④ 두 파트너 모두 관계에서 긍정적인 부분(우정, 공통의 관심사, 부모나 주부 역할에 충실할 수 있는 능력)이 있다고 말하는가?
⑤ 두 파트너 모두 또 다른 사람을 좋아하지 않는 것이 확실한가? 혹은 또 다른 사람과 현재 연애를 안 하고 있는가?

만약 이와 같은 판단 기준에 비추어 봐서 커플치료를 지속하는 것이 적절하다는 판단이 서면, 다음 회기는 공동 치료 회기로 운영한다.

때때로 어떤 커플은 이 모든 기준에 들어맞으면서도 서로 상대방 앞에 있으면 너무 상처를 받거나 화가 나서 감정의 분출을 참을 수 없는 경우도 있다. 이럴 경우에는 한두 번 정도 더 개별치료 회기 일정을 잡고, 상담이 원활하게 진행될 수 있을 정도로 내가 그들의 감정을 끌어내는 과정을 도울 수 있을지 알아본다. 이렇게 하면 점차적으로 두 사람의 관계에서 긍정적인 것에 대해 물어볼 기회를 가질 수도 있게 된다.

치 료

커플 내담자는 상담에 처음 왔을 때 대개 흥분하며, 치료자에게 자신들이 느끼는 모든 부정적인 감정을 토로하고 싶어 한다. 이런 상황에서 부정적인 이야기로 끌려 들어가지 않고 바람직한 결과에 대해 이야기하는 건 종종 쉽지 않은 일이다. 이때는 계속 정신을 차리고 이중 트랙 사고에서 개인적 트랙에 머물러 있어야 한다. '아, 이 결혼은 이미 끝장이 났잖아' 와 같은 생각을 하면 배가 산으로 가는 상황이 될 뿐이고, '부정적이기만 한 일은 없다'와 '작은 변화가 큰 변화를 만들어 낸다'와 같은 해결중심적 가정과 상충될 것이다. 이와 유사하게, 우리는 그들의 부정적인 행동은 서로 주고 받는 것이라는 점을 기억하여 한쪽 파트너에게 비난의 화살을 돌리는 일을 하지 말아야 한다. "존이 어떤 행동을 하길래 메리가 존의 기분을 나쁘게 만드는 건가요?" "존이 어떤 행동을 하길래 메리가 존의 기분을 나쁘게 만들지 않을 수 없게 만드는 건가요?" 그리고 우리는 내담자 커플을 보면서 우리 부모님의 관계나 우리 자신의 관계에 관해서 연상하게 될 수도 있다. 우리가 정신을 차리지 않고 우리의 생각과 감정을 지속적으로 점검하지 않으면 부지불식간에 내담자에 대한 부정적인 숨은 의도를 만들어 낼 수도 있다.

전형적으로 커플 내담자는 상황에 대한 자신의 인식이 옳다고 치료자를 설득하려고 노력한다. 이 과정에 끌려 들어가지 않는 것이 중요하다. 이런 상황에 대응하는 한 가지 방법은 이렇게 말하는 것이다. "저는 두 분이 서로 매우 다른 두 개의 이야기를 해 주실 거라고 예상하고 있습니다. 두 분께서 그 사이에 다리를 놓으시는 과정을 돕기 위해서, 저는 두 분의 이야기를 모두 주의 깊게 들어야겠지요." 이 말은 치료의 방향이 서로 상대방을 뜯어 고치는 쪽으로 향하지 않을 거라는 메시지를 커플 내담자에게 전달한다. 사람은 변화, 특히 타인의 기대에 자신을 꿰어 맞추려는 변화를 방어하려는 경향이 있다. 따라서 변화한다는 말보다는 노력하고 적응하며 키워 나간다는 뜻을 내포하는 말을 사용하는 것이 더 좋다.

두 사람과 번갈아 가면서 대화하기

치료자가 균형을 유지하는 또 다른 방법은 두 사람과 번갈아 가면서 대화하는 것이다. 두 사람 사이를 자주 오가면서 대화하면 한 사람이 가볍게 여겨지는 느낌을 막을 수 있고, 치료자가 두 사람 중 어느 한 사람과 좀 더 긴밀한 관계를 맺고 있다는 느낌도 방지할 수 있다. 다른 한편으로, 우리는 두 사람의 개인적인 스타일에 각각 맞춰야 한다. 매우 수다스러운 여성과 표현이 적은 남성의 조합을 만나는 것은 드문 일이 아니다. Donovan (1999, p. 14)은 Gottman과 Levenson(1986)을 인용하여, 남성들이 감정을 안으로 삭이는 반면, 여성들은 타인과의 갈등 상황에서 감정을 더 잘 제어할 수 있기 때문에 주로 불평하는 위치에 선다고 했다. 물론 우리는 현실에서 이러한 관계 역동이 정반대인 커플을 만나기도 한다. 중요한 것은 이런 상황에서 성향이 다른 두 사람을 동일하게 대하지 말아야 한다는 것이다. 둘 중 말이 적은 파트너에게 질문하기 위해서 말이 많은 파트너가 이야기할 때 "이 말에 동의하나요?" "당신 생각은 어때요?"와 같은 질문을 던지며 부드럽게 끼어드는 방법이 효과적이다. 치료자가 내담자 두 사람 중 어느 한쪽의 의사소통 방식을 더 선호한다는 느낌을 주지 않기 위해서, 우리는 어떤 스타일의 의사소통 방식도 수용해야 한다. 의사소통 방식의 차이점은 관계에서 문제가 될 수도 있는데, 치료자가 그들의 스타일을 조금이라도 판단하고 있다는 느낌을 주게 되면 두 파트너 중 한 사람은 모욕감을 느낄 수도 있다.

나는 수년 전에 가정폭력 문제로 남편과 함께 상담을 받은 어떤 여성 내담자와 대화하는 기회를 가진 적이 있다. 그녀는 상담을 받은 후 더 이상의 폭력은 없었으며 결혼 관계가 훨씬 더 좋아졌다고 보고했다. 상담에서 무엇이 가장 효과적이라고 생각했는지 묻자, 그녀는 주저하지 않고 말했다. "선생님께서 누구의 편도 들지 않았던 거요!" 그녀는 상담이 효과적이었던 이유에 대해서 더 이상의 설명은 하지 못했다. Sprenkle, Blow와 Dickey(1999, p. 348)는 전체 내담자 체계는 개인과 하위 체계가 결합한 연합체 이상의 동맹 관계를 치료자와 맺게 된다는 Pinsof의 이론(1995)을 인용했다. 이에 대한 나의 생각은, 갈등을 겪고 있는 두 사람은 자신이 신뢰하는 치료자가 자신의 파트너의 관점을 수용하고 있다는 사실을 알게 되면 자신의 태도를 한 번 더 생각해 보게 된다는 것이다.

부드럽게 직면시키는 방법

전문가 윤리에 따라 내담자의 행동을 내담자에게 직면시켜야 할 때가 종종 있다. 그러나 해결중심치료에서는 직면 기술을 사용할 때도 반드시 정서적 분위기를 해치지 않는 방식을 택해야만 한다.

빌은 기소되어 재판을 받는 대신에 상담치료를 받으라는 지방검사의 명령을 받고 온 내담자였다. 그의 이웃 사람들은 빌이 악을 쓰며 앤을 위협하는 소리를 듣고 경찰에 신고를 했다. 앤은 사법 당국에 남편과 함께 가족상담을 받겠다고 요청했고, 두 사람 사이에 물리적 폭력은 전혀 없었기 때문에 요청이 받아들여졌다.

어느 날 상담을 받던 중에 빌은 최근 앤이 어리석기 짝이 없는 결정을 내렸다며 감정을 쏟아 냈다. 그는 '멍청한' '뇌가 없는' 등 경멸감이 섞인 말을 사용했다. 이런 상황에서 치료자는 중립적인 관점을 견지하기가 어려워졌고, 한쪽 파트너가 상대 파트너를 언어적으로 학대하는 것을 허용하는 일은 비윤리적인 것 같았다. 앤은 충동적으로 결정을 내린 게 사실이라고 인정했고 후회한다고 말했지만, 빌은 진정하지 않았다.

치료자: 당신은 앤이 어떻게 그런 결정을 내릴 수 있었는지 이해하기 어렵다고 하셨습니다. 앤의 결정 때문에 화가 나셨고요. 그 마음 이해합니다. 하지만 그건 이미 일어났잖습니까! 우리는 누구나 그렇게 하지 말 걸 하고 후회하는 결정을 내리곤 하죠. (빌이 계속 분노를 터뜨린다.) (침묵) 빌, 당신은 후회되고 아쉬운 결정을 내린 적이 있나요?

빌: 네…… 하지만 생각 없이 그렇게 하진 않았어요.

치료자: 하지만 사람의 생각이 항상 완벽할 순 없지요. 당신이 실수했을 때 앤이 어떻게 반응해 주길 바라나요?

빌: 제가 앤한테 하고 있는 것과 똑같이요. 저한테 소리 질러도 된다고요! 저는 이미 그 누구보다도 더 크게 저 자신에게 소리를 지르고 있어요.

치료자: 앤, 당신 생각은 어떤가요?

앤: (울면서) 저도 저 때문에 힘들어요. 끔찍하죠. 하지만 전 누군가 힘들어할 때 그 사람을 걷어차선 안 된다고 생각해요.

빌: (얼굴을 붉히며) 음…… 이게 얼마나 돈이 많이 드는지…… 아시다시피 돈 벌기가 얼마나 힘듭니까…….

앤: 알아요.

빌: 알았어, 알았어. 내가 그러면 안 됐는데…… 미안해.

치료자: 나중에 두 분 중 한 분이 실수를 하신다면 서로 해 주실 수 있는 어떤 행동이 가장 도움이 될까요?

앤: 서로에게 욕하지 않는 거요!

빌: 제 생각엔 저희가 저희 자신을 걷어차고 있다는 사실을 깨달아야 할 것 같아요. 상처에 소금을 뿌릴 필요는 없잖아요.

치료자는 앤으로 하여금 빌에게 적극적으로 대항하라고 조언하는 대신, 모델링 기법을 활용하여 빌을 부드럽게 직면시키는 방법을 선택했다. 치료자는 앤이 직접 불만을 들이대면 빌이 방어적으로 나올 거라고 예상했고, 빌과 신뢰 관계에 있는 자신이 간접적으로 이야기를 하면 효과적일 거라고 생각했다. 치료자가 이야기를 시작하면서 빌의 느낌을 정리하고 공감을 표시한 사실을 주목하라. 앤의 느낌을 생각하면서 빌의 마음속에 부끄러움 혹은 죄책감이 생겼다. 이러한 부정적인 감정이 그동안 잘 형성되어 온 정서적 분위기를 해치지 않도록 치료자는 빌의 과거 행동에서 이 커플의 미래 모습으로 초점을 옮겼고, 결국 관계 안에서 상호 책임감을 강조했다.

회기 중 갈등 다루기

커플 내담자는 자신의 문제를 말로 표현하기도 하지만 행동으로 보여주기도 한다. 따라서 그들은 회기 중에 공격적으로 말싸움을 하기도 한다. 이런 상황은 관계 안에서 긍정적인 부분들을 찾아내려고 노력하는 해결 중심 치료자에게 어려운 딜레마 상황이다. 반면에 내담자 커플이 회기 중에 갈등 행동을 보이게 되면 우리는 두 사람의 문제에 관한 가치 있는 정보를 얻을 수 있다.

회기 중 말다툼을 다루는 방법은 말다툼이 회기 중 어느 시점에서 벌어지느냐에 좌우된다. 첫 회기 혹은 두 번째 회기에서는 치료자가 두 사람의 말다툼에 가능한 한 부드럽게 끼어들기 전에, 그들의 말다툼에 어떤 패턴이 있는지를 파악할 수 있을 만큼 충분히 놔두고 관찰하는 방법이 가장 좋다. 이때 사용할 수 있는 질문은 다음과 같은 것들이다.

"집에서 이렇게 싸울 때 보통 어떻게 싸움을 끝내시나요?"

"지금 이 모습이 집에서 싸우실 때의 모습인가요?"

"상담 시간을 계속 이렇게 사용하실 건지 궁금합니다."

만일 커플이 과거에 일어난 일 때문에 계속 싸운다면, 이렇게 이야기할 수 있겠다. "두 분 모두 그 일 때문에 많이 속상해하시는 것 같습니다만, 아시다시피 우리는 이미 지나간 일을 고칠 수는 없습니다."

치료자가 이렇게 말하면 대개 말다툼은 중단되지만 두 사람이 다시 싸우지 않게 하기 위해서 좀 더 미래지향적인 초점으로 옮겨 가야 한다. 하지만 서로 싸워서 부정적인 감정이 아직 남아 있을 때는 긍정적인 부분들에 대해서 너무 빨리 묻지 않는 것이 좋다. 너무 빨리 물으면 다시 부정적인 쪽으로 향할 수도 있다. 그러고는 이 커플에게 싸움의 의미가 무엇인지 묻는 것이 좀 더 유용하다. 이 질문은 해결책 구축에 필요한 새로운 정보들을 얻을 기회를 제공할 것이다.

예컨대, 끝없이 이어지는 싸움을 멈추고 싶어 했던 타라와 시드는 첫 회기에서 치료자의 개입 노력에도 불구하고 끊임없이 상대방이 말할 때 끼어들었다. 결국 상대방에 대한 분노는 점점 수위가 높아졌다. 그런데 치료자가 이 커플에게 파트너의 분노가 그들에게 어떤 의미를 주는지 질문했을 때, 그들은 싸움을 멈추었다. 타라는 시드의 분노가 그녀 자신은 결코 올바른 행동을 할 수 없음을 의미한다고 말했다. 시드는 타라의 분노가 그녀는 타인의 어떤 비판도 참기 힘들어한다는 사실을 의미한다고 말했다. 이 말을 들은 두 사람은 서로 상대방의 해석이 사실이 아니라고 부인했다. 치료자는 내담자의 해석을 활용해서 방향을 틀어서 그들이 분노하는 것들에 대해 생산적인 대화를 나누었고, 미래에는 분노를 어떻게 다르게 다룰 수 있을지에 대해서 대화를 나누었다.

내담자들 자신이 이미 어느 정도 변화했다고 생각하는 전체 상담의 후반기에 내담자 간의 다툼이 발생했다면, 이미 발생한 긍정적인 변화에 근거해서 이 말다툼을 해결할 수 없는 이유를 어떻게 설명할 것인지 내담자 커플에게 물어보면 도움이 된다. 또 다른 방법은 그들이 이미 만들어 낸 변화에 근거해서 이 싸움을 어떻게 멈출 것인지를 묻는 것이다. 만약 이두 가지 방법이 모두 통하지 않는다면, 두 사람을 따로 면접하면서 서로 상대방 앞에서 이야기하고 싶지 않은 일이 일어나고 있는지를 생각해 보도록 요청하는 방법이 최선이다.

과거에 가정폭력을 경험한 커플이 회기 중에 말다툼을 한다면, 그들을 분리시키고 따로따로 만나는 것이 좋겠다. 가정폭력의 희생자가 될 수 있는 쪽은 주로 여성이므로, 여성이 안전 계획을 세울 수 있도록 우선 면담을 해야 한다. 필요하다면 치료자가 쉼터를 안내할 수도 있다. 그러나 치료자는 잠재적인 가해자에게 스스로 어떻게 좀 더 심각한 행동을 하지 않도록 제어해 나갈 것인지를 물어봄으로써 그와 여전히 만나게 된다. 이렇게 함으로써 치료자는 치료자-내담자 관계를 양쪽 파트너 모두와 나눌 수 있다.

공통의 해결책을 구축하기

커플 내담자는 심지어 두 사람이 관계 안에서 동일한 것을 원할 때조차도 서로 전혀 다르게 보이는 상담 목표를 말할 때가 많다.

프랜과 샘은 결혼을 유지하고 싶고, 다시 예전처럼 서로 친밀감을 느끼고 싶다고 말했다. 그들은 제일 먼저 함께 해야 할 일이 의사소통을 좀 더 잘하는 것이라고 합의했는데, 이는 구체적으로는 말다툼을 좀 더 줄여야 한다는 뜻이었다. 하지만 이 말을 하자마자 그들은 바로 재정 문제를 이야기할 것인지 아니면 샘의 질투심에 대해서 이야기할 것인지를 두고 싸우기 시작했다.

상담 과정이 '이것 아니면 저것'의 문제로 가는 것을 막기 위해서 치료자는 이 커플이 문제를 바라보는 개별적인 관점을 서로 연결해서 볼 수 있도록 문제를 재규정해야만 한다. 예컨대, '재정 문제'와 '질투심'이라는 단어는 '차이점'이라는 단어로 바꿔 사용하면서 대화를 이어 갈 수 있겠다. 즉, 이 상담은 두 사람 모두 합의한 '차이점에 대한 다툼'을 다루는 내용으로 이어질 것이다.

또 다른 방법으로, 샘과 프랜이 '좀 더 친밀감을 느낄 때'가 언제인지 질문을 던질 수도 있겠다. 이 주제는 두 내담자가 원한다고 말한 것이면서, 그들의 목표를 분명히 다르게 바라보는 것이기 때문이다.

또 다른 방법은 조금 더 깊이 들어가서 그들이 아직 말하지 않은 문제를 화제로 소개하는 것이다. "두 분의 말씀은 서로 상대방에게 통제받고 있다고 느끼신다는 뜻인지 궁금합니다." 이들이 그렇다고 답하면, 치료자는 프랜에게 샘이 재정 문제에 조금이라도 덜 간섭하게 된다면 뭘 보고 알 수 있겠는지, 또한 샘에게는 프랜이 질투심을 조금이라도 줄인다면 뭘 보고 알 수 있겠는지를 물어보는 질문을 이어 갈 수 있겠다. 혹은 이런 문제들에 대해서 그들이 이미 서로 조금이라도 덜 통제한다고 느낀 때가 있었는지를 물어볼 수 있다.

이 사례에서처럼, 치료자는 때때로 내담자가 자신의 생각에 집중하도록 돕기 위해서 치료자의 해석을 말해야만 한다. 치료자의 생각이 내담자의 생각에 딱 들어맞는다면 이런 의견 개진은 크게 인정받고 정서적 분위기도 긍정적으로 만들 수 있는데, 이것은 치료자가 내담자를 이해했다는 사실이 전달되기 때문이다. 하지만 치료자의 생각이 내담자에게 모두 수용되지는 않는다고 할지라도, 치료자의 생각을 듣고 자극을 받아서 내담자가 문제에 대해 새롭고 좀 더 도움이 되는 생각을 스스로 떠올릴 수도 있다. 예컨대, 프랜과 샘은 치료자가 언급한 '통제받는 느낌'이라는 말보다는 '어린아이처럼 다뤄지는 느낌'이라는 표현이 그들의 문제 상황을 좀 더 정확하게 표현하는 언어라고 생각했다. 언제나 내담자의 언어가 제일 훌륭한 법이다.

치료를 통해서 원하는 바를 이루기 위해서 내담자는 변화에 대해 책임감을 가져야 하며, 기존과는 다른 뭔가 새로운 노력을 해야 한다. 이런 일이 일어나고 있지 않다는 하나의 신호는 한쪽 내담자나 두 사람 모두 약간의 긍정적 변화가 나타난 후에 오히려 모든 상황이 악화되었다고 보고하는 것이다. 이런 부분은 파트너를 각각 따로 만나는 개별치료 회기를 가졌을 때 가장 잘 탐색할 수 있다. 때때로 사람들은 상담을 받으면서 그들의 기대가 틀렸음을 깨닫는다. 파트너는 기대를 충족했지만 정작 자신의 감정은 그대로인 것이다. 사람들은 관계가 너무나 오랫동안 악화되어 있으면 정나미가 떨어질 수 있고, 이럴 때는 오래된 옛 감정이 되살아나지 않을 수 있다.

의사소통

치료에 오는 대부분의 커플은 그들의 주요 문제 중 하나로 '좋지 않은 의사소통'을 꼽는다. 이는 보통 그들의 말과 행동을 상대 파트너가 엉뚱하게 이해한다고 느끼는 상황을 의미한다. 따라서 그들은 서로 상대방의 언어를 배워야만 한다. 이러한 맥락에서 '언어'란 사람들이 말과 행동으로 자신을 표현하는 방식을 뜻한다. 내담자들은 사랑만 가지고는 상대방을 이해할 수 없다는 사실에 자주 놀라게 된다. 치료자는 커플이 두 사람 각자의 말과 행동을 분명하게 나타내 보일 수 있도록 질문을 던짐으로써 상호 이해의 다리를 놓는다. 이러한 노력은 내담자 커플의 차이점을 좀 더 긍정적인 차원으로 올려 놓고 상호 이해를 위한 공간을 만든다.

사례: 미리엄과 네이트

미리엄은 수개월 전 네이트를 떠났다가 결혼 생활을 회복시켜 보고자 다시 돌아왔다. 여기에서 논의되는 주제는 그들의 성적인 관계다. 미리엄은 네이트가 섹스를 해야만 할 것 같은 부담을 준다고 느꼈고, 반면에 네이트는 미리엄이 네이트의 성적인 관계 시도를 거부하거나 피한다고 느꼈다.

치료자: 미리엄, 당신은 남편이 강요하는 듯한 느낌을 주지 않으면서 섹스를 시작하는 상황을 혹시 상상할 수 있나요?

미리엄: 음…… 남편이 옛날처럼 좀 더 부드럽게 대해 주면 상상할 수도 있을 것 같아요. 전체적으로요…… 시간이나 장소도 그렇고요……. "어때? 해도 될까?" 이렇게요.

치료자: 남편이 조금만 더 낭만적이길 바라는 거예요? (이때 치료자는 두 사람이 눈빛을 주고받는 모습을 알아차린다. 네이트가 당황스러운 듯 웃는다.)

미리엄: (치료자에게 화가 나서) 남편이 저를 어떻게 대하는지 아시겠지요? 남편은 제가 필요한 게 있다고 말하면 이렇게 웃곤 해요.

네이트: 전 웃지 않았습니다.

미리엄: 아니, 당신은 웃었어. 그것도 아주 많이!

치료자: 그 웃음은 무엇을 의미하는 거죠, 네이트?

네이트: 잘 모르겠어요. 이길 수 없다는 느낌 때문에 좌절감이 느껴졌어요. 제가 도무지 아내의 성향에 맞추지 못하는 것 같아서 좌절감이 들었어요.

치료자: 좌절감이 들면 웃으신다고 말씀하시는 건가요?

네이트: 아마도요! 그렇게 생각해 본 적은 없어요.

치료자: 미리엄, 이 사실을 알고 있었나요?

미리엄: 아뇨. 근데 이해가 잘 안 되네요. 남편이 웃으면 전 크게

상처를 받거든요.

치료자: 무엇에 대해서 상처를 받나요?

미리엄: 남편이 저나 제가 원하는 건 신경을 쓰지 않는다는 점에서요.

네이트: 내 느낌에는 당신이야말로 나나 내가 원하는 것에는 신경을 쓰지 않는 것 같아. 어젯밤에 집에 오니까 아내는 전화를 하고 있더군요. 제가 키스를 했는데, 아내는 절 무시했어요……. (미리엄은 네이트가 말하는 사이에 조용히 울기 시작한다.) 사랑을 보여 주려고 노력할 때마다 거부하는데 제가 어떻게 로맨틱한 분위기를 만들겠어요? 그 대신 화를 내거나 비판적인 사람이 되는 거죠. 제가 이렇게 된다는 거 알아요. 하지만 제가 느끼는 분노는 어떻게 하죠?

치료자: (여전히 울고 있는 미리엄에게) 많이 낙심하신 거 같아요.

미리엄: 맞아요. 전 결혼 생활을 잘 유지하려고 최선을 다해서 노력하는데 전혀 충분치 않나 봐요.

치료자: 그런데 제가 이해하고 싶은 게 있어요. 방금 네이트가 말하기를 집에 왔을 때 키스 같은 걸 하려고 한다는데……

미리엄: (끼어들며) 제가 전화할 때요? 남편과 섹스하기 위해서 하고 있던 전화를 끊고 싶진 않았어요.

치료자: (미리엄에게) 키스가 당신에게는 그런 의미로 다가가는군요? 남편이 섹스를 원한다는?

미리엄: 네.

치료자: (네이트에게) 그런가요?

네이트: 아뇨. 이거야말로 아내에게 거부당한다고 느끼는 완벽한 사례네요.

치료자: (네이트에게) 그렇다면 그때의 키스는 어떤 의도로 하신 거죠?

네이트: 그때 전 막 집에 들어왔고 아내를 봐서 얼마나 기쁜지를 보여 주고 싶었어요. 제가 키스할 때마다 섹스를 시작하진 않아요.

미리엄: 그때 전 친정 엄마랑 싸우고 있었고 남편한테 신경 쓸 겨를이 없었어요. 하지만 남편은 제가 뭘 하든 전부 자기를 사랑하지 않는 것으로 해석하죠.

네이트: (울면서) 당신이 집으로 돌아왔다는 사실만으로는 당신이 나를 사랑한다고 믿기가 그렇게 쉽지는 않아. 당신이 행동으로 나한테 보여 주지도 않는데 내가 어떻게 당신 마음을 다 헤아리겠어? 난 당신이 또 떠날까 봐 항상 겁이 나고 그래서 자꾸 확인하고 싶은 거야. 당신이 내가 이해받고 싶은 부분을 외면하면 내가 상처받을 거라고는 생각하지 않아? 난 지금 당신이 우는 모습을 보니 진짜 좋아. 왜냐고? 당신이 신경 쓴다는 걸 알게 됐으니까. 난 정말 당신한테 상처를 주고 싶지 않다고!

치료자: 그러니까 네이트, 당신이 하는 모든 행동은 부인께서 당신을 사랑하는지 재확인하려는 노력이라는 겁니까?

네이트: 네.

치료자: 그렇다면요, 혹시 방법이 있을까요? 부인께서 신체 접촉이나 섹스를 원하지 않을 때조차도 당신을 사랑하고 있다는 사실을 보여 줄 수 있는?

네이트: 그건 아내가 알겠죠! 음…… 이따금씩 아내가 저한테 사랑한다고 말해요. 하지만 그걸로는 부족해요. 사랑한다는 말을 듣고 싶지만, 그 말을 들으려고 힘들게 이런저런 방법을 찾긴 싫습니다.

미리엄: (치료자에게) 전 남편이 이렇게 힘들어하는지 몰랐어요. 그

리고 남편이 뭘 하든지 액면 그대로 받아들일 필요가 없다
는 것도 몰랐고요. 이젠 알았으니 다음번엔 남편을 밀어내
는 대신 제 마음을 알려 줘야겠어요. 그렇지만 남편이 어
떻게 느끼는지 말을 해 주면 훨씬 더 쉬울 것 같아요. 전
독심술사가 아니잖아요.

치료자가 두 사람 사이에서 그야말로 어떻게 통역을 했는지, 그리고 치
료 과정을 통해서 어떻게 그들이 상대방의 의도를 이해하는 법을 배웠는
지 독자들은 살펴보기 바란다.

심리교육

해결중심 단기치료자들이 자주 논쟁하는 주제 중 하나는 내담자에게
무언가 직접적으로 가르치고 코칭하는 것을 얼마나 '해결중심적'이라고
봐야 하는가 하는 문제다. 내 생각은 이렇다. 우리의 연구 결과를 두고 볼
때, 만약 우리가 내담자에게 어떤 기술이나 정보가 현저하게 부족하다는
사실을 알게 되었을 때 그 정보가 내담자에게 도움이 될 것 같다면, 우리
는 내담자에게 그 정보를 줄 것인지를 심각하게 고민해 보아야 한다.

Sprenkle과 동료들(1999)은 포스트모던 치료자들이 내담자에게 정보를
제공하는 것을 주저한다고 언급했다.

> "그들은 자신의 일을 훈련이나 교습의 한 형태로 보는 것을 주저
> 한다. 그러나 내담자를 돕는 일, 예를 들면 내담자들의 삶의 이야
> 기를 '재저작'하는 일에는 분명히 지시적인 요소가 내재되어 있다.
> 우리는 정보 제공이 아마도 대부분의 가족치료자가 행하는, 통상
> 적으로 알려진 것보다 더 큰 일의 한 부분이라고 믿는다." (p. 344)

그들은 또한 Minuchin과 Whitaker의 비디오 분석 결과를 보면 그들이 하는 반응들의 많은 부분이 정보를 제공하고 해석하고 안내하는 영역에 속한다는 사실을 지적했다.

커플에게 설명할 수 있는 효과적인 개념 중의 하나는 관계란 일정한 단계를 밟으면서 발달한다는 것이다. 대부분의 커플은 자신들의 관계가 처음 만났을 때처럼 유지되거나 심지어 더 좋아질 거라고 기대하는데, 이는 비현실적인 기대다. 관계를 처음 형성하는 낭만적 단계에서 커플은 '맹목적인 열병 상태'에 놓이게 되고, 서로 상대방에 대해서 전혀 알지 못한다. 그들은 상대가 원하는 사람이 되려고 노력하며 싫어하는 점은 최소화한다. 일단 약간이라도 신뢰가 쌓이게 되면 그들은 안심하고 좀 더 자연스럽게 행동한다. 이 단계를 거치면 서로 상대를 수용하거나 혹은 서로 불신하고 거리를 유지하게 된다. 이런 관계가 몇 년은 갈 수 있다. 다음 과제는 정서적 친밀감의 단계로 이동하는 것이다. 이 단계는 진짜 관계가 시작되어 항구적인 관계로 발전해 가는 단계다. 이 단계가 되면 커플은 더 이상 상대방의 차이점을 고치려고 하기보다는 서로의 차이를 인정하게 된다. 이것은 '나는 당신이 오직 내가 원하는 사람일 때만 당신을 사랑한다'고 말하는 대신, '당신이 나와 다르지만 있는 그대로 사랑한다'고 표현하는 것을 의미한다. 모든 사람은 독특하기 때문에 두 사람 사이에 차이점이 있는 것은 자연스러우며, 건강한 관계 안에서 차이점에 대해서 잘 협상해서 두 사람 모두 패자가 아닌 승자가 되어야 한다. 정서적 친밀감이란 커플이 서로 상대방의 행복이 자신의 행복인 것처럼 관심을 가지고 성취를 위해서 노력해 나가는 것을 뜻한다.

이러한 유형의 '교육'은 재명명(reframing)의 형태를 띤다. 커플에게 특정한 기술을 제시함으로써 좀 더 명확하게 의사소통하도록 하는 것은 좀 더 직접적으로 가르치는 일이다.

수: 당신 퇴근할 때 나한테 전화해서 뭐 필요한 거 살 거 없는지 물어봐 달라고 내가 얼마나 이야기했어요?

프레드: 퇴근할 때쯤에는 빨리 집으로 달려가야겠다는 생각뿐이야. 당신이 아이 돌보는 거 도와달라고 했잖아.

수: (화가 나서) 당신이 도와주지 않아서 나는 우유를 사려고 가게로 달려가야 하는데, 대체 뭘 도와준다는 거죠? 내 입장에서 생각해 봤어요?

프레드: (점점 더 화를 내며) 난 똑같은 말을 할 수밖에 없어.

이런 상황에서는 이 커플이 서로 조금이라도 화를 덜 낼 수 있는, 기존과는 다른 방식의 의사소통 방법을 알아차릴 수 있겠는지와, 그런 방법을 사용할 때가 있는지를 확인하는 것이 도움이 될 수 있겠다. 만약 가능하다면 어떤 조건에서 가능한지, 이때는 뭐가 다른지를 물어보는 것이 도움이 된다. 하지만 이런 방식이 평상시의 의사소통 방식이라고 한다면, 예컨대 '나─메시지(I-message)' 같은 대안을 제시할 수도 있다.

성적 친밀감

성적 친밀감은 어떤 커플 관계에서도 존재하는 부분이다. 많은 커플이 자신들의 성생활에 대해서 먼저 편하게 이야기하지만, 어떤 커플은 치료자가 먼저 이야기하기 전에는 이 부분에 대해서 말하지 않는다. 내 느낌엔, 내담자들은 성생활에 대해서 말하고 싶어 하고 치료자가 물어봐 주길 기대하는 것 같다. 일반적으로, 파트너와의 관계에서 상처를 받고 어려움을 겪고 있는 사람들은 성생활 빈도와 만족감이 저하된다고 보고한다. 남성보다는 여성이 상대 파트너에게서 상처를 받는다고 느낄 때 섹스할 기분이 나지 않는다고 보고한다. 커플 내담자가 성적인 친밀감을 회복할 수 있도록 돕는 작업은 둘 사이에 다리를 놓는 중요한 일이지만 두 사람 모두 이 이슈를 시급히 해결해야 할 문제로 받아들이기 전까지는 다루지 않는 것이 좋다. 성적 친밀감을 나누려면 신뢰가 든든하게 회복되어야 한다. 관계가 한동안 상처를 받아 왔다면, 실망스러운 성적인 관계를 무리하게 시도하기 전에 다른 차원에서 신뢰를 다시 쌓거나 확장하는 것이 최선이다.

때때로 어떤 사람들은 삶의 거의 모든 부분에서 관계가 안 좋은데 오직 성적인 관계에서는 만족감을 느낀다고 말하기도 한다. 이것은 매우 의미 있는 정보다. 그들이 성적인 영역에서 만족감을 느끼기 위해서 사용하는 기술을 삶의 다른 영역에 적용할 수 있기 때문이다. 예컨대, 치료자는 다음과 같이 이야기할 수 있다.

"기분 좋은 섹스를 하려면 상대에게 기쁨을 주고 요구하는 미묘한 의사소통 방법을 알아야 합니다. 두 분은 이런 방식으로 존중을 표현하는 데 능숙하신 것 같네요. 잠자리에서 두 분은 어떤 식으로 상대와 의사소통을 하시고, 어떻게 상대를 배려하시나요? 섹스하실 때는 다른 때와 뭐가 다른가요? (치료자는 내담자가 불편해하지 않을 만한 선에서 최대한 많은 정보를 끌어내야 한다.) 그렇다면 그때 사용하신 기술과 노하우를 지금 겪고 계신 문제(재정, 부모 역할, 말다툼 등)에 활용하면 어떨까요?"

요약 메시지

커플 내담자에게 주는 요약 메시지에 대해 다음과 같은 몇 가지를 강조하고자 한다.

① 당신이 두 사람에게서 들은 것을 분리시켜서 반드시 각각 따로 언급하라.

② 두 사람에게 각각 반응하되, 당신이 관찰한 그들의 상호작용 방식을 반드시 포함시키라. "저는 두 분이 상처와 힘든 상황에 대해서 반응하는 방식이 다르시다고 느꼈습니다. 메리 씨는 몰아붙이고 제프 씨는 물러서세요."

③ 두 사람의 공통점이라고 생각되는 부분을 최대한 많이 이야기하라. 반드시 긍정적인 부분이 아니어도 괜찮다. 그들이 얼마나 분노를 강하게 느끼는지 혹은 그들이 느끼는 절망감이 얼마나 깊은지도 이야기할 수 있다. 눈을 씻고 찾아봐도 공통점이 없다면 그들이 상담실에 함께 오기로 합의한 사실을 지적하라.

④ 회기 중에 내담자들이 자신의 감정에 대해서 언급한다면, '제가 당신에게 들은 것은……' 이라고 반응하라. 만약 내담자가 감정에 대해서 말하지 않았다면, 당신의 민감성을 발휘해서 '제 느낌에는……' 이라고 반응하라.

결 론

커플치료는 내담자 두 사람 모두에게 치료자가 그들 각자의 생각과 느낌을 수용하고 이해한다는 사실을 전달해야 하는, 섬세한 균형이 필요한 작업이다. 커플치료가 개인이 아닌 둘 사이의 관계에 초점을 두고 있다는 점을 확실히 하기 위해서, 치료자는 절대로 회기와 회기 사이에 파트너 중 한쪽이 당신에게 전화해서 상대 파트너에 대해 말하는 것을 허용해선 안 된다. 두 사람에게 모든 이야기는 공동 치료 회기에서 파트너를 앞에 두고 하게 될 것이라고 안내하라. 그리고 한쪽 파트너가 개별치료 회기를 요구하면, 다른 파트너가 이 사실을 알고 있는지를 확인하라. 그렇지 않다면 이러한 요청에 대해서 상대 파트너에게 말하고 그 이유도 설명하도록 하라. 아울러 한쪽 파트너에게 개별치료 회기를 허용하려거든 다른 쪽 파트너에게도 개별치료 회기를 허용해서 치료자가 편파적이라는 느낌을 피할 수 있도록 하라.

커플은 가족의 뿌리다. 부모와 자식 관계는 로맨틱한 결속감을 느끼는 두 성인 사이의 관계와는 다르다. 따라서 가족치료에 대해서는 다음 장에서 별도로 다룬다.

CHAPTER **09**

가족치료

커플은 혈연 관계가 없는 두 성인이 함께 지내기로 선택한 결과이며, 일반적으로 이 관계를 끝내려면 법적인 절차를 밟아야 한다. 반면에, 가족은 세대 간에 영속적으로 이어지는 혈연적 결속이다. 부모는 생물학적으로 자연스럽게, 그리고 사회적으로는 하나의 의무로서 자녀들이 독립적으로 살아갈 수 있을 때까지 보호한다. 그러나 가족 관계는 자녀들이 독립한다고 해도 종료되지 않는다. 최선의 조건에서는 가족 구성원들이 서로 다양한 영역의 필요를 잘 채워 주고 변화하는 관계를 부드럽게 조정해 주지만, 최악의 조건에서는 가족 간의 해결되지 않는 투쟁이 벗어날 수 없는 그림자를 드리우기도 한다. 가족 관계가 가지는 이러한 특징과 상관없이 대부분의 문화권에서는 성인 자녀가, 스스로를 돌볼 수 없는 나이 든 부모나 어린 자녀를 돌보는 것을 윤리적인 의무 사항으로 간주한다. 이렇게 묶인

243

결속 관계는 커플치료보다는 가족치료 쪽에 독특한 어려움을 드리우지만 동시에 그것이 커다란 자원이 되기도 한다.

앞 장에서 다룬 커플치료에 관한 치료적 원칙들은 가족치료에서도 그대로 적용되며, 이 장에서는 커플치료와 구별되는 가족치료만의 특성을 다룬다.

사 정

커플에 대한 사정과 달리, 가족에 대한 사정은 가족 구성원이 모두 모이는 치료가 적합성 여부를 결정하기 위한 것이 아니다. 가족은 서로 이혼할 수 없고 또 아주 심각한 상황이 아니라면 부모로서의 권리가 없어지는 것도 아니기 때문에, 관계를 유지할지 끝낼지 묻는 것은 적절치 않으며 항상 어떤 식으로든 관계는 존재할 것이다. 그러므로 가족치료에서 관건은 관계의 질이며 이를 좋게 만들기 위해서 누가 기꺼이 동참할 것이냐가 된다. 가족을 사정하는 목적은 누구를 상담에 초대할 것인지, 그리고 초대한 구성원을 어떻게 묶을 것인지를 정하는 것이다.

아동과 청소년이 있는 가족

가족치료에 처음부터 아동과 청소년을 오게 할지는 대개 치료자의 이론적 지향에 달려 있다. 체계론적 치료자들은 가족 구성원들이 서로 이야기할 때 어떤 방식으로 끼어드는지 혹은 가족의 구조를 어떻게 변화시킬지를 고민하기 위해 전체 가족을 함께 보고 싶어 할 것이다. 그들은 꾸밈없이 이야기하는 세 살박이 유아를 포함해서 가족 구성원들이 다양한 시

각에서 바라보는 가족 체계에 대한 정보를 가급적 많이 알고 싶어 한다 (Minuchin & Fishman, 1981; Napier & Whitaker, 1978).

구성주의적 지향을 가진 치료자는 다른 이론적 지향의 치료자에 비해 누가 상담에 올 것인지에 대한 선택권을 내담자 가족에게 더 많이 맡기는 편인데, 이것은 내담자를 전문가로 생각하고 그들의 판단을 수용하는 관점에서 나온 것이다.

당연히 치료자가 내담자 가족 중에서 좀 더 많은 구성원을 만날수록 성공적으로 해결책을 구축할 가능성이 높아진다. 반면에, 변화에는 동기가 필요하므로 가족 중 제일 변화 동기가 높은 구성원만을 상담에 초대하면 된다는 견해도 많이 존재한다. 아동은 상담 과정에서 유용한 정보를 줄 수도 있지만 진행을 방해할 수도 있다. 부모는 아이들 앞에서는 말할 수 없거나 말하고 싶지 않은 중요한 정보를 가지고 있을 수도 있다. 치료자는 내담자 가족이 얼마나 많은 비밀을 가질 수 있는지에 대해서 다양한 의견을 가질 수 있다.

개인적으로 나는 인생의 형성기에 있는 어린 친구들이 자기 자신에게 결함이 있다고 생각하지 않도록 노력하고, 그들에게 불필요한 꼬리표를 붙이지 않도록 도와야 한다고 생각한다. 부모가 자녀를 도우려고 하고 다른 사람과 어떻게 지내야 할지를 알려 주려는 경향은 자연의 법칙이기 때문에, 현 상황에 대해서 부모와 먼저 대화를 나누는 것으로 시작하는 것이 적절한 것 같다. 뭔가 새로운 시도를 할 수 있는 동기가 부모에게 있는 게 분명하다면 아이는 아예 만날 필요조차 없이 상담목표가 바로 설정될 수 있다. 그러나 부모가 문제의 원인을 아이에게 돌린다면 가족치료 회기를 시작하기 전에 아이를 만나서 관계를 형성하고 아이에 대해서 사정하는 것이 최선이다. 부모는 상담을 중단할 힘을 가지고 있기 때문에, 부모와 협력하는 것은 중요하다.

대화 구성하기

인사를 나누고 사교적 대화를 나눈 후에 상담을 시작하는 자연스러운 방법은, 부모부터 시작해서 막내아이까지 위계질서에 따라서 가족 구성원과 대화하는 방법이다. 성별에 따른 편견을 보이지 않기 위해서 나는 부모를 동시에 바라보면서 "그래서 어떤 분께서 저에게 이 가족과 두 분 자신에 대해서 말씀해 주시겠습니까?"라고 질문한다. 그러면 아마도 내담자들은 불만에 대해서 설명하게 될 것이다. 치료자는 부모 중 누가 먼저 이야기를 시작하든 상관없이 항상 두 사람 모두의 이야기를 들어야 한다.

다음 단계는 다시 부모를 둘 다 바라보면서 상담을 통해 무엇이 긍정적으로 변화하기를 바라는지를 묻는 것이다. 이 질문은 내담자가 목표를 세울 수 있도록 돕는다. 여기서 다시, 번갈아 가면서 부모 양측의 목표를 확인하는 것이 도움이 된다. 나는 내담자 부모가 자녀들에게 문제와 목표에 대해 묻는 것을 마칠 때까지 기다린다. 대개 부모와 자녀들은 갈등이 있다는 사실 자체는 인정하지만 갈등의 원인에 대해서는 서로 의견이 다르다. 일반적으로 사춘기 이전의 아동은 자신의 행동을 바꿔야 한다는 사실을 좀 더 쉽게 이해하고 받아들인다. 반면, 사춘기 청소년은 차이점을 숨기든가 혹은 자신이 삶 속에서 경험하고 있는 부당한 일들에 대해서 불평한다. 그 나이 때에는 보편적으로 특정 어려움을 겪게 된다고 생각하는 것은 인간의 발달 과정을 이해하는 적절한 태도이지만, 보편성에 대한 이해를 근거로 그들의 생각을 대수롭지 않게 여기거나 '모든 인간은 독특하다'는 해결중심치료의 핵심 가정을 망각해선 안 된다. 아동이나 청소년들은 안전하다고 느끼거나 누군가에게 이해받는다고 느끼면 상담에 도움이 되는 많은 정보를 쏟아 낼 수 있다.

가족과 상담할 때의 기본적 규칙은 심지어 부정적인 것에 대해서 이야기할 때조차도 가족 구성원들 사이의 차이점보다는 공통점에 초점을 맞추란 것이다. 특히 십 대 자녀와 부모는 거의 모든 주제에 대해서 깊은 인식의 차이를 보인다. 대개 그들은 자신들의 관계를 공통점이라고는 눈곱만큼도 없는 완전히 낯선 사람들 간의 관계나 전쟁 중인 적국의 관계 같다고 설명한다. 그렇다. 자녀를 보호하고 있으면서 동시에 독립적으로 키운다는 것은 매우 어려운 일이다. 다른 한편으로, 당신의 부모가 당신에게 바라는 모습보다 당신 자신이 진정으로 자기 자신에게 원하는 모습을 깨달으면서도 여전히 부모의 허락이나 지지를 바라는 것도 어려운 일이다. 모든 연령대의 가족 구성원들이 서로에 대한 충실, 사랑, 관심뿐만 아니라 불안, 두려움, 실망을 나누는 경험은 해결책 구축을 위한 좋은 토대가 될 수 있다. 이것 아니면 저것(either-or) 관점으로부터 두 가지 모두(both-and) 관점으로 변화하면 여러 가지 대안이 떠오른다.

사례: T 가족

다음에 소개하는 사례는 가족치료 첫 회기의 구조와 사정 방법을 보여 준다. T 부부는 아들인 14세 론과 12세 밥과 함께 상담실에 내방했다. 이 가족은 론이 학교에서 공격적인 모습을 보이고 최근 수차례 무단결석을 한 문제 때문에 학교 상담실에서 의뢰했다.

> 치료자: (자기소개를 하고 간단한 사교적 대화를 나눈 후에 부모에게 이야기한다.) 그래서 오늘 여기 오신 이유에 대해서 말씀하고 싶으신가요? 학교에서 소개를 받아서 오셨다고 알고 있습니다.
> 어머니: 음…… 최근에 론 때문에 저희가 걱정이 많아요. 무슨 일이 생긴 건지 잘 모르겠어요. 학교에서 별 문제는 없었는

데…… 성적도 B플러스를 계속 유지했고…… 친구들도 괜찮은 것 같고……. 근데 올해는 끔찍하네요. 론은 선생님들에게 건방지게 행동했고 수업도 빼먹었어요. (울면서) 진짜 걱정이 많이 됩니다.

치료자: 어떤 상황인지 잘 알겠습니다. (아버지에게) 아버님께서는 부인이 말씀하신 모든 것에 대해서 어떻게 생각하시나요?

아버지: 글쎄요, 저도 걱정이 되죠. 하지만 전 아내만큼 심각하게 생각하지는 않습니다. 무슨 말이냐면…… 론의 행동은 잘못된 것이긴 하지만 사내 녀석들은 그맘때 그럴 수도 있다고 생각하거든요. 저도 그맘때는 그랬던 것 같고요.

어머니: 어머, 그러면 만약 당신이 동네 사람들 우편함을 부수고 다녔다면 시아버님은 어떻게 하셨을 것 같아요?

아버지: 음…… 우리 아버지 어떤 분인지 당신도 알잖아. 바로 끌려가서 허리띠로 맞았겠지. 그렇지만 요즘은 시대가 바뀌었잖아.

어머니: (치료자에게) 론의 친구 엄마한테서 들었는데요, 아이들 몇 명이 동네 이웃집 우편함을 털어서 그 안에 든 걸 훔쳤대요. (이어서 학교에서 있던 문제에 대해 이야기한다.)

치료자: 예를 들면 어떤 거죠?

어머니: 아이들이 보면 안 되는 잡지 같은 거요. 이상한 거 볼까 봐 우리가 아이 컴퓨터에서 인터넷 사용 기록을 검사하니까…… 식구들이 모두 일하러 나가서 하루 종일 비어 있는 동네 이웃집을 봐 뒀다가 그쪽으로 도색 잡지가 우송되도록 한 다음에, 우편물이 오면 그집 사람들이 귀가하기 전에 우편함을 뜯어서 그걸 꺼낸 것 같아요. 때로는 그 우편함에 들어 있는 다른 것들도 꺼내고요.

치료자: 예컨대?

아버지: 애한테 그건 연방법 위반이라고 말했습니다. 그나마 다행인 것은 녀석들이 수표는 훔치지 않았다는 거죠. 다른 카탈로그하고 도박과 관련된 몇 가지 광고지를 가져갔습니다.

치료자: (한쪽의 말을 너무 오랫동안 듣지 않고 아들의 관점에서는 이 문제를 어떻게 보는지 알아보기 위해, 론을 보면서) 그래, 론. 이 일에 대해서 너는 어떻게 생각하니?

론: (어깨를 으쓱하며) 뭐…… 네…… 맞아요. 제가 그랬죠. 하지만 우리는 다른 사람들한테 피해를 주진 않았어요. 값비싼 건 손도 안 댔다고요.

치료자: 음…… 나는 또 네 부모님께서 지금 말씀하신 이 모든 것에 대해서 너는 어떻게 생각하는지가 듣고 싶어. 우편함 사건(?)이랑 학교에서의 변화까지 말이야. (론의 문제가 진짜 무엇인지를 사정하기 위해서 가장 열린 태도를 보인다.)

론: 그냥 이젠 재미가 없어요. 따분해요.

치료자: (이해하고 수용하려고 노력하며) 흠…… 그래, 네 나이쯤 되면 모든 게 전과는 다르게 느껴지기 시작하지. 관심사가 변하니까. 오늘 부모님이 여기에 오셔서 말씀하신 것들에 대해서 혹시 걱정되는 게 있니?

론: 물론이죠. 하지만 이젠 아무 일도 안 일어날 거예요. 수업도 다 듣고 있고…… 사실은 대학에도 가고 싶거든요. 게다가 이젠 더 이상 우편함을 털지 않아요.

치료자: (내담자가 말한 긍정적인 부분에 머물면서) 그래, 네가 미래에 대해 이야기해서 참 기쁘구나. 때때로 네 나이대의 젊은이들은 너무 미성숙해서 자신의 행동이 어떤 결과를 가져오게

될지 잘 모르거든. (론의 부모를 향해서) 론이 미래에 대해서
생각한다는 걸 혹시 아셨나요?

어머니: 그런 줄 몰랐어요.

아버지: 짐작 못했습니다.

치료자: 론이 대학을 가고 싶다고 말해서 크게 안도하셨겠어요.

아버지: 론은 아주 똑똑해요. 우리는 론이 가능한 모든 기회를 누릴
수 있기를 바랍니다. 자부심을 가지고 살아가길 바라고요.

어머니: 우리는 어떻게든 론을 돕고 싶은데, 론의 태도가 이러
니…… 의욕이 꺾여요.

치료자: 론, 부모님이 이렇게 느끼고 계시는 줄 알고 있었니?

론: 음…… 아뇨. 늘 저한테 화만 내셨거든요.

치료자: 부모님께서 화만 내신다는 말은 네게 어떤 의미가 있니?

론의 관점에서는 부모가 화를 내면 그건 이미 그들이 론을 포기했고 아
무것도 더 이상은 변화될 수 없다는 것을 의미했다. 반대로 부모님의 관
점에서는 론이 이미 자신에 대해서 포기했고 따라서 부모님은 론의 변화
를 결코 기대할 수 없다고 본 것이다. 치료자는 론의 동생과 대화하기 시작
했다.

치료자: 그래, 밥은 이 모든 일에 대해서 어떻게 생각하지?

밥: 모르겠어요. 다 어리석은 일 같아요. 그냥 우리 식구들은 소리
를 너무 많이 질러요.

치료자: (순환질문을 던짐으로써 부모가 론의 행동에 대해서 어떻게 반
응했는지를 물어본다.) 그렇다면 부모님이 네 행동이나 론
의 행동에 대해서 화나셨을 때 가족 안에서 어떤 일이 생
기니?

론: 저희에게 외출을 금지하시거나 전화기를 빼앗으시죠. 형은 밥 먹듯이 외출 금지를 당해요. 엄마 아빠는 만날 소리를 지르시고요.

치료자: (부모에게) 외출 금지가 도움이 좀 되나요?

어머니: 아뇨, 전혀요.

아버지: 너무 길게 외출을 금지한다고 아내에게 계속 말했죠. 한 번에 한 달 외출 금지라니 너무 길어요. (이 지점에서 치료자는 초점을 잃지 않기 위해서 부모의 의견 불일치에 대해서 반응하지 않았다.)

어머니: 그리고…… 전화기를 뺏는 방법도 도움이 안 됐어요.

론: 부모님이 절 그냥 내버려 두셨으면 제가 괜찮았을 거예요.

치료자: (부모의 권위를 자연스럽게 인정하면서도 론의 마음을 반영하면서) 론, 네가 그렇게 생각한다는 걸 알아. 하지만 자녀 인생에 무슨 일이 벌어지고 있는지 걱정하지 않는다면 아마 무책임한 부모일 거야. 더구나 만약 네가 범법 행위를 한다면 부모님에게는 법적인 책임도 있거든. 하지만 너는 학교생활이 지루하기는 해도 공부를 괜찮게 할 거고 우편함에서 물건을 가져가는 일도 그만둘 거라는 말이지? 이런 네 생각을 부모님이 신뢰하실 수 있게 할 방법이 혹시 있을까?

론: 그냥 기다리시고 지켜봐 주시면 좋겠어요. 학교 공부를 더 잘 할 거예요. 이미 전 준비 됐어요.

어머니: 믿을 수 있다면 좋겠다.

론: 저한테 한 번도 기회를 안 주시잖아요. 아기처럼 대하시고요. 학교에 전화하시고, 친구들 집에도 전화하시고요.

아버지: 아내는 정말 불안해하고 있어요. 아내나 처제들은 어렸을

때 단 한 번도 문제를 일으킨 적이 없었거든요.

치료자: 이젠 론이 문제에서 벗어날 거라고 믿으시나요?

아버지: 흠…… 아뇨. 전에도 노력하겠다고 그랬거든요. 일이 너무 복잡해졌어요. (아버지는 변화에 대한 동기가 생긴 것 같다.)

치료자: 그러면 론이 자기가 한 말을 증명할 수 있는 방법이 혹시 있을까요?

아버지: 글쎄요…… 학교 성적표를 보거나 앞으로는 론이 다른 집 우편함에는 얼씬도 안 한다는 말을 듣기 전까지는…… 제 생각엔 그 친구들하고 어울리는 걸 그만둬야 할 것 같아요.

론: (화를 내며) 그 친구들은 잘못 없어요. 걔네들 잘못이 아니에요.

치료자: 그러면 론, 네 말을 지키려면 어떻게 해야 하니?

론: 저를 내버려 두셔야 해요. 일일이 확인하지 않으셔야 하고요.

치료자: 학교에서? 아니면 동네에서?

론: 엄마가 학교에서 무슨 일이 생겼는지 시시콜콜하게 안 물어볼 것 같아요. 숙제가 얼마나 있는지, 제가 그걸 했는지, 어딜 가는지…….

치료자: 부모님께선 어떻게 생각하세요? (론은 어머니에게 바라는 점만 말했지만 치료자는 부모 양쪽을 모두 언급했다.)

어머니: 음…… 그렇게 했다가 상황이 더 나빠지면요? 제 생각엔 론이 어디에 있고 언제 나가는지 정도는 우리가 알아야 할 것 같아요.

치료자: (부모의 말에 동의하면서) 그 정도는 말씀드려야죠.

아버지: 전 론이 할 수 있다는 걸 보여 줄 기회를 줄 겁니다.

어머니: ……어디 가는지 말 안 하게 한다고요?

아버지: 아니, 숙제 말이야. 어디에 있는지는 우리가 당연히 알아야지.

론: 제 친구들은 그런 거 일일이 보고하지 않는다고요. 애가 된 느낌이에요.

치료자: (부모와 론 모두를 존중하면서) 론, 자녀에게 관심 있는 대부분의 부모는 자녀가 어디에 있는지 알기를 기대한단다. 그래서요, 아버님, 어머님, 론은 감시받는 느낌이 없다면 평소 행동과 학교 공부에 대해서 책임을 지겠다고 합니다. 하지만 한 걸음부터 시작하는 게 항상 좋죠. 론, 부모님이 학교나 집에서의 네 행동을 믿으실 수 있도록 아주 작은 시도를 해 볼 수 있을까?

론은 부모와 약속 몇 가지를 했다. 부모님이 론을 볼 때마다 숙제 했느냐고 묻지 않으신다면, 숙제를 스스로 열심히 해서 매일 밤 부모님께 보여 드리고, 학교 끝나면 집에 반드시 들러서 밖에 나갈 건지 말 건지, 간다면 어딜 갈 건지 이야기하겠다는 것이었다. 우리는 론과 부모님에게 개별상담을 오시라고 요청했다. 론은 매주 1회씩 3회기를 왔고 2주 후에 한 번 더 왔다. 부모는 격주로 두 번을 왔다. 밥은 내담자에 포함되지 않았다. 치료자는 론이 심사숙고해서 결국은 자신에게 이로운 쪽으로 결정하고, 자신의 약속을 잘 지킬 수 있도록 도왔다. 또한 론이 아주 조금 좋아졌을 때, 부모가 이를 비판적으로 보지 않고 칭찬이 필요한 작은 진전으로 생각하도록 지원했다. 론이 학교와 가정 모두에서 좋아지고 좀 더 안정되면서, 이 가족은 밥까지 포함해서 함께 다시 상담실에 왔다. 이들 각자는 그동안 어떤 긍정적인 변화가 일어났는지, 그리고 어떻게 이런 변화가 계속 일어나게 할 수 있을지 말할 수 있게 되었다.

치료에 개입되기를 원하지 않는 부모

어떤 부모는 치료자가 자녀를 '고쳐' 주기를 바라면서 치료실에 자녀를 데리고 오기도 한다. 그들은 치료 과정에 참여할 의사가 없는데, 이것은 그들이 알고 있는 온갖 방법을 이미 다 써 봤지만 자녀에게 아무런 변화가 없어서 더 이상은 부모 역할을 감당할 자신이 없다는 신호가 된다. 이럴 때 가장 좋은 방법은 자녀를 따로 개별적으로 만나면서 부모에게 컨설턴트 역할을 맡기는 것이다. 이러면 부담이 적기 때문에 부모가 좀 더 안전하게 느끼게 되고 점진적으로 자신들이 변화 과정에 참여하는 의미를 깨닫게 된다. 만일 부모가 이런 역할조차 주저한다면, 치료자는 부모에게 최소한 한 번은 더 와서 부모 관점에서의 이야기를 들려달라고 요청해야 한다.

부모를 컨설턴트로 훈련시키기 위해서 제일 먼저 해야 할 일은, 그들이 솔직하게 말을 꺼냈을 때 귀 기울여 들어 줘서 그들이 계속 솔직하게 말할 수 있도록 하는 것이다. 하지만 치료자는 실제보다 과하게 칭찬해서는 안 된다. 가령 부모가 가끔씩만 자녀에게 일관성을 보이는데도 치료자가 부모에게 일관성 있다고 칭찬하지 말아야 한다. 대신 이렇게 말할 수는 있겠다. "당신에게 좋은 부모가 되는 일은 정말 중요하군요! 당신은 특정한 조건에서만 일관성을 유지하려고 노력하시는데요, 다른 때도 계속 일관성을 유지하시는 게 중요할 것 같습니다." 내담자가 사실이 아님을 알고 있는 말을 하는 것보다는 치료자가 이렇게 솔직하게 말하는 편이 내담자와 신뢰 관계를 쌓는 데 좀 더 도움이 될 것이다. 신뢰는 용기를 가지고 새로운 시도를 할 때 다른 사람들에게 전파된다. 자녀와 함께 만나는 것에 대해서 부모의 태도가 긍정적으로 바뀌기 전까지는 부모에게 공동 치료 회기를 제안하지 말아야 한다.

부모가 치료에 개입되기를 원하지 않는 게 분명하다면, 방법은 자녀만 만나는 것뿐이다.

자녀만 만나기

자녀만 만나게 되면, 부모가 함께 있을 때보다 자녀와 좀 더 친밀하게 대화하기가 쉬워진다. 부모는 치료자가 자신들의 입장을 대변해 주길 기대한다. 그러나 부모가 상담에 참여하지 않는다고 해도, 치료자가 자녀의 관점을 수용하고 자녀가 현실을 받아들일 수 있도록 돕는 일은 여전히 매우 어려운 균형 잡기다.

젊은이는 대개 부모가 어떤 일에 대해서 참견하지 않기를 바란다. 따라서 부모의 요구와 금지에 대한 불평/불만은 다음에서 소개할 사례에서처럼 부드럽지만 현실적인 방식으로 다루어야 한다. 부모가 자녀에게 바라는 것을 치료자가 자녀에게 제안하면 자녀는 치료자를 신뢰하지 않게 된다. 이럴 때 치료자는 다음과 같이 질문할 수 있다. "부모님이 참견하지 않으시게 만들기 위해서 네가 할 수 있는 제일 쉬운 일은 뭘까?" 이렇게 말하면 자녀는 상황에 대한 통제권을 조금이라도 확보하게 되고 치료자가 자신을 지지한다는 느낌을 가질 수 있다.

어떤 경우에는 부모가 자기 자신의 어려움 때문에 자녀들에게 무심하고 제대로 돌보지 않는 경우도 있다. 이럴 때는 치료자가, 자녀가 비현실적인 기대를 갖지 않으면서 그들 자신이 가지고 있는 자원을 발견하여 스스로 자존감을 높일 수 있도록 도와야 한다. 이것은 힘들지만 필요한 과정이다. 다음의 사례는 후자의 경우를 다룬다.

사례: 트로이

11세의 트로이는 그가 방과 후에 참여하고 있던 비행청소년을 위한 공공 프로그램에서 의뢰한 내담자였다. 트로이와 다른 세 소년은 빈집에 무단으로 침입하여 TV와 돈을 훔친 죄로 기소되었다. 이 프로그램을 통해 의뢰받은 경우 대개는 첫 회기에는 부모가 자녀를 데리고 오고 이후에는 치료자가 권고할 때마다 가족치료 회기를 갖곤 했다. 치료자가 상담 약속을 잡기 위해서 전화했을 때 트로이의 어머니는 퉁명스럽고 차갑게 답변했고, 트로이의 동생을 봐 줄 사람이 없기 때문에 초기 상담에 올 수 없다고 말했다. 그녀는 주저하면서 짧은 전화상담만을 허락했는데, 수년 동안 트로이가 하도 사고를 많이 쳐서 이제는 두 손 두 발 다 들었다고 말했다. 그녀는 트로이가 두 살 때 이혼을 했는데 트로이의 생부였던 당시의 남편은 알코올중독에 가정폭력을 일삼다가 결국 경찰 폭행죄로 감옥에 갔다고 말했다. 그녀는 트로이가 4세 되던 해에 현재의 남편과 재혼하였으며 그와의 사이에서 네 자녀를 낳았다. 그녀는 치료자와 통화하던 당시에도 임신 중이었고 두 달 후에 출산할 예정이었다. 그녀는 트로이가 태어났을 당시부터 '골칫덩어리'였으며, 거짓말, 반항 행동, 공격적인 성향 등을 교정할 목적으로 4세 때부터 여기저기서 치료를 받았다고 했다.

트로이는 까무잡잡하고 잘생긴 소년으로, 나이에 비해 성숙해 보였으며 콧수염이 거뭇거뭇하게 나고 있었다. 그는 거침없이 말했으며, 상대와 시선을 잘 맞추었다. 그는 순순히 자신의 범행을 인정했지만, 일하기엔 너무 어리고 부모님이 허락도 하지 않기 때문에 돈을 가지려면 범죄를 저지르는 방법밖에는 없다고 합리화했다. 트로이는 의붓아버지를 매우 난폭하고 상습적으로 언어폭력을 하는 사람이라고 소개하고, 과거 자신이 학대를 당할 때 자신을 보호해 주지 않았던 어머니에게 매우 큰 분노를 느낀다고 말했다. "엄마는 저를 감옥에 계신 아버지 같은 실패자라고 생각하세요." 하고 그가 말했다.

트로이는 또래 아동들과는 달리 치료에 오는 걸 꺼리지 않는 것 같았다. 치료자는 트로이를 처음 만났을 때 서두르지 않고 천천히 관계를 형성했다. 치료자가 여러 주 동안 트로이를 만나면서 했던 것은 일상적인 잡담, 트로이의 열정에 대한 대화, 만화 그리기, 그리고 그의 불행했던 가정사에 대해 들어 주는 것뿐이었다. 그리고 기회가 될 때마다 치료자는 트로이를 격려해 주었다. 예컨대, 평소에는 서너 과목 시간을 빼먹었던 트로이가 어느 날은 한 과목만 빼먹었다고 말했을 때, 치료자는 그렇게 결심한 것에 대해 칭찬했고 일주일 동안 스스로 좋은 일을 한 적이 있는지를 물었다. 트로이가 의붓아버지와 말싸움을 하는 대신에 자리를 피했다고 보고했을 때, 치료자는 어떻게 그렇게 좋은 결정을 했는지 아주 상세하게 질문했다. 언제나 치료자는 '건설적인 귀(construction ear)'(Lipchik, 1988b)를 가지고 트로이의 이야기 중에서 훌륭한 결정과 강점으로 강화해 줄 수 있는 모든 내용에 귀를 기울였다.

트로이는 점점 진실하게 자신을 보여 주기 시작했고 날씨나 명절 때문에 상담을 쉬어야 할 상황이 오면 아쉬워하는 것 같았다. 치료자는 트로이와의 사이에서 신뢰가 쌓이기 시작했다는 사실을 알게 되었을 때, 트로이에게 치료실에서 벗어나기 위해서 무엇을 하고 싶은지 질문했다. 트로이는 처음에는 이 질문에 깜짝 놀라는 듯했지만, 질문에 답하고 싶다고 말했다. 치료자는 두 사람이 만나는 원래 목적에 대해 설명했고 트로이가 원하는 바에 대해서 말해 달라고 요청했다.

> 트로이: 제가 무엇을 원하는지 생각해 봤어요. 저는 선생님과 대화를 나누는 방식으로 엄마랑 이야기하는 법을 배우고 싶어요.

치료자: 엄마하고만?

트로이: 그게…… 새아빠는 잘 모르겠어요. 그렇지만 엄마가 제 이야기에 귀를 기울여 주면 좋을 것 같아요.

치료자: 음…… 그거 참 좋은 목표로구나. 하지만 너도 알다시피 엄마는 바빠서 너랑 대화할 시간이 없으시잖니. 그리고 종종 한 사람이 다른 사람과 제대로 대화하는 법을 아무런 도움 없이 혼자서 배운다는 건 불가능한 일이란다.

트로이: 그럼 시도도 할 수 없나요?

치료자: 아니지, 할 수 있지. 다만 네가 많이 노력한다고 해도 엄마가 네가 원하는 대로 반응하지 않으실 수도 있어.

트로이: 그건 괜찮아요.

치료자: 자, 그러면 혹시 예전에 아무 때라도 네가 엄마랑 대화하고 싶은 방식으로 대화한 적이 있는지 생각해 볼래? 아주 조금이라도 말야. (트로이는 어머니와 기분 좋게 대화한 적이 단 한 번도 없다고 말했지만, 돌아가신 외할아버지, 어떤 선생님 그리고 동네 친구 한 명과 기분 좋게 대화할 수 있었다고 말했다.) 엄마와는 달리, 그 사람들과는 어째서 대화가 잘 된 걸까?

트로이: 모르겠어요.

치료자: 그 사람들하고 대화할 때는 뭔가 다른 점이 있었니?

트로이: 네. 그건 마치…… 제 머릿속에 만화 주인공 두 명이 있는 것 같아요. 하나는 좋은 놈이고 다른 하나는 나쁜 놈인데요, 각각 다른 때 튀어나와요. 집에 있을 땐 늘 나쁜 놈이 튀어나와서 머릿속을 장악하죠. 물론 제가 좋은 대화를 할 땐 사라지고요.

치료자: 나쁜 놈이랑 함께 있는데 괜찮니?

트로이: 네. 걔네들은 나쁜 놈들이라서, 나쁜 놈이 걔네들과 싸워
       야 해요.

치료자: 그러면, 나쁜 놈들이 그렇게 막 싸우다가 싸움이 어떻게
       끝나니?

트로이: 나쁜 놈들 중에서 누군가가 좋게 말해야 나쁜 놈이 지는 거
       죠. 근데, 집에선 이런 일이 안 생겨요. 식구들은 좋은 놈이 되
       지 않을 거고, 저도 마찬가지예요. 엄마는 절 싫어해요. 엄마
       는 항상 이렇게 말해요. "넌 네 아빠를 닮았어. 생긴 것도 비
       슷하고 행동하는 것도 비슷하지. 앞으로도 똑같을 거야."

치료자는 트로이가 이야기한 좋은 놈, 나쁜 놈이 싸운 이야기에서 머문
것이 아니라 트로이가 좋은 놈과 나쁜 놈이 긍정적으로 상호작용한 이야
기로 향하도록 이끌었다. 그리고 트로이가 앞에서 긍정적으로 대화한다
고 말했던 선생님이나 친구와 좋은 대화를 좀 더 많이 나눌 수 있도록 격
려하였다. 치료자는 트로이가 미술 선생님과 좀 더 연결되도록 도왔고, 미
술 선생님은 트로이가 미술 클럽 활동에 참여하도록 격려하였다. 트로이
는 '좋은 놈'이 머릿속을 좀 더 오래 장악하게 되면서 자신에 대해서 좀 더
긍정적으로 느끼게 되었고, 치료자는 그 '좋은 놈'이 혹시 집에서도 트로
이의 머릿속 분위기를 장악할 수 있을지에 대해서 질문했다. 트로이는 머
뭇거리면서 몇 번의 시도를 했지만 트로이를 대하는 엄마의 태도는 변하
지 않았다. 트로이는 실망했고 치료자는 이 실망감에 대해서 대화를 나누
었다.

치료자: 네가 실망했던 걸 안다. 하지만 너는 좋은 대화를 나누기
       위해서 정말 최선을 다했잖아?

트로이: (화가 나서 욕설을 내뱉으며) 그게 다 무슨 소용이에요?

치료자: 엄마가 무시하는 사람이 너 혼자니?

트로이: 아뇨. 엄마는 항상 누구든지 깎아내려요. 근데 저한테는 더 심하게 그러죠. 엄마는 무조건 제가 싫은 거예요. (운다.)

치료자: 그런 생각이 든다니 참 고통스럽겠구나. 그럼 너는 너 자신이 어떤 거 같니?

트로이: 별로인 것 같아요.

치료자: 그래? 그렇다면 엄마 말고 너랑 즐겁게 대화하고 네게 아무 문제도 없다고 생각하는 그 많은 사람은 다 뭐지?

트로이: 잘 모르겠어요.

치료자는 트로이가 아주 좋은 아이이며, 다만 트로이의 어머니는 자신의 문제 때문에 아들의 가치를 인정하지 못하고 있을 수 있겠다는 가정에 기초해서 상담을 진행했다. 아마도 트로이가 좀 더 성장하고 트로이가 생부와는 매우 다르다는 사실을 어머니가 깨닫게 될 때, 어머니는 트로이가 아빠와 다르다는 그 사실이 얼마나 기쁜지 표현할 것이다.

트로이는 어머니의 거부를 견디면서 분노와 슬픔의 시간을 겪어 냈다. 치료자는 트로이에게 분노나 외로움을 느낄 때 스스로에게 던질 수 있는 질문을 만들어 주었다. "엄마가 날 보고 나쁜 애라고 말할 때, 나는 내 자신에게 뭐라고 말해야 할까? 그리고 그럴 때 나는 나 자신을 어떻게 돌봐야만 할까?"

트로이는 조금씩 학교생활에 다시 적응하기 시작했고 문제 행동도 보이지 않게 되었다. 트로이의 어머니는 계속 상담에 참여하기를 거부했지만 학교사회복지사는 트로이가 집에서 훨씬 점잖아졌다고 어머니에게 들었다고 했다. 이런 사례에서 치료자의 역할은 내담자에게 지지와 격려를 보내고 정서적으로 독립할 수 있는 방법을 알려 주는 것이다. 이것은 내담자가 성인이 될 때까지 그를 매주 만나는 것이 아니고, 치료자에게 의존하게 만드는 것도 아니다. 대신 내담자가 자신에게 필요한 것을 치료실 밖에서 스스로 조금씩 얻어 갈 수 있도록 도우면서도 내담자에게 지지가 필요할 때 옆에 있어 주는 것이다.

자녀와 부모의 관계를 중재하기

자녀가 부모와의 관계에서 문제가 있다고 치료자에게 털어놓을 때, 치료자는 부모에게 위협적이지 않은 방식으로 아동과의 비밀을 손상시키지 않으면서 부모와 소통할 수 있는 방법을 찾아야만 한다.

아동과 청소년은 자주 부모(주로 한 부모)가 너무 바빠서 함께 시간을 보내지 못하는 것에 대해서 불만스럽다고 토로한다. 이럴 때 치료자는 부모와의 개별치료 회기에서 자녀가 아쉬워하는 부모의 부재에 대해서 언급할 수 있는데, 이때 자녀가 아쉬워하는 상황에 대해 바로 이야기를 꺼내기보다는 동일한 상황에 대한 부모의 아쉬움에 대해 먼저 경청하고 이에 대한 공감과 이해를 표명하는 것이 좋겠다. 이때 치료자는 부모에게 분노와 절망감을 안겨 주는 자녀를 키우는 일이 얼마나 힘든 것인지를 충분히 반영해 주어야 한다. 치료자의 공감에 대해 부모가 수용하면 비로소 예외에 대한 질문을 할 수 있겠다. 예외질문을 통해서 부모는 자녀와 좀 더 많은 시간을 보낼 때 관계가 좋아진다는 사실을 깨달을 수 있다. 때로는 부모가 자녀에게 너무나 화가 나 있기 때문에 자녀와 함께 좀 더 많은 시간을 보내기를 원하지 않을 수도 있지만, 치료자와 신뢰 관계를 형성하면 변화를 희망할 가능성이 많아진다.

노인과 성인 자녀가 있는 가족

현재 노인 인구는 빠르게 늘고 있으며 미래에도 이런 경향이 지속될 것이다. 그러면 해결중심 치료자들은 노인 부모를 부양하는 자녀들의 상담 의뢰를 좀 더 자주 받게 될 것이다(Bonjean, 1989, 1996). 노화는 감정적으로 매우 심각하게 부담스러운 경험일 수 있는데, 그 이유는 관계된 모든 사람에게 상실감과 불안을 안겨 줄 수 있기 때문이다. 부모를 모시는 일은 새로운 문제를 야기할 수도 있지만 미해결된 부모-자녀 문제와 미해결된 형제간의 문제를 다시 일으킬 수도 있다.

성인 자녀들이 그들 사이의 문제를 해결하기 위해서 가족치료자를 찾아오는 경우도 있다. 이 책에 기술된 해결중심치료의 기본 이론과 기술은 이런 모든 가족문제에 그대로 적용할 수 있다. 이때 특별히 고려해야 할 점은 다음과 같다.

① 개인의 감정과 가족 전체가 공유하는 감정을 모두 다루라.
② 노인 부모와 성인 자녀는 최선을 다해서 일상생활을 이끌어 가려고 노력하고 있음을 기억하라. 그 일상에서 생기는 작은 변화가 큰 차이를 만들어 낸다.
③ 상황을 이분법적으로 보지 말고 공통의 이해와 해결책을 추구하라.
④ 노인 부모와 그 자녀들과 만나면서 미래를 향한 초점은 현재 시점에서 그들이 앞으로도 계속 유지해야 하거나 과거에서 되살려야 할 긍정적인 행동에 맞춰야 한다. 머지않은 미래에 사랑하는 사람을 저세상으로 떠나보내야 하는 사람들을 만날 때는, '당신은 과거를 고치지 못하므로 미래에 집중해야 한다'는 해결중심 가정을 적용해야만 한다. '부정적이기만 한 일은 없다' 혹은 '사람들은 스스로 좋아질 수 있는 내적

강점을 가지고 있다'와 같은 가정을 떠올려 보는 것도 도움이 된다.

⑤ 노인들을 저평가하지 말고 아이들처럼 대하지 말라.

⑥ 내담자를 치료자와 지나치게 동일시하거나 불쌍하게 보지 않기 위해서 치료자 자신의 반응 방법에 대해서 지속적으로 점검하라. 내담자가 치료자의 목표가 아닌 자신의 목표를 추구할 수 있도록 지원하라. '모든 내담자는 독특하며' 따라서 모든 가족 상황도 독특하다는 사실을 계속 상기하라.

결 론

가족을 만나 상담하는 일은 종종 가장 하기 어려운 일로 여겨진다. 다양한 세대의 서로 다른 사람들을 상담에 참여시키고 동시에 공감대를 형성하는 일은 어려운 일이다. 몇 명이 가족상담에 참여하는지와 상관없이 전체 가족은 한 덩어리로 상담실에 존재하며, 치료자는 가족 구성원을 개인으로 봄과 동시에 상호 간에 주고받는 반응과 관계의 집합으로 인식해야 한다. 반영 팀의 도움을 받아서 상담하는 것은 가족과 만날 때 커다란 자산이 될 수 있다. 만약 반영 팀의 도움을 받기가 어렵다면, 각 회기 끝 무렵에 잠깐 생각할 시간을 가지면서 요약 메시지와 제안을 만드는 과정이 필요하다. 가족치료는 또한 가장 보람 있는 치료 형태 중에 하나인데, 가족이 어떻게 구성되느냐에 따라서 지금 효과가 있는 해결책들이 현재와 미래 시점에 다른 가족들에게 또 다른 해결책을 만들어 낼 가능성이 언제나 존재하기 때문이다.

CHAPTER 10

비자발적 내담자 상담

사이먼은 34세의 흑인으로 직장에서 3개월의 근신 처분을 받고 직원 지원 프로그램을 통해 상담을 받으라는 지시를 받아 상담실에 왔다. 이 지시를 따르지 않는다면 높은 보수와 12년 동안 일한 대가로 얻은 관리직을 박탈당해야만 하는 상황이었다. 상담 의뢰 사유는 정당한 이유 없이 부하직원들에게 공격적이고 모멸감을 주는 그의 행동 때문에 직원들의 불만이 늘어난 것이었다. 사이먼 자신도 술을 많이 마신다고 보고했다.

사이먼에 대한 나의 첫인상은 그가 술에 절어 있다는 것이었다. 그는 공격적인 태도를 보였으며, 자신이 부당하게 취급받았다며 투덜거렸다. 사이먼은 부하직원들의 게으름과 낮은 업무 성과를 참아 주지 않는 자신을 부하직원들이 축출하려 한다고 믿고 있었다. 그는 약 1년 전에 부서장이 되었고 그 후 1년 동안에 업무 생산성이 45% 증가했다. 그가 자신을 불도

저 식 상사라고 생각했을까? 사이먼은 그럴지도 모르겠다고 했다. 하지만 그는 부하직원들이 간단한 일도 제대로 해내지 못하는 것이나 업무 시간을 책임감 있게 사용하지 못하는 것에 대해 자신이 이해해 주지 않기 때문이라고 했다. 사이먼은 자신이 직원들을 공정하게 다루었으며 자신이 도달하지 못할 기준을 어느 누구에게도 강요하지 않았다고 믿고 있었다. 내가 상담 의뢰 사유를 읽으면서 과도한 알코올 섭취도 의뢰 사유에 있다고 언급하자, 그는 알코올을 과도하게 섭취한 적이 없다며 강하게 부인했다.

사이먼은 자신에 대한 직원들의 불평에 동의하지 않지만 자신에게는 생계를 책임져야 하는 아내와 두 자녀가 있기 때문에 상담을 받기로 동의했다고 말했다. 무엇에 대해서 이야기를 나누면 좋을지 묻자, 그는 비꼬는 말투로 이렇게 답했다. "어떻게 해야 마누라가 제멋대로 돈을 쓰지 않게 할 수 있는 거죠?" 나는 이 주제가 그의 전반적인 스트레스에 영향을 준다고 그가 느낀다면 상담에서 다루어도 좋겠다고 대답했다. 이어서 나는 부인만 괜찮다면 함께 와도 된다고 제안했지만, 그는 이 제안에 대해 강하게 부정적 반응을 보였다.

어떻게 해야 상담을 받기로 한 사이먼의 시간을 생산적으로 보낼 수 있을지에 대해 우리는 나머지 시간 동안 의견을 나누었다. 자신에게는 분노 문제가 없다는 그의 의견을 내가 존중하면 할수록, 그리고 어떤 주제에 대해서 이야기를 나눌지 그에게 선택권을 주면 줄수록, 그는 자신이 집과 직장에서 보이는 행동에 대해서 좀 더 곰곰이 생각해 보는 것 같았다. 첫 회기의 마지막 무렵, 그는 자신이 좌절감을 좀 더 잘 다룰 수 있게 된다면 상담이 자신에게 도움이 될 것 같다고 말했다.

다음 번 회기에 왔을 때, 사이먼은 확연하게 또다시 술을 마시고 있는 듯 보였다. 그는 부하직원 중 한 명이 바로 그 전 주에 함께 점검했던 일을 진행하는 과정에서 실수를 반복한 것에 대해 이야기를 했다. 그는 부하직원 앞에서는 분노를 제어할 수 있었지만, 하루 내내 이 일에 대해서 곱씹으며 생각했다. "그 친구는 왜 저에게 이러는 걸까요?" 화가 난 목소리로 그가 물었다. 그 부하직원이 '의도적으로 그렇게 한 것인지', 단지 절차를 충분히 알지 못해서 그랬는지라고 사이먼이 말하는 이유가 궁금했다. 사이먼은 왕년에 자신은 단 하루 만에 그 일을 익혔다고 했고, 부하직원들이 과거의 그처럼 일을 탁월하게 할 것으로 기대하는지를 질문했을 때 놀라는 것 같았다. 사이먼에게는 직장 생활의 성공이 일을 잘하는 데 있는 것보다 얼마나 애를 써서 일하느냐의 문제였기 때문이다.

세 번째 회기가 진행되는 동안, 나는 사이먼이 술 냄새를 잘 맡지 못한다는 사실을 알아챘다. 그는 좀 더 긴장을 푼 상태로 보였고, 부인에 대한 불평으로 말을 시작했다. 그는 아내가 거의 매일 밤 저녁 식사 후에 아이들을 데리고 외출을 해서 화가 났다고 했다. 또 아내가 그냥 쇼핑몰에 가서 불필요하게 돈을 쓴다고 했다. 그는 아내의 안락한 생활 방식을 싫어하지는 않았으나 안정된 미래를 위해 세우는 그의 계획을 아내가 고의적으로 방해하는 것으로 느끼고 있었다. 그가 아내에게 이 이야기를 하면 둘 사이에 갈등이 생겼고 해결이 되지 않았다. 나는 이 문제를 상담에서 다루자고 제안했지만 그는 또다시 거절했다.

사이먼은 어릴 때 겪었던 고통스러운 기억에 대해서 이야기했다. 다른 사람들이 그가 일하는 수준으로 일하기를 기대하느냐고 내가 질문했을 때 이 기억이 떠올랐다고 했다. 그는 초등학교 2학년 때 독서 그룹에 속하지 못해서 자신이 무능하고 거절당했다고 느꼈던 일과 연결시켰다. 당시에 그는 구석에 혼자 앉아서 독서 그룹 아이들이 읽고 있던 책과는 다른 책을 읽으라는 말을 들었다. 이제는 자신이 당시에 이미 혼자 책을 읽을 수 있었기 때문에 따로 읽게 되었다는 사실을 알고 있다. 그는 4세 때 혼자서 글자를 깨우쳤다. 그러나 그때는 그룹에서 분리되는 경험이 불공정한 처벌로 느껴졌고, 현재도 자신은 부서를 잘 운영하고 있는데 강제로 상담을 받으라는 지시를 받은 사실이 처벌같이 느껴진다고 말했다. 그는 또한 자신이 세운 목표의 진가를 부하직원들이 알아보지 못한 채, 불평하면서 자신을 따라 주지 않는 것에 대해서 분노를 표현했다.

나는 사이먼이 부하직원들의 행동 동기를 무엇이라고 생각했는지 궁금했다. 부하직원들이 편견을 가지고 있기 때문이라고 생각했을까? 사이먼은 어렸을 적에는 피부색 때문에 사람들이 거부한다고 느꼈으며, 지금도 백인 사회에서 흑인 남성은 종속적 위치에 있어야 하는 불의에 민감하다고 말했다. 그러나 이번 경우에서는 인종이 중요한 변수라고 생각하지 않고 있었다.

6회 이상 상담을 하는 동안 사이먼이 좌절감을 느낄 때 분노를 제어할 수 있는 건설적인 방법에 집중했다. 그는 점차 타인에 대한 기대 면에서 융통성을 갖게 되었고, 관리자로서 좀 더 외교적인 스타일을 개발해 갔다. 때로는 집에서 좌절감을 느꼈지만 전반적으로는 이 부분에서도 좀 더 잘 관리하는 듯했다. 여전히 가끔씩 술 냄새를 풍겼지만, 초반 회기에 비해서는 훨씬 덜해졌다. 상담을 시작한 지 3개월 후, 그는 부서장으로부터 탁월하다는 업무 평가를 받았다. 그의 부하직원들과 슈퍼바이저는 그의 행동이 크게 변화했고 더 이상 술 문제가 그의 업무 능력에 영향을 주지 않음에 일치된 의견을 보였다. 나는 그가 상담을 열심히 받아 목표를 달성한 것에 대해서 축하해 주었다. 그런데 그는 이렇게 대답해서 나를 놀라게 했다. "고맙습니다, 하지만 우리가 계속 만나서 달성해야 할 더 큰 목표가 있어요!" 그는 꽤 전부터 아내가 함께 상담에 오고 싶어 했지만 그동안은 자신이 준비가 되지 않았다고 했다. 나는 부부상담 회기를 갖기 전에 나와 한동안 만나 온 내담자의 배우자와 개인상담 회기를 항상 먼저 갖는다고 설명했다. 사이먼은 이에 대해 긍정적이었다.

그의 부인인 낸시는 이틀 후에 왔는데, 자리에 앉으면서 처음 한 말이 "아시다시피 사이먼은 알코올 중독자예요."였다. 그녀는 두 사람이 처음 만났을 때 사이먼이 매일 밤 맥주를 한두 병 정도 마시곤 했지만, 몇 년이

지나자 업무 책임에 비례해서 음주량도 늘었다고 했다. 일 년 반 전에 승진한 후로는 술 문제가 통제 불능 상태가 되었고, 그녀는 남편이 퇴근 후 집에 와서 술주정을 했기에 자기 자신과 아이들을 보호하기 위해서 집을 나가 있으려 했다. 그녀는 남편이 최근 3개월 동안은 술을 많이 줄였지만 여전히 술 문제를 다루어야 한다고 느끼고 있었으며 또한 관계 문제, 특히 가계와 부부싸움 해결 방법에 관한 문제를 다루어야 하고 이 부분에서 자신도 변화가 필요하다고 느끼고 있다고 했다.

낸시와 사이먼은 이후에도 8개월 정도 계속해서 상담을 받았다. 이 기간 동안 사이먼은 단주했으며 의지력만으로 단주하겠다고 고집했다. 나는 의료적 도움 없이 단주할 때 생길 수 있는 문제들 때문에 염려가 되었지만 그의 결심은 확고했다. 이때쯤에 이르러서 그와 나는 협력을 잘 할 수 있게 되었다. 그는 만약 단주가 너무 어려워서 낸시와 아이들에게 악영향을 줄 것 같은 상황이 오면 입원치료를 받겠다고 동의함으로써 절충하였다. 결국 6주 동안 두통이 있었지만 서서히 두통이 감소하였고 술을 마시지 않은 상태에서 편안함을 느끼는 상태까지 회복되었다. 사이먼과 낸시는 부부 관계 개선을 위한 몇 가지 목표를 정하였고, 상담 종결 시에는 상담 결과에 대해 만족해하였다.

사이먼은 내담자가 되기로 선택한 비내담자(이후로는 '비자발적인 내담자'라고 함)였다. 그는 자신의 목표뿐만 아니라 부인과 의뢰자의 목표도 성취했다. 이 경우는 이상적이긴 하지만 항상 이런 결과를 기대할 수는 없다. 그러나 이 사례가 보여 주듯이, 비자발적인 내담자와 관련해서는 내담자와의 협력 방법, 상담 속도, 신뢰 관계 형성을 촉진하는 분위기 확보 등 논의해야 할 주제가 많다. 내담자와 상담 목표를 논의할 수 있을 정도로 내담자에게 동기가 생기기 전까지 해결중심 질문은 이차적으로만 사용해야 한다.

술을 마신 상태의 사이먼을 상담한 것에 대해 반대하는 치료자도 있을 것이다. 하지만 내 경험에 따르면 이와 같은 결정은 내담자와 협력한다는 원칙에 부합하며, 장기적으로 보면 상담을 방해하지도 않는다. 사이먼의 사례에서 음주, 특히 상담 당일 술을 마시고 오는 행위는 우리 사이에 신뢰가 쌓이면서 점차 사라져 갔다. 그는 준비되었을 때 단주하겠다고 말했고, 단주를 성공적으로 해냈다. 음주 패턴에 변화나 개선이 없었다면, 나는 그를 알코올 상담 기관에 의뢰했을 것이다. 그러나 신뢰 관계가 형성되고 난 후에 내담자들은 처음 상담에 올 때보다 음주 사실에 대한 부인(否認)을 멈출 가능성이 훨씬 더 높다는 것을 알 수 있다.

내담자를 비자발적이라고 정의하는 근거는 무엇인가

내담자가 상담에 오기 싫어하는 중요한 이유는 자신이 상담을 받을 필요가 없다고 느끼거나 상담을 두려워하기 때문이다. 부모 손에 이끌려 온 아이, 주치의가 보낸 사람, 장성한 자식들이 의뢰한 연로한 부모님, 사이먼처럼 고용주의 지시로 의무적으로 와야 하는 사람, 반사회적인 행동 때문에 법원이 강제로 보낸 사람이 전형적인 비자발적 내담자다.

많은 경우 비자발적 내담자들은 심리치료를 받으면 기분이 더 나빠질 것으로 생각하는데, 그 이유는 자신이 미쳤거나 나쁜 사람이라는 말을 주위로부터 들을 것으로 생각하기 때문이다. 어떤 사람들은 심리치료가 자신에게 도움이 될 것이라는 사실을 인정하기 싫어하는데, 심리치료가 도움이 된다는 말은 곧 자신의 능력이 충분치 않아서 스스로 할 수 없다는 의미로 받아들이기 때문이다. 상담을 시작하기로 합의해 버리면 상담을 중단하지 못하게 될까 봐 두려워하는 내담자도 있다. 주위 사람들이 가지말라고 했기 때문에 상담에 오지 않는 사람들도 많다. 내담자들은 대부분

처음부터 자신이 상담을 원하지 않는다는 사실을 명확히 밝히지만, 자신에게 변화 동기가 없다는 사실이 확실하게 드러날 때까지 순응하는 척하는 내담자들도 있다.

상담에 오기 싫어하는 사람을 성공적으로 상담하는 것은 자발적으로 상담에 오는 사람을 상담하는 것보다 겉으로 보기에는 더 어려워 보일 것이다. 자발적으로 상담을 신청하는 내담자의 경우 상담실에 내방할 때 이미 상당한 정도의 동기를 가지고 있다는 사실은 확실히 유리한 점이다. 하지만 Turnell과 Edwards(1999)가 지적했듯이, 상담실에 오기 싫어하는 내담자를 상담할 때 "성공적인 결과를 얻기 위해서는 관계가 가장 중요하며"(p. 33) 이 관계는 치료자가 이끌어 가는 것이기 때문에 내담자만큼 치료자도 상담 결과를 좌우한다고 말할 수 있다.

치료자-내담자 관계

비자발적 내담자들은 자신을 상담에 의뢰한 사람이나 의뢰 기관, 의뢰에 관련된 사람들에 대해서 명백하거나 은밀하게 적대적인 태도를 보이는 경우가 많다. 그들은 상담 의뢰자들을 자신의 권리를 침해하고 판단하는 사람들로 생각한다. 그러나 많은 내담자가 자신의 상황이 좀 더 나아지기를 원하며, 그러기 위해서라면 기꺼이 뭔가 다른 시도를 하려고 할 것임은 의심할 여지가 없다. 그런데 통상적으로 무엇을 어떻게 변화시킬 것인지에 대한 선택의 기회는 거의 없으며, 변화를 요구하는 사람들의 기대에 부합하지 않는 노력에 대해서는 주위 사람들이 격려를 거의 하지 않는다. 이러한 이유로 그들에게는 최종적으로 '저항'이나 '비순응'이라는 꼬리표가 붙게 되고, 이 꼬리표는 그들과 돕는 사람들 사이의 대립 관계를 악화시킨다.

사법 체계의 집행관, 사회복지 공무원, 정신건강 전문가는 통상적으로 악의가 없고 따뜻하지만 내담자와 관계를 형성할 때는 자신에게 부여된 직업상의 의무와 기대에 따르게 된다. 사법 체계의 집행관은 무엇보다도 지역사회를 보호하는 것을 최우선적인 관심사로 삼아야 한다. 사회복지 공무원은 일반적으로 일이 매우 많기 때문에 한 개인에게 섬세하게 맞추는 개입을 할 여유가 없다. 정신건강 전문가는 일반적으로 내담자의 행동을 병리적인 것으로 보기 때문에 내담자에게 나타나는 병리적 증상을 제거하는 데 몰두하게 된다.

비자발적 내담자와 관련하여 해결중심 치료자-내담자 관계에서 발생하는 특수한 도전 과제는, 내담자의 욕구와 의뢰자 혹은 의뢰 기관의 욕구를 연결해야 하고 양측 모두를 만족시켜야 한다는 것이다(Rosenberg, 2000; Stanton, Duncun, & Todd, 1981; Tohn & Oshlg, 1996). 만약 내담자가 우리를 사법 체계나 사회복지 당국의 대리인으로 여긴다면, 우리는 그들의 신뢰를 얻기 어려울 것이다. 한편, 사례를 의뢰한 쪽은 대개 해결중심 철학에 익숙하지 않기 때문에 '작은 변화가 큰 변화를 이끈다'라든지 '항상 나쁘기만 한 것은 없다'라는 신념에 기초한 해결중심적 상담 과정에 친숙해질 때까지는 인내하며 기다려야 한다. 내담자에 대한 긍정적 태도 유지와 의뢰자와의 협력적 관계 유지라는 두 가지 임무 사이에서 우리가 삼각관계에 끼인 느낌이 전혀 없이 균형을 잡는다는 것은 어려운 일이다.

또한 비자발적인 내담자는 자신이 통제할 수 없는 불운이나 반사회적인 행동 등의 오래된 문제를 내어놓을 가능성이 많은 편이다. 따라서 이러한 내담자가 자신의 강점을 회복할 필요가 있다고 보는 희망적이고 비판단적인 태도를 치료자가 유지하기 위해서 '내담자는 스스로를 도울 수 있는 강점과 자원을 가지고 있다'고 믿는다는 것은 때로 억지스럽게 보일 수도 있겠다.

비자발적 내담자와 치료자-내담자 관계를 맺을 때 가장 중요한 점은,

우리가 내담자를 만나서 맺게 되는 관계를 내담자가 통상적으로 만나게 되는 전문가와 맺는 관계와는 다른 것으로 인식하도록 만들어야 한다는 것이다. 다른 것으로 인식할 때까지는 시간이 필요하며, 우리가 전문가에게 필요한 한계를 유지하면서도 내담자를 진심으로 걱정한다는 사실을 그들이 받아들일 때 이러한 인식이 가능해진다.

보호관찰을 받고 있거나 가석방 중인 내담자가 아동학대, 근친 성폭력 혹은 재범을 하려고 할 때 이를 당국에 의무적으로 신고해야 하는 일이 사례가 될 수 있겠다. Marilyn LaCourt(2001, 개인적 담화)는 관계에 손상을 주지 않기 위해서 치료자가 신고하는 게 아니라 내담자에게 직접 신고하라고 요청하는 방법을 제안한다. 이렇게 하면 당국에는 내담자가 스스로 책임을 지고 있음을 알릴 수 있고, 치료자는 좀 더 중립적인 입장으로 옮겨 갈 수 있다.

나는 배우자 학대 사례를 만나면 피해자와 가해자를 위해 치료자와 옹호자의 역할을 동시에 수행하려고 노력한다. 가해자는 미래에 혹시라도 발생할지 모르는 범죄를 내가 묵과하지 않을 것이라는 사실을 알아야 하지만, 상담을 받는 중에 가해자와 그 배우자 사이에 긴장이 높아지거나 집에서 긴장이 높아지고 있다고 하면, 나는 피해자의 안전만큼 가해자의 안전에도 관심을 기울인다. 나는 잠재적 피해자와 함께 만약의 사태에 대비한 즉각적인 안전 확보 계획을 세우고 잠재적 가해자와는 그가 당국에 또다시 체포되지 않기 위해서 내가 어떻게 도움을 줄 수 있을지에 대해서 이야기를 나눈다.

하지만 이런 것을 모두 말하고 행한 후에 치료자는 비자발적인 내담자에게도 다른 내담자에게 주는 것과 다르지 않은 메시지를 제시해야만 한다. 이는 '치료자는 내담자를 변화시킬 수 없으며 오직 내담자만이 스스로를 변화시킬 수 있다'는 해결중심적 가정에 기초해 있다. 치료자가 의뢰 체계를 포함한 타인을 변화시킬 수 없는 것은 분명하지만 이 가정 속에는 합리적인 해결책을 찾기 위한 내담자의 노력을 수용하고 지지한다는 의미가 내포되어 있다. 비록 만병통치약은 아니지만 이러한 방법은 상담에 오고 싶어 하지 않는 내담자에게 종종 많은 변화를 만들어 낸다.

내담자와 협력하기

상담을 회피하는 것이 목표인 비자발적 내담자와 협력하려면 이론적 문제와 윤리적 문제가 발생한다. 비자발적 내담자와 협력하기는 내담자의 저항을 없애고 우리가 그를 수용한다는 것을 알리기 위해 개발한 치료 전략이다. 비자발적 내담자가 협력하는 방식에 우리가 협력한다면(그가 상담실에 오고 싶어 하지 않는다는 사실을 수용한다면) 의뢰 체계에는 등을 돌리고 내담자와 한 편이 된다는 것으로 생각할 수 있을까? 만약 그렇게 하지 않는다면 우리는 내담자로 하여금 의뢰 체계의 요구를 따르게 하는 전략을 쓰고 있는 걸까?

비자발적 내담자를 상담하기로 한 많은 치료자는 이타심을 발휘한 대가로 이러한 이슈에 맞닥뜨리게 된다. 예컨대, 아동보호 기관에서 일하는 직원들은 피해 아동이 안전하게 지내고 가능하다면 자기 집에서 살게 되기를 바란다. 이를 위하여 이 직원들은 이미 아이들이 안전해진 경우라면, 처음에는 신체적·성적 학대라고 추정되는 행위를 부인할지도 모르는 부모에게 협력할 것이다. 호주의 치료자인 Turnell과 Edwards(1999)는 내담자와 협력한다는 것이 곧 그들의 잘못된 행위를 수용하는 것을 의미하지는 않는다고 지적했다. "당신은 그 사람과 협력하는 것이지 학대 사실과 협력하는 것이 아니며, 잘못된 현재 행위에 초점을 맞추는 것이 아니라 미래에 경험하기를 바라는 것에 초점을 맞추는 것이다."(pp. 33-34) 이렇게 초점을 맞출 때 내담자가 자신의 권리를 다시 생각해 보는 데 필요한 신뢰와 안전감이 쌓이게 되며, 이것은 이상적으로는 내담자를 의뢰한 측의 목표에도 부합할 것이다.

배우자 학대 사례를 다룰 때 내가 가해자와 협력하는 이유는 무엇보다도 피해 여성이 자신의 배우자로 선택한 그 남성과 좀 더 안전하게 살도록 돕기 위한 것이다. 관련 연구에 따르면, 구타를 겪어 온 여성 중 대략 75%는 경찰의 개입이나 쉼터 생활 이후에 배우자에게 돌아간다(Feazell, Mayers, & Deschner, 1984; Purdy & Nickle, 1981). 이러한 사실은 안전하고 적절하다고 평가되는 환경 속에서 부부가 관계를 개선할 수 있도록 돕는 타당한 이유가 되는 것 같다(Lipchik, 1991; Lipchik & Kubicki, 1996; Lipchik et al., 1997).

학대가 있었던 커플과 상담할 때, 일반적인 커플치료에서와 마찬가지로 치료자는 반드시 두 사람의 협력 방식 모두에 맞추어야 한다. (이것은 학대가 정당하다는 관점을 수용하는 것으로 오해되어서는 안 된다. 그것은 그 사람의 사고방식과 대인관계 방식을 이해하려고 노력한다는 것을 의미한다.) 학대에 결코 협력하지 않으면서도 가해자와 협력할 수 있다는 Turnell과 Edwards(1999)의 조언은 여기에서도 그대로 적용될 수 있다. 내 경험에 따르면, 이러한 접근법은 가해자로 하여금 가해 사실을 부인하는 경향을 줄이고 개인적 책임감은 늘리는 가장 빠른 방법이다. 게다가 한발 더 나아가 피해 여성의 안전에도 기여하는 방법이다. 치료자가 피해 여성의 사연 못지않게 가해자의 이야기도 수용한다면, 가해자는 배우자가 폭로하는 내용에 대해서 보복하려는 마음을 훨씬 덜 품는다.

정 서

자신의 의사에 반하여 우리와 대화를 나누기 위해 상담실에 온 내담자는 속상할 것이다. 이렇게 속상한 것에 대해서 치료자는 즉각적으로 인정하고 공감하며 수용해야 한다. '이번엔 다르다'는 메시지를 그에게 주기 위해서, 일반적으로 치료자는 인내심을 가지고 내담자가 자신의 상황에 대해서 가지는 감정을 표현할 수 있도록 도와야 한다. 감정의 분출이 이론적으로 모순된 것이 아니라 효과적인 것이라고 간주되어야 할 때가 이런 경우다. 어떻게 하면 치료자가 내담자에게 도움이 될 수 있을지, 그리고 상담실에 앉아 있어야만 하는 시간을 내담자가 어떻게 보내고 싶어 하는지를 질문하여 내담자가 환기할 기회를 가지게 되면, 적대적인 관계 대신에 협력적인 관계를 만들 수 있는 가장 훌륭한 기반이 만들어진다. 더구나 4장에서 논의했던 것처럼 내담자가 분노나 좌절감을 분출하고 나면 해결책으로 향하는 길이 명료해질 수도 있다.

기법의 사용

기법을 너무 자주 바꾸면 좋은 관계를 만들고 유지하기가 어려워질 수 있다. 내담자가 상담실까지 타고 오는 버스를 기다리기 위해서 빗속에 서 있어야 했다고 불평을 하고 있는데 치료자가 예외질문을 하는 장면을 상상해 보라. 내담자에게는 지금 토로하고 있는 이야기가 가장 중요한데도 말이다!

자녀를 신체적으로 학대했기 때문에 당국으로부터 격리 조치를 받게 된 아이 엄마에게 기적질문을 하는 장면도 상상해 보라. 그녀는 자신이 하라는 대로 부모 교육도 전부 받았고 이미 많이 변화했는데도 그녀의 집을 방문하는 담당 사회복지 공무원은 이런 긍정적인 사실을 절대로 좋게 보지 않는다고 불평하고 있다!

위와 같은 상황에서 이런 질문들을 하는 것은 내담자의 기분을 사소한 것으로 취급하는 행동이다. 이런 경우에 내담자에게는 치료자가 던지는 질문이 하찮게 느껴진다. 나는 기법을 미숙하게 사용하면 특히 비자발적인 내담자를 짜증나게 만들 수 있다는 사실을 알게 되었다. 그리고 기법을 미숙하게 사용하면 내담자를 훨씬 더 방어적으로 만들어서 치료에 대한 혐오감도 더 커지게 만든다.

경험적으로 보면, 내담자가 무엇을 이야기하는 것이 도움이 될지 스스로 명료화할 준비가 될 때까지 각종 기법의 사용은 접어 두는 편이 더 낫다. 그 전까지는 잘 알려진 해결중심 질문에 대한 답변이 무엇이 될지는 자명한 일이다.

치료 체계

내담자가 법원의 판결로 혹은 선고의 대체 조건으로 상담실에 강제로 오게 되었다면, 그들과의 상담에서 치료자가 선택할 수 있는 여지는 많지 않다. 아무리 내담자가 상담에 협조를 하지 않더라도 미리 상담의 조건으로 정해 놓지 않는 한 상담받을 준비가 된 후에 다시 오라고 그들을 돌려보낼 수는 없다. 한편, 우리는 상담을 시작함과 동시에 자동적으로 내담자를 통제하는 사회 체계의 일부분이 되기 때문에, 이 체계를 구성하는 모든 관계자의 노력이 잘 조율될 때에만 궁극적으로 내담자에게 도움이 될 수 있다는 사실을 이해해야 한다.

약물중독 재활 프로그램을 운영하는 가족지원 기관에서 일하고 있는 해결중심 치료자 샐리의 경우를 살펴보자. 대마초 소지 및 판매 죄로 재판을 받고 보호관찰 중이었던 32세의 남성 스탠은 최종 선고재판에서 이 기관의 재활 프로그램 참여를 명령받았다. 스탠은 여자친구인 낸시와 낸시의 10세 아들 앨과 함께 살았다. 앨은 학교에서 정서장애 아동 학급에 속해 있었는데, 지역사회의 후원으로 아동과 가족에게 치료를 제공하는 프로그램에 등록하게 되었다. 샐리는 스탠과 관련된 사법 체계와 정신건강 지원 체계의 일원이 되었다. 이 체계에는 스탠에게 선고를 내린 판사, 스탠의 보호관찰관, 우울증 약을 처방해 주는 스탠의 정신과 주치의, 앨이 참여하는 프로그램의 실무자이며 집에 간헐적으로 방문하는 사회복지사, 낸시와 앨과 함께 격주마다 스탠을 만나는 앨의 가족치료자가 포함되었다. 그런데 샐리는 스탠에게 해결중심치료 기술을 사용하는 것 이상의 준비가 되어 있어야만 했다. 만일 그녀가 자기 자신을 여러 지원 체계와 함께 일하는 큰 치료 체계의 일부분으로 간주했다면, 아마도 스탠에게 훨씬 더 많이 도움이 되었을 것이다. 더구나 그녀의 일은 법정 명령에 따른 상담이었다. 만일 다른 정신건강 전문가들과 사회복지사가 스탠과 가족에게 적용하고 있던 접근법이 어떤 것인지 알았다면, 그녀의 상담은 더 많은 영향력이 있었을 것이다. 샐리가 스탠이 보인 대마초 흡연의 빈도를 점진적으로 줄여 나가는 데 있어 동기를 높이기 위해 작은 단계를 밟아 가고 있는 동안, 다른 사람들은 스탠의 대마초 흡연 행동을 중독이나 질병으로 보고 개입하고 있었는가? 만약 그랬다면 스탠은 혼란스러운 메시지를 받았을 것이고, 아마도 조기에 재발이 되었을 것이다. 마지막으로, 스탠의 상담에 대해 법원과 샐리가 속한 기관이 어떤 기대를 하고 있었는지를 샐리가 인식했더라면 좋았을 것이다. 어떤 경우에는 지역사회 내의 다른 체계들과의 관계를 고려하여 한 사례의 상담 방향에 대해서 기관이 치료자와 다른 생각을 가지는 경우도 있기 때문이다.

이러한 복잡한 과정을 헤쳐 나가기 위한 등대와 같은 개념이 바로 체계적 사고에 기반을 둔 임상사례관리다(Bachrach, 1989; Frankel & Gelman, 1998; Kanter, 1989; Moxley, 1989; Raiff & Shore, 1993). Kanter(1989)는 임상사례관리를 단순히 여러 가지 서비스를 조율하는 행정 체계가 아닌 '정신건강 실천 방식'으로 정의한다(p. 361). Raiff와 Shore(1993)는 임상사례관리가 일반사례관리보다는 '변화와 대안, 관계 유지에 초점을 둔다'고 보았다. 그들은 "임상사례관리에는 사정, 계획, 연결, 모니터링, 옹호 등의 일반적 기술이 필요하며, 이런 기술들과 함께 내담자 관여, 의뢰, 다른 임상가와의 협력, 개별 심리치료, 심리교육, 위기 개입 등이 활용된다."고 하였다(p. 85).

일반사례관리에서처럼, 임상사례관리에서도 개입은 '미시적 수준'(개인적/상호관계적 영역), '중범위 수준'(기관/조직/지역사회 수준의 이슈), '거시적 수준'(사회정책/정부/문화적 수준의 이슈)에서 이루어져야 한다고 생각된다(Frankel & Gelman, 1998, p. 12). 치료를 이런 식으로 개념화한다면, 치료란 체계가 수행해 가는 과정의 일부라는 관점을 유지하고 내용(즉, 확인된 내담자가 무엇이 문제인지)에 매몰되는 것을 피하는 데 도움이 된다.

지금 우리는 다양한 변수로 구성된 복잡한 상황에 대해서 논하고 있음이 분명하다. 아동학대 사례를 다룰 때 일반적으로 준수해야 하는 지침이 존재할 수도 있다. 하지만 가족 관계, 관련 기관의 참여 정도, 경제·문화적 요소 등 세부 사항에서는 각각의 사례가 모두 다르다(Alizur, 1996). [그림 10-1]은 한 사례에 관련하는 모든 참여자와 그들의 목표를 기입하고 계속 확인하기 위한 체계적 틀이다. 이것은 해결중심 치료자의 작업을 다른 이들의 작업과 조율하고 내담자에게 상충되는 메시지를 주지 않도록 하기 위해서 고안되었다.

해결중심 관점에서 볼 때 치료를 조율한다는 것은 과정에 초점을 두고 내용에 대해 의사소통하는 것을 의미한다. Harlene Anderson은 "성공적 협력의 비결은 다른 전문가의 신념 체계가 반영된 언어로 대화하는 것"이라고 했다(Wynn, McDaniel, & Weber, 1986, p. 298에서 인용). 조율과 관련하여 더 생각할 점은 체계 속에 있는 다른 전문가들을 내담자 대하듯 해야 한다는 것이다.

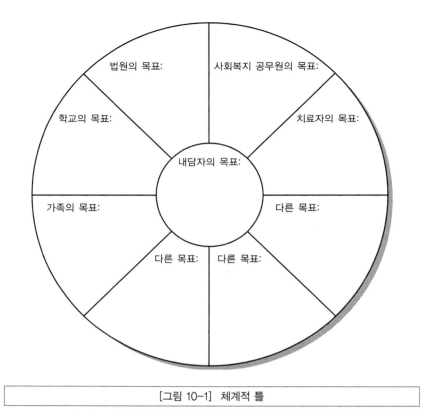

[그림 10-1] 체계적 틀

사례: 비어 자문 사례

해결중심 가족치료자이자 가족서비스 기관의 치료위탁보호 부서 직원인 비어는 맥기 가족에 대해서 자문을 요청했다. 확인된 내담자(identified patient: IP)는 치료 위탁 보호를 2년간 받아 온 9세 소녀 수지였다. 위탁 보호를 받기 이전에 수지는 욱하는 성격과 방화, 집과 학교에서 전반적으로 통제가 안 되는 행동 문제 때문에 입원치료를 2회 받고 3개월 동안 생활치료 시설에 입소해 있었다. 그녀의 어머니 리는 수지가 위탁가정으로 보내지기 전에 심각한 음주 문제가 있었지만 지난 1년 반 동안 회복해 왔다.

리는 톰과 6년간 동거해 왔으며 톰은 1년 전부터 리와 마찬가지로 알코올중독에서 회복하는 중이었다. 이 두 사람이 단주하기 전에, 톰은 리를 병원 치료가 필요할 정도로 수차례 구타한 적이 있다. 리는 싸움의 책임이 자신에게 있다고 생각했기에 톰을 경찰에 신고하지 않았다. 그녀는 반복적인 우울증으로 고통을 받았는데 이로 인해 톰과 거리를 두게 되었고 자살 생각과 자살 시도 때문에 결국 입원하게 되었다. 리는 톰과 헤어질 결심을 했지만 한두 달 이상 주저했다.

리에게는 수지 외에 데이비드라는 열네 살 난 아들도 있었는데, 그는 학습장애를 가진 조용한 소년이었으며 수지와는 아버지가 달랐다.

비어가 일하던 기관에서는 수지가 가능한 한 빨리 가족에게로 돌아가는 것을 원했는데, 기관에 서비스를 의뢰한 사회복지 공무원이 압력을 넣고 있었기 때문이었다. 수지는 6개월 동안 위탁가정과 학교에서 착실하게 생활해 오고 있었다. 하지만 원래의 집에 돌아가면 수지가 어떤 행동을 보일지 예측할 수 없었다. 수지의 행동은 엄마인 리의 감정 상태에 달려 있는 것으로 보였다.

아래 질문은 (해결중심) 자문가가 비어에게 고려해 보라고 제안한 것이다. 이 질문들은 해결중심접근이 반영된 것이다.

① 확인된 내담자는 누구이며, 그는 무엇을 원하는가?

답 수지가 확인된 내담자다. 그녀는 어머니, 톰, 데이비드와 함께 살고 싶어 한다.

② 이 사례에 당신 외에 다른 어떤 사람들이 관계되어 있는가? 그들이 원하는 것은 무엇인가?

답

a. 가족: 리, 톰, 데이비드. 수지가 집으로 돌아오길 바란다.

b. 위탁부모: 수지가 자신들과 함께 살기를 바란다. 또한 수지를 입양

하고 싶어 한다.

c. 수지의 심리치료사: 수지가 위탁가정에 머물기를 바란다. 수지는 더 이상 약을 복용하고 있지 않기 때문에 정신과 의사는 관계되어 있지 않다.

d. 사회복지 공무원: 수지가 집으로 돌아가길 바란다.

e. 학교: 수지가 학교에서 얌전하게 지내기만 한다면 수지가 어디에서 살지는 관심이 없다.

f. 비어가 속한 기관: 비어에게 수지가 집으로 돌아갈 수 있도록 최대한 노력하라고 했다.

g. 비어: 수지와 이 가족이 각자 자신의 목표를 이루기를 원한다. 하지만 가능하면 동료들과 협력하고 싶어 한다. 그녀는 또한 자신의 고용주를 만족시키길 원한다.

이 체계의 여러 구성원이 서로 반대되는 목표를 가지고 있을 때는 모든 사람을 만족시키는 해결책을 도출하기가 어렵다. 따라서 해결중심 자문가는 가능한 연결점으로서 수지와 가족에게 효과적인 것이 무엇인지 관찰하라고 제안했다.

③ 무엇이 효과적인가?

답 수지는 6개월 동안 위탁가정과 학교에서 착실하게 생활했다. 수지 어머니와 톰은 일 년 이상 음주를 하지 않고 있고, 신체적인 학대도 더 이상 하지 않는다. 수지 어머니는 치료자 및 정신과 의사와 좋은 관계를 맺고 있다. 데이비드는 문제가 아니다.

④ 수지가 집에 돌아가서 얌전하게 행동하도록 하기 위해서, 이 긍정적인 정보가 어떻게 강화될 수 있겠는가?

답 수지의 행동 문제는 수지 어머니의 우울 문제와 관련이 있는 것

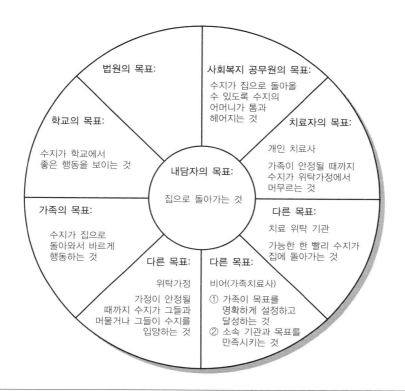

내담자의 목표:

집으로 돌아가는 것

사회복지 공무원의 목표:

수지가 집으로 돌아올 수 있도록 수지의 어머니가 톰과 헤어지는 것

법원의 목표:

학교의 목표:

수지가 학교에서 좋은 행동을 보이는 것

치료자의 목표:

개인 치료사

가족이 안정될 때까지 수지가 위탁가정에서 머무르는 것

가족의 목표:

수지가 집으로 돌아와서 바르게 행동하는 것

다른 목표:

치료 위탁 기관

가능한 한 빨리 수지가 집에 돌아가는 것

다른 목표:

위탁가정

가정이 안정될 때까지 수지가 그들과 머물거나 그들이 수지를 입양하는 것

다른 목표:

비어(가족치료사)

① 가족이 목표를 명확하게 설정하고 달성하는 것
② 소속 기관과 목표를 만족시키는 것

[그림 10-2] 체계적 틀 예시 1

같고, 이 우울 문제는 수지 어머니가 톰과 함께 살 때만 발생하기 때문에 리가 톰과의 관계를 끝내는 게 합리적이다. 하지만 과거에 수지 어머니가 톰과 헤어진 적도 없고, 이것이 수지의 가족이 말한 목표도 아니었다.

그러자 해결중심 자문가는 비어에게 이 사례를 수지 어머니의 시각에서 생각해 보라고 제안했다. 앞서 기술된 네 가지 질문에 답하려고 하니, 비어는 자신이 좀 더 많은 정보를 수집할 필요가 있다는 사실을 깨달았다. 그녀는 해결중심 자문가와의 다음번 만남에서 다음과 같은 정보를 제시할 수 있었다.

① 누가 내담자인가? 그리고 그/그녀는 무엇을 원하는가?

답 리가 내담자다. 그녀는 톰과 자녀들과 함께 살기를 원한다. 그녀는 톰과 수지 중에서 한 명을 선택해야 하는 상황에 처하기를 바라지 않는다.

② 이 사례에 어떤 다른 사람들이 관련되어 있는가? 그리고 그들이 원하는 것은 무엇인가?

답

a. 톰: 갈등 없이 리와 리의 자녀들과 함께 살고 싶어 한다. 또한 리의 우울증이 사라지길 바라는데 그 이유는 우울증이 리와의 관계에 부정적인 영향을 끼치기 때문이다.

b. 리의 정신과 주치의: 리가 톰과의 관계를 끝내야 한다고 강하게 느낀다. 그는 그녀가 톰과 헤어질 때의 이점을 받아들이도록 2년간 설득해 왔다.

c. 리의 심리치료사: 리의 정신과 주치의와 의견이 같았으며, 리에게 톰을 떠나라고 강력하게 권유해 왔다.

d. 사회복지 공무원: 마찬가지로 이 상황에 대한 해결책은 리가 톰을 떠나는 것이라고 확신하고 있다.

e. 비어: 이 가족이 목표를 달성하는 것을 돕고 싶어 한다. 또한 다른 전문가들과 보조를 맞추면서 자신의 작업을 진행하고 싶어 하며, 자신이 속한 기관을 만족시키고 싶어 한다.

③ 무엇이 효과적인가?

답 리가 우울해하지 않는 때가 있으며, 이때에는 수지를 다룰 수 있다. 리와 톰의 관계에는 긍정적인 부분이 있다. 비어는 리와 톰이 서로 상대에게 매력을 느끼고 있으며 싸우고 있음에도 진정으로 서로 보살핀다고 믿고 있다. 그들은 금주를 포함하여 몇 가지 공통적인 목표를 가지고 있고, 다양한 방식으로 서로 지지한다. 그

들은 가지고 있던 적은 돈을 잘 관리했다.

④ 리의 우울증을 긍정적으로 변화시키기 위해서, 이 긍정적인 정보가 어떻게 강화될 수 있겠는가?

답 정보를 수집하는 동안, 비어는 리가 수년 동안 자신의 인생에서 원한다고 생각했던 것(톰과 함께하는 것)과 그녀의 정신과 주치의와 심리치료사가 그녀에게 최선이라고 생각했던 것(톰을 떠나는 것) 사이에서 마음이 찢어지는 느낌을 받아 왔다는 사실을 알게 되었다. 리는 두 사람을 매우 존경했기 때문에 때때로 이 딜레마를 참기가 힘들었고 자살 기도도 하게 되었다. 입원치료 기간 중에 그녀는 톰을 떠나야 한다는 생각을 점점 더 분명하게 굳히게 되었고, 퇴원하면 행동에 옮겨야겠다고 마음먹었다. 하지만 그녀는 어떤 때는 톰을 그리워했고, 그더러 집에 돌아오라고 했다. 리는 자신이 톰을 다시 받아들인 것 때문에 항상 수치스러워했는데, 그렇게 함으로써 그녀의 심리치료사와 정신과 주치의를 실망시켰다고 느꼈기 때문이었다. 이러한 수치심은 점차 우울증으로 이어졌고 악순환을 반복했다. 톰은 리가 자신을 떠나려고 할 때 자신이 매우 속이 상한다고 말했다. 그들은 싸우기 시작하고 수지는 현저하게 통제 불가능한 상태가 된다. 톰은 수지의 행동에 대한 반작용으로 수지에게 더 엄격하게 대하고, 리는 이런 상황에 대한 보상으로써 좀 더 양보하게 된다.

이제 이런 상황을 해결하기 위해서는 뭔가 다른 치료 계획이 필요하다는 사실이 분명해졌다. 한 가지 대안은, 만일 리와 톰이 그들의 관계에서 몇 가지 변화를 만든다면 이 가족에게 변화가 생길 수 있는지를 살펴보는 것이었다. 이 시점까지는 리와 톰에게 부부치료를 제안하지 않았는데, 그 이유는 리의 개인 심리치료사와 정신과 주치의는 정신역동 관점에서 이 사례를 다루었고, 리

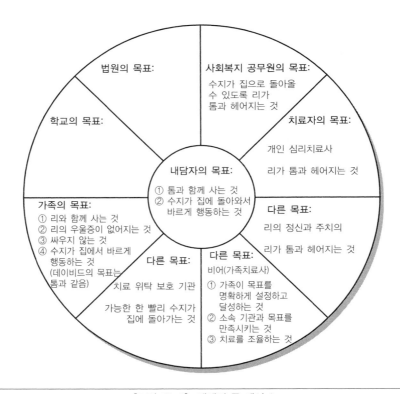

법원의 목표:

사회복지 공무원의 목표:
수지가 집으로 돌아올
수 있도록 리가
톰과 헤어지는 것

학교의 목표:

치료자의 목표:

개인 심리치료사

리가 톰과 헤어지는 것

내담자의 목표:
① 톰과 함께 사는 것
② 수지가 집에 돌아와서
바르게 행동하는 것

가족의 목표:
① 리와 함께 사는 것
② 리의 우울증이 없어지는 것
③ 싸우지 않는 것
④ 수지가 집에서 바르게
행동하는 것
(데이비드의 목표는
톰과 같음)

다른 목표:
리의 정신과 주치의

리가 톰과 헤어지는 것

다른 목표:
비어(가족치료사)
① 가족이 목표를
명확하게 설정하고
달성하는 것
② 소속 기관과 목표를
만족시키는 것
③ 치료를 조율하는 것

다른 목표:

치료 위탁 보호 기관

가능한 한 빨리 수지가
집에 돌아가는 것

[그림 10-3] 체계적 틀 예시 2

의 자아에 힘을 북돋아서 톰을 떠날 수 있게 하는 방향으로 상담을 했기 때문이었다. 이러한 목표들이 있기 때문에, 비어는 리와 톰을 부부치료에 의뢰하려면 다른 전문가들로부터 필요한 지지를 어떻게 받을 수 있겠는지를 해결중심 자문가에게 질문했다.

자문가의 도움을 받아서, 비어는 다른 전문가들이 사용하는 관점이나 이 관점에 협력하는 방식으로 다른 전문가들과 대화를 어떻게 나눌지 개요를 작성했다.

"수지에 관한 몇 가지 결정을 내려야만 하기 때문에 리의 행동 방식을 어떻게 생각하시는지를 여쭙고자 전화를 했습니다. 리와 수지는 톰이 집에 없을 때 상태가 나아지는 것 같지만, 리는 톰을 영원히 떠날 수 있을 만큼 자아의 힘이 강하지 않은 것 같습니다. 1점부터 10점까지 잴 수 있는 자가 있다고 가정해 보죠. 10점은 리의 자아가 아주 탁월한 힘을 가질 때의 점수이고 1점은 그 반대라고 한다면, 리와 처음 만나셨을 때와 비교할 때 현재 리의 자아가 가진 힘은 몇 점이라고 평가하실까요? (그러면 그들은 리의 점수가 얼마간 높아졌다고 대답할 것이다.) 그렇죠, 저도 리가 약간 좋아지는 모습을 보았고요, 선생님과 만나서 리가 좋아진 거라고 생각합니다. 약물치료를 하니까 리가 좀 더 안정된 것 같고, 알코올중독에서도 지속적으로 회복되는 것 같고요. 저는 그녀를 집으로 돌려보내라는 압박을 받고 있어요. 리가 집으로 돌아가는 문제에 대해서는 어떻게 생각하세요? (다른 전문가는 아마도 수지가 위탁가정에 머물어야 한다고 느낄 것이다. 그러면 비어는 리의 자아를 강화시키고 원래 집에서 수지의 행동을 안정화하기 위한 새로운 전략을 실행하기 위해서 그들에게 지지해 줄 것을 요청하려고 할 것이다.) 리와 이야기할 때, 저는 항상 두 사람에게서 나쁜 면보다는 관계를 원만하게 유지하고 있는 면이 많다는 사실을 느꼈습니다. 톰도 많이 회복되고 있는 것 같고요. 혹시 그녀가 이런 사실에 대해서 선생님에게 말하던가요?

리가 두 분과 아주 좋은 관계를 맺고 있고, 늘 기쁘게 지내려고 노력한다는 사실을 알고 있어요. 하지만 동시에 우리는 모두 그녀가 수동−공격적(passive-aggressive)이라는 사실도 알고 있지요. 전 이 사례에 대해서 몇 가지 상의를 해 왔는데요, 혹시 선생님께서 그냥 실험적으로 리에 관해 제가 준비하고 있는 새로운 접근법에 함께해 주실 수 있는지 여쭙고 싶습니다. 아마도 우리가 리에게 톰을 떠나라고 설득하는 것을 멈춘다면, 그녀는 우리 말에 대해 저항감이 적어질 겁니다. 그러면 리는 마음이 자유로워져서 무조건 우리에게 반대하는 대신에 다른 선택을 하고 싶은 마음이 들 수도 있습니다. 또한 톰과 함께 좀 더 평화롭게 살아가는 데 필요한 몇 가지 아이디어를 생각할 수도 있을 겁니다.

제 제안은 리와 만나고 있는 모든 사람이 각자의 방식으로 리에게 이렇게 이야기하자는 겁니다. 톰과 함께 지내는 것이 관계 안에서 좋지 않은 점보다 좋은 점이 더 많은 것 같기 때문에 그녀가 정말로 톰과 함께 지내고 싶어 한다는 사실을 우리가 깨달았다고요. 이제 우리가 이런 상황을 이해했기 때문에, 그녀가 톰과 함께 삶을 헤쳐 나갈 수 있도록 돕고 싶다고요. 두 사람의 관계를 증진시키기 위해서 커플치료를 제안할 수도 있겠죠."

비어는 이 실험에 카운티의 담당 사회복지 공무원도 참여하게 해야 했다. 그들은 과거에 함께 썩 훌륭하게 일한 적이 있다. 하지만 이 사례에 대해서는 서로 의견이 달라서, 그 공무원은 리와 그녀의 변화 능력에 대해서 이미 포기하고 있었다. 그녀는 만약 리가 톰에게서 떠나지 않는다면 재판을 통해서 앞으로는 수지와 매우 제한된 조건에서 만나거나 감독관이 입회한 상태에서 만나게 되는 선고를 받거나 심지어는 양육권을 박탈당할 수도 있다고 위협하기 시작했다. 리의 치료자는 그 공무원이 비어가 제안한 계획에 대해서 매우 적대적인 태도를 보일 것이라고 예상했다. 그래서 비어와 해결중심 자문가는 그 담당 공무원과 대화를 나눌 계획을 다음과 같이 짰다.

"저는 당신이 리에 대해서 여기까지라고 생각하시는 걸 알고

있어요. 우리는 모두 열심히 시도해 왔지만, 당신은 리가 이보다 좀 더 좋아지기를 기대하셨지요. 우리도 실망했어요. 최근에 제가 이 사례와 관련해서 자문을 받았는데요, 선생님이 한 가지 실험을 해 보실 의향이 있으신지 궁금합니다. 이 실험에는 리를 만나는 정신과 주치의와 심리치료사도 포함될 거예요. 리와 톰 사이의 관계에서 효과적이었던 다른 방법이 없었으니 한 번쯤 뭔가 다른 것을 해 보는 시도를 해 볼 만한 가치가 있다고 생각해요. 수지를 집으로 돌아오게 만들기 위해서도요. 노력을 많이 해야 하고 쉽지 않은 일이죠. 하지만 만약에 이 방법이 효과가 있다면 상황을 빠르게 개선시킬 것이고, 선생님은 지저분한 재판 과정에 휘말리지 않으셔도 될 거예요. 이 계획에 동의해 주실는지 모르겠습니다만, 저는 그것이 다른 어려운 사례에서 효과가 있는 것을 체험했습니다."

당연히 이런 유형의 대화가 다른 사람에게 효과가 있을지는 보증할 수 없다. 하지만 효과가 없다고 하더라도, 이 제안을 하는 것만으로도 듣는 사람의 생각을 조금 바꾸어서 또 다른 변화로 이끌 수도 있다.

그러나 맥기 가족의 사례에서는 다른 전문가들이 비어의 제안에 동의를 해 주었다. 리와 톰은 6개월 동안 커플치료를 받았고, 치료가 끝날 무렵에 리는 톰과의 관계를 끝내겠다는 결정을 스스로 내렸다. 그녀는 톰이 자신에게 기대하는 관심을 자신은 만족시켜 줄 수 없다는 사실을 인식했다. 톰도 리가 그의 정서적인 요구를 만족시켜 줄 수 없다는 사실을 인정하고 믿게 되었다. 톰과 헤어진 후에도 리는 그에게 돌아오라고 요청하지 않았다. 수지는 집으로 돌아왔으며, 리는 수지를 원만하게 돌볼 수 있었다.

가족치료자인 비어가 치료 체계에 간접적 개입을 할 책임이 있다는 생각은 몇 가지 의문을 일으킬 것이 확실하다. 우리는 통상적으로 내담자에게 하는 것처럼 동료들끼리도 서로 개방적으로 대화해야 하고 각자의 차이점을 조율해야 한다고 생각한다. 물론 이것은 언제나 지향해야 할 바람직한 방향이고, 모든 전문가가 이론적 지향을 공유하고 있는 경우에는 특히 더욱 그러하다. 하지만 개인적 관계에서와 마찬가지로 전문적 관계에서도 위계질서의 문제와 다른 충돌이 진전을 가로막는 경우가 많다.

체계론적 조율을 하려면 한 걸음 뒤로 물러서서 모든 하위 체계, 즉 관련된 전문가들과 가족의 상호작용을 관찰할 수 있는 능력이 필요하다. 숙련된 가족치료자는 이것을 할 수 있다. 문제를 확인된 내담자 내부에 존재하는 것으로 보도록 교육받은 정신건강 전문가들이 많다. 한 사례가 답보 상태에 이르렀을 때 다른 사람이 가지지 못한 전문성을 가진 한 사람이 무언가 제안했다면 사람들이 항상 개방적으로 그의 제안을 받아들이는 것은 아니다. 하지만 이 제안을 시도해 보자고 다른 사람들을 설득하려고 노력하는 것은, 사람들을 존중하는 태도로 하고 아무도 위험에 처하게 하지 않는 한 내담자에 대한 치료자의 의무다.

결 론

비자발적 내담자, 특히 누군가에게 명령을 받아서 상담에 온 내담자를 상담할 때는 해결중심적 사고뿐만 아니라 생태체계적인 사고도 필요하다. 이런 상담은 서로 다른 욕구를 가졌으나 공통의 목표를 달성하고 싶어 하는 관련자들을 돕는다는 점에서 가족치료와 비슷하다. 하지만 해결책의 기초로 작용할 수 있는, 관련자들을 단결시킬 자원(예: 가족애 등)이 없기 때문에 가족치료보다 어렵다. 내담자들은 종종 자신을 지원해 주는 사람들이나 법과 맺고 있는 관계를 적대적인 것으로 인식한다. 이 장에 제시된 것과 같은 복잡한 사례들에 대해서 해결중심모델은 늘 해답을 가지고 있지는 못할 수도 있다. 하지만 해결중심모델은 개인의 강점과 상호작용 과정에 초점을 맞추기 때문에 답보 상태나 실패를 피할 수 있는 가능성이 평균보다 많다고 본다.

CHAPTER 11

장기 사례

'장기 사례'라는 말의 뜻은 무엇인가? 이 말은 치료를 시작하기 전이나 치료 초기에 사례를 장기 혹은 단기로 나누는 구별을 해야 한다는 것을 암시한다. 이런 방식의 사고는 해결중심 이론과 실천에 적합하지 않다. MRI 접근과 해결중심치료가 단기 모델로 알려져 있지만 여기서 '단기'란 가능한 한 빠른 속도로 일한다는 의미가 아니라 접근의 결과를 말하는 것이다. 개입의 첫째 목적은 효과적인 문제 해결이어야 한다. 사실상 사례의 잠정적 길이를 미리 판단하는 것은 내담자와의 협력에 방해가 되며, 치료자는 내담자를 바꿀 수 없으며 내담자는 스스로 변화할 뿐이라는 해결중심적 가정에 저해가 된다.

예를 들면, 이제 막 사고를 당해 한쪽 다리를 잃어 지금까지 근무하던 직장에서 더 이상 일할 수 없게 된 내담자의 사례는 '장기 사례'가 될 것이다. 그런 상황에서는 대부분의 사람이 상실로 인한 애도 기간의 상당 기간 동안 치료적 지지를 많이 필요로 할 것이다. 그러나 무엇보다도 자신이 스스로 문제를 해결하는 것을 중시하는 사람들이 있다. 그런 사람들에게 장기간의 치료는 그들의 독립성 상실을 강조함으로써 문제를 더 복잡하게 만드는 일이다. 이런 사람들이 필요로 하는 것은 이해해 주는 귀, 그들이 얼마나 잘 대처하고 있는지에 대한 칭찬, 그리고 현재와 미래에 또다시 사용할 수 있는 과거의 대처 기술을 기억시키는 것이다.

다른 한편으로, 한부모인 세 살짜리 남자아이의 어머니가 치료 시작 때 "세 살짜리 제 아들이 자기 침대에서 잤으면 좋겠어요."라고 말했을 경우 이 문제는 '단기' 사례가 될 것이라고 생각하는 사람도 있을 것이다. 그러나 그 목표는 아들의 잠버릇보다는 어머니의 생활에서 일어나는 과정을 훨씬 더 반영해 주는 불평(내용)일 수도 있다(즉, 그녀의 자기주장 결핍). 그 사례가 얼마나 단기가 될 것인지는 진술된 문제(내용)에 대한 해결책이 내담자를 만족시키는지 여부(즉, 내담자가 그 과정을 다루면서 다른 문제들을 제시하는지 여부)와 변화에 대한 내담자의 준비 정도와 변화 능력에 달려 있다.

의뢰처에 따라서 사례의 길이가 결정되는 경우도 있다. 의료보험회사 연계 사례나 법원 연계 사례 같은 경우가 그러하다. 의료보험회사가 간혹 전체 회기를 6회기 또는 10회기로 미리 한정하는 경우가 있고, 판사가 1년 혹은 그 이상으로 치료 기간을 정하는 경우도 있다. 사례의 길이는 미리 한정된 시간을 정해서가 아니라 내담자의 요구에 따라서 결정되어야 하기 때문에 위 두 가지 경우 모두 부적절한 서비스가 될 가능성이 높다. 이런 상황을 가장 잘 다루는 방법은 상담 기간에 대하여 내담자와 의논하는 것이다. 만약 6회기만 허락된다면 무엇이 가장 도움이 될 것인가? 의무로 주어진 12개월이 채 되기 전에 목표가 성취된다면 무엇이 가장 좋을 것인가? 내담자는 의뢰처가 제시하는 의무 사항을 충족해야 한다는 것을 알아야 하지만, 선택 사항을 고를 수 있다는 것도 알 필요가 있다.

해결중심 사례는 수개월 혹은 수년에 걸쳐 진행될 수 있지만 매주 혹은 격주로 진행되는 전통적 의미의 장기 치료와는 다른데, 내담자의 요구에 따라서 내담자를 간헐적으로 만나기 때문이다. 각각의 치료에는 전체 상담목표를 이루기 위한 작은 목표가 있게 된다.

예를 들면, 다발성경화증이 악화되어 가는 아내를 간호하는 남편의 경우를 생각해 보자. 이 남편의 내과 주치의가 스트레스 관련 신체화 증상 때문에 이 남편을 상담에 의뢰하였다. 그러나 이 남편은 자신이 상담을 받음으로써 아내에 대하여 좀 더 인내할 수 있게 되면 좋겠다고 하였다. 만약 이 내담자가 자신이 좀 더 인내할 수 있을 때(예를 들면, 아내로부터 잠깐 떨어져 있을 수 있는 시간이 있을 때) 무엇이 다른지를 발견하고 그것을 좀 더 할 수 있다면 상담이 매우 짧아질 수 있을 것이다.

이와는 대조적으로, 이 남편이 좀 더 인내할 수 있을 때의 차이를 모를 수도 있으며, 알지만 더 이상 그것을 할 수 없을 때도 있다. 이런 경우라면 내담자의 목표가 성취될 때까지 상담이 수개월 동안 첫 단계에 머무를 수도 있을 것이다. 그리고 나서는 내담자가 다시 문제를 느끼기 전까지는 면담 횟수가 좀 줄어들거나 아예 없을 수도 있다. 그동안 그의 아내가 요양원에 입소했을 수도 있다. 내담자는 아내를 매일 방문하느라 힘들어서 휴식이 필요하다고 생각하지만 아내에게 어떻게 말할지를 모른다. 이렇게 되면 상담 목표가 다시 정해지고 내담자는 신속히 혹은 천천히 해결책을 찾게 될 수 있을 것이다. 이런 사례를 '단기치료'라고 정의할 수 있는 기준은 내담자가 자신의 강점을 사용하고 가능한 한 자신을 의지하도록 돕는 철학이 그 치료에 깔려 있는지 여부다.

장기간 동안의 치료자-내담자 접촉이 필요한 전형적 사례를 살펴보기 전에 우선 종결 시점을 결정하는 방법에 대해 살펴본다.

종결: 내담자의 문제

내 경험으로는 단기치료가 잘 진행될 때 치료자와 내담자는 거의 동시에 이제 그만 만나야겠다는 인식을 하게 된다. 그 시점에 내담자는 더 이상 할 이야기가 없다고 느낄 수 있으며, 치료자는 앞으로 문제를 예방하기 위해 무엇을 할 것인지, 만약 재발한다면 고치기 위해 무엇을 할 것인지를 너무 자주 묻고 있다고 느낄 수도 있다. 그러나 종결할 때가 명확하지 않은 경우도 있다.

가장 두드러진 경우는 내담자가 목표가 달성되었음을 인정하지만 재발에 대한 공포 때문에 종결하기 두려워하는 경우다. 이것이 명백할 때에는, 내담자가 직접적으로 이런 말을 했든 새로운 문제들을 자꾸 제시하든 상관없이, 우리는 내담자가 문제를 해결할 능력이 있다고 믿으며, 단지 내담자가 해야 할 과제가 하나 더 있다고 본다. 그것은 내담자가 상담을 종결해도 된다는 자신감을 개발하는 것이다.

불안이 드러나게 표현될 때에는 이 불안을 정상화해 주고 상담이 필요 없게 되면 취소할 수 있는 한 달 후의 상담을 예약해 주는 것이 도움이 된다.

종결의 두려움이 새로운 문제로 표현될 때에는 이 문제가 이제 막 성공적으로 다룬 그 과정과 관련 있는지 여부를 우선 결정해야 한다. 한 문제를 성공적으로 해결하면 전혀 다른 문제도 다뤄 보고자 하는 용기가 생길 수 있다. 반면에 분노를 다루는 방법을 이제 막 성공적으로 습득했는데, 분노와 관련해서 다른 문제를 제시한다면 이제 막 습득한 그 기술을 참고하라고 할 수 있다. 문제를 스스로 잘 해결한 후 2회기의 종결 회기를 가졌음에도 불구하고 1회기를 더 요구한 내담자가 있었다. 나는 다음번에 그녀가 상담 신청을 할 때에는 문제 두 개를 스스로 성공적으로 해결한 때에만 상담 신청을 받아들이겠다고 말하게 되었다. "선생님은 더 이상 저를 상담하길 원치 않으시는군요."라고 내담자가 말했다. 나는 "아니요. 저는 당신이 스스로 문제를 해결할 수 있다는 자신감을 가지기를 바랍니다. 당신이 상담을 받으러 계속 오는 한 그 자신감을 가지지 못할 것입니다."라고 답했다.

종결: 치료자의 문제

치료자는 흔히 내담자가 치료 목표를 달성했다고 느끼는지 여부에 따라 종결을 결정한다. 만약 내담자가 목표를 달성하지 못했다면 치료자는 내담자가 원하는 것이 무엇인지 다시 분명히 하고 그 지점에서 다시 시작해야 할 것이다.

그러나 해결중심 치료자들을 슈퍼비전해 온 나의 경험으로 볼 때, 사실은 내용상으로 오래전에 끝난 사례에 대해 가끔은 치료자들이 상담이 꽉 막힌 데 처했다고 느끼기도 한다는 것을 인식하게 되었다. 다음 사례가 그 전형적인 예다.

사례: 조의 슈퍼비전

조는 나에게 1년 반 동안 진행한 사례에 대한 슈퍼비전을 요청했다. 그는 상담으로 내담자의 상황이 전반적으로 좋아졌지만 내담자가 상담목표를 완벽하게 성취했다고 말하기에는 무엇인가 빠진 것 같다고 느끼고 있었다.

조가 28세의 독신인 맨디를 처음 상담했을 때 맨디는 실직 상태였다. 맨디는 여러 가지 직업을 가졌으나 만족하지 못하고 그만둔 경력을 가지고 있었다. 또한 그녀는 자신이 이용당하고 있다고 느끼게 만드는 어떤 남자와 데이트 관계에 있었다. 맨디는 자신이 우울감이 있으며 자신이 누구인지, 인생에서 무엇을 원하는지 모르겠다고 했다. 조가 그녀에게 더 이상 여기 오게 될 필요가 없을 때 무엇을 보면 알 수 있겠는가 물었을 때, 맨디는 자신이 원하는 직장에서 일하고 있을 것이며, 최소한 80% 이상의 시간에 삶에 대한 기쁨을 느낄 것이며, 자신이 가치 있게 여기는 관계를 유지하고 있을 것이라고 대답했다.

맨디는 우선 직장 상황에 초점을 맞추기로 했다. 6개월 내에(10회기) 그녀는 레스토랑 체인에서 일하고 있었으며 그 일을 좋아하고 있었다. 처음 10회기 후에 이 직장이 삶의 기쁨을 25%에서 50%로 올려주었다고 했다.

그 후 얼마 가지 않아 그녀는 남자친구와의 교제를 끝내기로 결정했다. 남자친구로부터 자신이 원하는 것을 얻기 위해 좀 더 노력을 했음에도 그가 반응이 없자, 맨디는 나쁜 관계를 유지하느니 차라리 외로운 게 낫겠다고 결정한 것이다.

이후 5개월간의 상담 동안에 맨디는 이 관계의 종결에 대해 애도 작업을 했으며 미래의 관계에 대한 기대는 무엇인지 생각해 보았다. 좀 더 자신에게 귀 기울이는 남성과 교제를 시작하게 되었을 때, 맨디는 상담을 이 남성과 교제를 지속할 것인지 결정하는 데 안내 도구로 사용했다. 맨디가 조에게 1년간 상담을 받았을 무렵 직장이나 대인관계에서 스트레스가 없는 한 삶에 대한 만족 점수는 75% 내지 80%를 오가고 있었다. 짧지만 어떤 때는 이 점수가 50% 내지 60%가 되기도 했다.

조가 나에게 자문을 받을 즈음, 맨디는 상담 시작 후에 시작한 레스토랑 체인에서 지점 매니저로 일하고 있었다. 남자친구와의 관계에서는 두 사람이 차이에 대해 논의할 수 있는 능력이 있고 이에 대해 둘이 노력했기 때문에 둘의 관계도 잘 진행되고 있었다.

조는 이 내담자를 조의 위로에 매우 의지하는, 젊고 매력적인 여성으로 묘사했다. 조는 맨디가 매우 잘 지냈으나 자기 자신에 대해 확신을 가지지 못하고 삶에 대한 만족 점수가 꾸준히 80%가 되지는 못하기 때문에 관심을 기울였음을 인식하게 되었다. 자문은 아래 제시되는 것들에 초점이 모아졌다.

직장 상황

자문가: 내담자가 직장에 안착하고 직장을 좋아하는 것으로 보이네요. 직장에서 맨디가 경험하는 스트레스는 어떤 성격인가요? 그리고 조, 당신은 그녀가 이 스트레스를 다룰 수 있다고 생각하시나요?

조: 그녀가 겪는 문제들은 매니저 위치에서 경험할 만한 것 이상은 아닌 그저 평범한 것들이에요.

자문가: 그러니까 그녀가 판단을 잘 한다는 거지요?

조: 네, 그렇지만 맨디는 자신이 판단을 잘하는지에 대해 자신이 없어요.

자문가: 1에서 10까지의 척도에서 10이 최고 자신감이라 했을 때, 그녀가 문제를 다룰 수 있다는 데 대해 조, 당신은 얼마나 자신감이 있으세요?

조: 8…… 9…….

자문가: 맨디가 얼마나 자신감이 있다고 생각하시나요?

조: 글쎄요. 어떤 때는 그녀는 10 같고 일이 잘못 되어 갈 때는 2 또는 3인 것 같아요. 흠…… 그런데 아무튼 맨디는 과잉 반응 경향이 있는 것 같아요. 그게 그녀의 스타일이에요.

이 시점에서 조는 자신이 맨디의 과잉 반응에 대해 과잉 반응해 왔음을 인식하게 되었으며, 그녀가 도움을 요청해 올 때 그녀 스스로 문제를 해결할 자원을 가지고 있음에 대해 자신이 좀 더 자신 있게 반응할 필요가 있음을 인식하게 되었다.

관 계

조는 맨디의 남자친구가 맨디에게 동거를 제안하지 않았기 때문에 맨디의 이성관계 안정성에 대해서도 관심을 기울였다. 자문가는 맨디가 다시 이용당하고 있다는 징후가 있었는지 궁금했다. 없는 것 같았다고 조가 대답했다. 상대 남성은 진지해 보였으며 돌보는 자세이었으나 석사 학위 수료를 6개월 남겨 두고 있어서 그때까지는 그녀와의 관계에 100% 헌신할 준비가 되어 있지는 않은 것 같았다.

자문가: 맨디가 이 남성과의 관계에서 필요로 하는 것이 무엇이라고 생각하세요?

조: 그녀가 지금 이미 얻고 있는 것이 대부분이지요. 저는 맨디가 또다시 상처받는 것을 원치 않아요.

자문가: 조, 당신이 말하는 것을 들으니 그럴 가능성은 매우 낮아 보이는데요.

조: 저도 그렇게 생각해요.

자문가: 그러면 만약 이 남성이 맨디에게 상처를 준다면, 당신이 맨디를 처음 보았을 때와 비교해서 맨디가 문제를 어떻게 다룰 거라고 생각하세요?

조: 상당히 더 잘 다룰 것이라 생각해요. 맨디는 직장에서 보람을 느끼고 있고 친구도 더 생겼어요.

다시금 조는 자신이 맨디를 과잉보호하고 있음을 인식하게 되었다.

삶의 기쁨

맨디는 삶의 기쁨이 75% 정도라고 꾸준히 보고하지는 않고 있었다.

자문가: 만약 그렇게 된다면 뭘 해야 할까요?

조: 그때는 종결해야겠지요.

자문가: 내담자가 종결을 원하고 있다고 생각하세요?

조: 아니요. 제 생각에는 맨디가 자신이 문제를 다룰 수 없다고 두
려워하고 있는 것 같아요.

자문가: 그녀 사례를 종결하는 것에 대해 조, 당신은 기분이 어떠
세요?

조는 이제 자신도 맨디와의 이별 문제를 겪고 있음과 그녀가 상담에 의
존하는 데 자신이 영향을 끼쳐 왔음을 인식하게 되었다.

자문가는 만약 이 시점에서 맨디가 한 달 이내에 다른 도시로 이사 가거
나 의료보험이 소진된다면 조가 어떻게 할지 궁금했다. 조는 맨디의 자신
없어함에 덜 반응해야 하며 그녀의 강점을 좀 더 지지해 주어야 한다는 것
을 알게 되었다. 이러한 목표를 달성하기 위하여 맨디의 직장 스트레스와
이성관계의 문제를 정상화해야 하며, 맨디가 비슷한 문제를 성공적으로
다루었던 때를 참고하게 해야 할 것이다. 조는 또한 미래에 겪을 상황을
어떻게 다룰 것인지를 맨디와 좀 더 상담해야 함을 깨닫게 되었다. 조는
종결을 몇 회기에 걸쳐 부드럽게 다루어야겠다고 생각했으며, '추가 접
종'이 필요할 때에는 언제나 맨디가 돌아올 수 있도록 문이 열려 있음을
알려 줌으로써 안심시켜야겠다고 생각했다.

조는 또한 자신이 맨디와의 관계를 상실하는 것에 대해서 다루어야 할
것이며 관계 상실을 엄격한 관점에서 보아야 한다는 것을 깨닫게 되었다.

조는 맨디와 함께하는 것과 맨디로부터 존경받는 것이 즐거운 일이며 맨디가 매력적인 젊은 여성이기 때문에 자신이 신속히 종결하기를 생각하지 않았을 수도 있겠다고 인정하였다. 치료자가 그 자신의 이유 때문에 내담자에게 애착을 가지게 되는 경우에는 단기치료가 장기치료로 변하는 일이 드물지 않다.

종결을 위한 치료자의 자기평가

해결중심치료나 다른 치료 모델처럼 상담에서 원하는 바를 내담자가 정의 내리기를 기대하는 치료 모델들의 특징 중 하나는 내담자들이 우리를 정직하게 만드는 능력이 있다는 점이다. 만약 내담자가 상담에서 얻고 싶고 변하고 싶어 하는 것을 우리가 진정으로 수용한다면 필요 이상으로 긴 기간 동안 상담하지 않을 것이다. 더 이상 상담이 필요치 않다고 내담자가 일찌감치 느끼면 느낄수록 내담자는 자신감과 유능감을 더 느끼게 될 것이다.

단기 사례가 장기 사례로 변하는 가장 흔한 이유는 치료자가 '내담자는 스스로 도울 수 있는 힘과 자원을 가지고 있다'는 것을 잊기 때문이다. 때로는 치료자가 완벽주의자이거나 내담자를 과잉보호하여서 필요 이상의 긴 기간 동안 상담하는 경우도 있다. 이러한 치료자의 의도는 내담자가 괜찮다는 것을 확실히 하고 싶고 변화를 강화하고 싶은 것이지만 이 행동이 주는 메시지는 "나 없이 당신이 괜찮은지 신뢰가 안 가요."라는 것이다.

이상적인 종결은 내담자가 해결책을 발견했다고 말하고, 치료자는 한 달 후로 다음 상담일을 잡고, 발견한 해결책이 여전히 효과가 있으며, 내담자와 상담자가 악수를 하면서 작별인사를 할 때 이루어진다. 가능한 한 많은 이상적인 종결, 가능한 한 짧은 기간 동안의 상담 진행, 내담자를 향한 우리의 감정에 대한 정직한 자기검토는 필수불가결한 일이다. 우리는 스스로에게 다음과 같은 질문들을 해야 한다. "내가 이 내담자를 계속 상담하는 이유는 내담자가 요청하고 내가 사람들을 기쁘게 하는 것을 좋아하기 때문인가? 이 내담자는 함께 있으면 즐겁고 성적으로 매력적인 사람 혹은 흥미로운 사람인가? 이 내담자는 10회기 상담을 허락받았고 문제는 비록 6회기에 해결되었으나 좀 더 진행하더라도 그에게 해가 되지 않고 나에게 수입이 되기에 계속 상담하고 있는가? 나는 이 내담자가 자신에게 도움이 되겠지만 구체적이지는 않은 목표를 달성하기 원하는가?"

물론 우리가 내담자를 좋아하지 않거나, 상담이 잘 진행되지 않고 있다고 생각되거나, 심지어 내담자를 두려워하기 때문에 서둘러서 종결하고 있는지도 모를 사례에 대해서도 검토해 보아야 한다.

만성적 문제를 가진 내담자

만성적인 신체, 정서 문제를 가진 내담자들의 경우 독립적으로 기능하는 능력에서 사람마다 차이가 많다. 어떤 사람들은 일을 해서 자급자족하겠지만 어떤 사람들은 장애연금에 의존해 살아간다. 스스로 상담실을 찾아오는 사람도 있지만 원조 전문가의 의뢰로 상담실에 오는 사람도 있다.

만성적 건강 문제가 주는 어려움 중의 하나는 그 문제가 만들어 내는 꼬리표다. 즉, 건강 문제는 부정적 자아상을 만들기도 하고 다른 사람들에게 편견을 조장하기도 한다. 당사자에게 가지는 기대에도 영향을 미치며 따라서 잠재력에도 영향을 미치게 된다. 이런 경우에는 해결중심의 강점기반 철학이 매우 유용한데, 해결중심접근에서는 모든 내담자가 독창적이며 변화 가능성에서도 독창적이라고 전제하기 때문이다.

나는 9년간이나 만성적 우울증을 앓았다는 내담자가 자신의 강점을 인정해 주는 해결중심 치료자에게 재평가되고 치료받음으로써 완전히 회복되고 삶의 방식도 완전히 변화된 것을 본 적이 있다. 이런 사례는 예외적인 것이겠지만 모든 내담자에 대해서 우리가 열린 마음을 가져야 한다는 증거이기도 하다.

사례: 버지니아

버지니아의 사례는 꼬리표가 강점을 흐리게 한다는 것과 장기 사례에서 치료자-내담자 관계가 중요하다는 것(Kreider, 1998)을 보여 준다. 버지니아는 장애연금에 의존해 살고 있는 42세 여성이며 분노 문제 때문에 사회복지사가 의뢰하여 상담에 오게 되었다. 그녀는 심한 비만이었고 구개열로 수술을 받은 적이 있으며 굽은 다리 때문에 오래 걷지를 못했다. 생모는 내담자가 세 살 때 사망했으며 아버지는 생모가 사망한 지 2년 후 재혼하셨다. 아버지와 새어머니는 내담자가 16세 되던 때에 내담자의 공격적 행동 때문에 내담자에 대한 친권을 포기하였으며 그 이후로 내담자는 부모와 전혀 연락을 하지 않고 지내 왔다. 그 후 정부가 그녀의 후견인이 되었으며, 그녀는 위탁가정에서 양육되다가 만성적 정신질환 때문에 17세에 정신병원에 입원하였다. 기록에는 조현병, 만성 우울증, 정신증적 삽화가 있는 경계성 성격장애 등 다양한 진단명이 기록되어 있었다. 공격성 때문에 병원은 버지니아에게 진정제를 많이 투여하였다. 그러나 우연히 찾아든 행운 덕택에 11년 후에 퇴원할 수 있었는데, 그녀가 입원해 있던 병동에 새로 부임한 레지던트가 버지니아 사례에 관심을 갖게 되었고 그녀에게 투여하던 모든 약물을 중단하고 리듬과 진정제 한 가지만 사용하자고 슈퍼바이저를 설득하였다. 결과는 버지니아가 사회 서비스 지원을 받아 독립적 생활이 가능하게 될 정도로 극적인 것이었다. 내가 처음 버지니아를 만났을 때에는 그녀가 몇 해 전에 만난 남자와 동거하고 있었다. 그녀가 유일하게 접촉하는 사람은 같은 주의 반대편에 살고 있는 위탁모였다.

버지니아의 사회복지사는 버지니아를 사람들과 잘 지내지 못하며 지난번 치료자로부터 치료를 거부당한 힘든 사람이라고 하였다. 내가 버지니아를 첫 회기에 만났을 때 버지니아는 나와 눈을 맞추지 않았고 자기 삶의 모든 것에 대해 분노를 쏟아 내는 매우 불안한 사람으로 보였다.

그런데 지금은 버지니아와 내가 12년째 관계를 유지해 오고 있다. 그중 6년은 다음과 같은 단계의 치료 기간이었다.

① 처음 두 달 동안은 버지니아가 불규칙하게 왔으며 기본적으로 비협조적이었다. 그녀는 해결중심 대화에 반응하기를 거부하였다. 철저히 부정적인 것이란 없으며 단기치료는 천천히 진행되기 때문에, 나는 기다리며 정서적 분위기에 집중하기로 결심하였다. 그녀는 고양이 네 마리를 '아기'라고 부르며 기르고 있었고 고양이에 대해 말할 때에는 어조가 부드러워졌다. 나는 종종 고양이에 대한 안부를 물었다.

3개월째 들어서자 버지니아가 매주 규칙적으로 상담실에 오기 시작했고 자신에 대해 말하기 시작했다. 그러나 여전히 상담 목표에 대해서 대화하는 것은 거부하였다.

② 버지니아는 사회서비스 부서가 제공하는 교통수단(승합차)을 이용해 상담실에 오고 있었다. 그런데 상담을 시작한 지 6개월 정도 되었을 때 사회복지사가 전화를 걸어와서, 버지니아가 운전기사에게 언어적 폭력을 가했기 때문에 그 운전기사가 속한 회사가 버지니아에게 교통수단 제공을 거부하고 있다고 하였다.

내가 상담 중에 이 이야기를 꺼냈으나 버지니아는 자신은 책임이 없다고 하였다. 이 일로 인해 앞으로 우리가 상담을 지속하지 못할 것이어서 유감이라고 하자 버지니아는 처음에는 내 말을 무시했으나 마침 내는 누군가 말할 사람, 특히 자신에게 뭘 하라고 시키지 않는 사람이 있었다면 좋았겠다고 했다. 나는 그녀가 운전기사에게 가진 분노를 정당한 것으로 수용해 주었고 그에 대해 자세히 물었다. 결과적으로 운전기사가 승합차에 승차하는 장애인들을 충분히 민감하게 대하지 않았기 때문에 버지니아가 운전기사에게 욕을 했음을 알게 되었다.

치료자: 누군가 다치거나 불편할까 염려해서 운전기사에게 화내는 것 대신에 무엇을 할 수 있을 거라고 생각하세요?

버지니아: 입 닥치고 있는 거요.

치료자: 그러나 그건 힘들지요! 특히 우리가 어떤 일에 대해 염려 할 때는요.

버지니아: 맞아요! 그럴 때 사람들은 절대로 입 닥치고 있지 않지요.

치료자: 혹시 당신이 염려해서 운전기사에게 화내는 것 말고 다른 무언가 한 적이 있으세요?

버지니아: 예를 들자면요?

치료자: 저도 몰라요. 승합차로 이동하는 중에 화날 때 다른 것, 뭘 하시나요?

버지니아: 입 닥치거나 소리 지르는 것이요!

치료자: 그것 말고 다른 가능한 것으로는 무엇이 있을까요?

버지니아: 저를 때리는 거요.

치료자: 저는 사람들이 무언가 염려되는 상황일 때 그 상황이 위험 할 수 있다는 것을 알고 있냐고 책임자에게 그저 물어보는 방식을 택한다고 들은 적이 있어요.

버지니아: 그 사람들은 제가 입을 여는 것을 두말할 것 없이 원치 않 아요.

치료자: 입을 열지 않는 것…… 그게 당신이 원하는 거예요?

버지니아: 음…… 저는 화났을 때 그렇게 못해요.

치료자: 도움이 될 만한 다른 것을 시도해 보고 싶으세요?

버지니아: 네! 그렇지만…… 그걸 하려면 기적이나 일어나야 할 걸요.

나는 그녀가 쓴 '기적'이라는 단어를 활용하여 기적질문을 하였다. 그녀는 처음에는 답을 하지 못했지만 기적질문을 하자 예외적인 일을 떠올렸다. 때로 그녀는 뭔가에 대해 골몰히 생각하면 자신을 제어할 수 있었던 것이다. 그럼 승합차 안에서 무엇을 생각할 수 있을 것인가? 그녀가 자신이 기르는 고양이를 생각할 수 있겠다고 하였다. 화가 날 때는 고양이들의 이름을 반복해서 되뇌어 볼 수 있겠다고 했다. 버지니아는 일주일간 이를 시도해 보았으나 더 이상 차량 서비스를 받을 수 없게 만든 사건이 일어나고 말았다. 이 사건은 그녀의 분노를 불붙였고 나는 전화로 그녀의 이야기를 들어 주었으며, 그녀가 분노를 폭발하지 않도록 자신을 제어하려고 우선적으로 노력했던 것에 대해 칭찬해 주었다. 그리고 나서 나는 버지니아를 위하여 차량 서비스 제공회사에 전화를 걸어 다시금 서비스를 이용할 수 있도록 말하겠다고 했다. 버지니아는 마지못해 이에 동의했다. 버지니아는 다시 차량 서비스를 이용하게 되었고 그 이후에 문제는 다시 일어나지 않았다. 그 후로는 만날 때마다 그녀가 자신을 제어하는 능력을 발휘한 것에 대해 칭찬해 주었으며 어떻게 제어했는지를 구체적으로 이야기 나누었다. 그녀는 고양이 이름들을 되뇌어 보는 대신에 차창 밖의 빨간색 승용차들이나 다른 것들을 세어 보기 시작했다.

③ 이 사건 후에 버지니아는 좀 더 집중할 수 있었다. 그녀는 덜 좌절하는 방법을 알고 싶다고 하였다. 우선 그녀가 인생의 어떤 것에 좌절하는가? 남자친구 샘에 대해서였다. 샘과의 관계에서 어떤 점이 그녀

를 좌절시키는가? 작은 변화는 더 큰 변화로 이끌 수 있다. 그녀가 말을 걸 때 그가 대답하지 않는 것이었다. 버지니아가 이 문제에 초점을 유지하는 것은 쉽지 않았지만 그녀의 바가지와 샘의 말 없음은 좀 나아지는 것 같았다. 샘이 상담에 몇 회기 참석하기도 했다. 나는 해결중심 질문을 사용하여 그들이 커플로서 효과를 경험한 것을 기반으로 해결책을 쌓아 가게 했다. 그들의 감정에 대해 많은 대화를 나누었고 나는 그들의 관계에서 경험하는 긍정적인 것을 되풀이해서 강화했다. 그들의 관계가 매우 나쁠 때가 1이고 그들이 상상할 수 있는 가장 좋을 때가 10이라고 할 때 그들은 3에서 7로 상승했다고 보고 했다.

④ 겨울이 다가오고 있었고 나는 버지니아를 거의 1년 동안 상담해 왔으며 종결을 향하고 있었다. 그녀의 사회복지사는 버지니아가 좀 더 편안해졌으며 자기조절을 잘하고 있다고 하였다. 그래서 격주로 상담할 것을 내가 제안하였다. 나는 이 얘기를 매우 조심스럽게 꺼냈으며 거부하는 것으로 보이지 않도록 주의했다. 버지니아는 격주 상담을 즐기게 되었으며, 나는 그녀가 장애인에 대하여 깊은 공감을 한다는 사실을 활용하여 그녀에게 상담에 덜 자주 옴으로써 그녀의 도움이 필요한 사람을 도울 시간을 마련하면 어떻겠느냐고 제안하였다. 그리고 상담 사이에 도움이 필요할 때 나에게 연락할 수 있는 전화번호를 가르쳐 주었다. 버지니아는 이 제안을 잘 받아들였으며 아주 이따금씩만 나에게 전화하였다.

⑤ 5개월 후에 버지니아의 고양이 한 마리가 차에 치이는 사고가 일어났다. 이 일은 생모의 죽음이나 그녀를 구출했던 정신과 의사와의 접촉 단절 같은 그녀의 인생에서 일어났던 다른 상실의 아픔을 건드렸다. 약 6개월간 매주 상담을 다시 진행하였으며 그녀의 슬픔과 분노에 대해서 다루었다. 이 슬픔과 분노는 다시 샘과의 관계 문제를 일으켰다.

⑥ 다시 안정되었을 때 상담 횟수를 서서히 줄여 나갔으며 가끔씩 일어나는 작은 위기 상황은 전화로 처리했다. 전화 통화 시에는 그녀가 기분을 토로할 수 있도록 해 주고 나서는 자신에 대해 기분 좋게 느낄 수 있는 방식으로 자신을 진정시키는 데 무엇이 필요할지를 묻는 것으로 충분했다.

그다음 2년 동안은 위기가 있을 때에만 상담을 진행했다. 예를 들면, 집 주인이 부당하게 그녀와 샘에게 집수리를 떠맡긴다거나 해서 집 주인과 싸울 때 등이다. 버지니아는 마침내 자신이 승합차 운전자들과의 문제에서 배웠던 방법을 토대로 하여 새롭고도 덜 대결적으로 협상하는 방식으로 이 상황을 해결할 수 있었다.

⑦ 버지니아는 우리가 처음 만난 지 6년 후에 마지막 상담을 받게 되었다. 샘이 직장을 그만두게 되어 매우 우울해했으며 이러한 샘에게 버지니아는 분노와 좌절을 느끼고 있었다. 다시금 매주 상담이 진행되었으며 그들은 건강 문제를 가지게 된 그녀의 위탁모 집 근처로 이사 가기로 결정하였다.

버지니아에게 작별인사를 하는 것은 내게도 쉬운 일이 아니었다. 여러 해를 지나면서 분노의 가면 뒤에 감춰져 있는 이 친절하고 정직하며 지적이고 놀랄 만한 적응 유연성을 가진 여성에 대해 나는 이해하게 되었다. 그러나 사실 그녀에 대한 내 존경심은 이걸로도 불충분할 것이다.

버지니아는 이사를 간 후에도 가끔 소식을 전해 왔다. 새로 이사 간 곳에서 치료자와 정신과 의사에게 연결이 되었으나 여전히 가끔 나에게 전화를 했으며 몇 년 후에는 한 번 나를 방문하러 오기도 했다. 크리스마스와 부활절에는 늘 카드를 보내 왔다. 그리고 고양이가 죽거나 새끼가 태어나면 소식을 보내곤 했다.

3년 후에 샘이 위암으로 진단받자 전화가 잦아졌다. 버지니아는 1년 내내 집에서 샘을 간호했다. 샘이 사망하기 두 달 전에 그들은 결혼식을 올렸다. 버지니아는 믿을 수 없을 만큼의 인내심을 가지고 헌신적으로 샘을 간호하였다. 샘의 임종이 다가오자 그들은 샘의 수의 등을 마련하면서 샘의 장례식을 함께 준비하였다. 샘이 사망하고 얼마동안 버지니아는 연락이 뜸하였다.

그리고 8개월 정도 지난 후에 버지니아가 한밤중에 녹음했다는 테이프를 우편으로 받게 되었다. 그녀는 매우 힘든 애도의 시기를 지나고 있었고 잠을 거의 잘 수 없었다. 그녀는 나에게 이 테이프에 답장을 녹음하여 반송해 달라고 부탁하였다. 우리는 네 번인가 다섯 번 테이프를 교환하였으며 버지니아의 기분은 점차 나아졌다. 그녀의 사회복지사는 그녀가 지역에서 너무 힘들이지 않고 할 수 있는 자원봉사활동을 찾고 있었다. 내가 버지니아로부터 마지막으로 들은 소식은 다시금 이사 간다는 것이었고 그 이후로는 연락이 끊겼다.

이것이 장기 해결중심치료 혹은 지지적 해결중심치료다. 이 치료는 내담자의 내적 능력에 따라서 막강한 변화를 만들어 낼 수도 있다. 이 치료는 해결중심치료의 기본적인 가정을 따르며 개별 사회사업처럼 상담실 그 이상의 영역에서도 이루어진다.

사례: 환청을 듣는 남자[4]

해결중심치료는 평생 환청을 들어 온 사람에게도 적절한 상담 방법이

---

4) 이 사례는 위스콘신 주 데인 카운티 정신건강센터의 Brett Brasher가 제공한 것이다. Brett은 이런 유형의 사례를 자주 다루고 있다.

다. 해결중심치료자는 내담자의 관점에 도전하지 않고 수용하기 때문에 내담자의 불안이 줄어들게 된다. 이런 치료자-내담자 관계는 내담자를 안정시키며 내담자의 자기주체성과 자기조절감을 향상시킨다.

프레드는 25년간 정신의료 체계에서 치료받아 왔으며 장애연금에 의존해 사는 45세의 백인 남성이었다. 그는 혼자 살았고 대기업에서 사무실 간의 우편을 전달하는 일을 시간제로 하고 있었다. 그는 대학 신입생 때 처음 환청을 들었으며 곧 대학을 자퇴하였다. 그는 음주가 심해져서 도저히 손을 쓸 수 없을 정도가 되어 사회복지사로부터 의뢰되었다. 그는 정신과 의사의 진료하에 약을 처방받고 복용하고 있었다.

치료자: 왜 여기 오시게 되었는지 얘기해 주시겠어요?

프레드: 담당 사회복지사가 여기 와야 한다고 했어요. 그분이 제 집에 오실 때마다 여기저기 널려 있는 맥주병을 보고 염려를 하셨지요.

치료자: 맥주병의 무엇 때문에 사회복지사가 염려하신 건가요?

프레드: 제가 술을 너무 많이 마신다고 생각한 것이지요. 아마 그런 때도 있었을 거예요. 그렇지만 제가 겪은 것을 선생님이 겪으셔야 한다면 선생님도 아마 저처럼 마셔댈 걸요. 선생님은 술 드세요?

치료자: 직장에서는 전혀 안 마셔요. (프레드가 소리 내어 웃는다.) 당신의 사회복지사가 그렇게 걱정한다면 정말 당신을 염려하는 것 같네요. 그분이 선생님 담당자가 되신 지 오래되었나요?

프레드: 아 네, 한 주에 두 번씩 오세요. 그분이 저를 시장에 데려가시지요. 공과금 내는 것도 도와주시고요. 그렇게 도와주니 정말 차이가 있어요. 수년 전에 제가 병원에 있을 때에

는 제가 퇴원하고 싶다고, 그러니까 자유롭고 싶다고 전혀 생각하지 않았어요. 프로그램에 속하니까 정말 도움이 많이 돼요.

치료자: 음주의 어떤 것이 염려가 되세요?

프레드: 많이 걱정하진 않아요. 제가 술 마시는 데 돈을 너무 많이 쓰지만 어떤 때는 술 마시는 게 제가 할 수 있는 유일한 일이지요. 있잖아요, 제가 술집에 가면 사람들이 저를 웃기는 놈이라고 쳐다봐요. 그렇지만 시간이 좀 지나서 제가 몇 병 마시게 되면 저도 다른 사람들처럼 돼요.

치료자: 그렇지만 담당 사회복지사가 걱정하지요, 그렇지요?

프레드: 글쎄요. 그렇지만 어떤 때는 그게 유일한 방법이에요.

치료자: 유일한 방법?

프레드: (글썽이며) 네!

치료자: 당신 머릿속에서 벌어지는 것을 다룰 수 있는 유일한 방법이요?

그레드: 네, 바로 그거에요! 제가 충분히 많이 마시면 조용해져요, 진짜 조용해져요. 조용해지면 제가 생각을 할 수 있게 돼요. 그리고 할 일을 할 수 있게 되죠. 제가 악마의 소리를 안 듣게 되면요.

치료자는 음주가 환청을 잦아들게 하는 데 도움이 된다는 것을 알게 되었다. 이것은 내담자에게 가치 있는 대처 방법이었기 때문에 내담자가 더 적당한 것을 발견할 때까지는 다른 것으로 대치할 수 없었다. 그래서 치료자는 상담의 속도를 천천히 하고 우선 내담자와 신뢰 관계를 형성하는 데 집중하기로 마음먹었다. 치료자는 처음 몇 주 동안에는 내담자에게 술을 마시지 말라고 하지 않았고 단지 내담자와 그의 삶에 대해 흥미를 보였다.

내담자는 점차 치료자를 자신의 세계 안으로 들어오도록 허락하였다.

프레드: 오, 하나님 맙소사, 정말 웃기네요. 제가 '하나님 맙소사'라고 했지요. 그렇게 말하면 도움이 돼요. 저는 하나님 음성을 들어요. 전에는 제 머릿속에서 듣는 것은 모두 마귀 소리였어요. 제 머리 속에는 마귀들이 있어요. 하나는 저에게 자해하라고 말하는 놈이고 다른 하나는 여러 가지 듣기 싫은 것을 말하는 놈이에요. 이제 저는 하나님의 소리를 들으려고 노력해요. 제가 하나님의 소리를 들을 때는 마귀의 유혹과 싸우는 데 도움이 돼요. 하나님은 저에게 마귀에 대해서 걱정하지 말라고 하세요. 아무 소리도 안 들리는 때도 있어요. 주로 제가 일할 때이지요.

치료자: 그렇게 되기 위해서 무얼 하시나요? (내담자가 조절한다고 가정했다.)

프레드: 우선은 제가 일할 때 마귀 소리를 듣지 않겠다는 것을 알리는 거여요. 열두 시부터 세 시까지는 아주 좋지만 밤에는 힘들어요. 저는 여섯 시 반에 집에 가서 의자에 앉아서 담배를 피우고 마귀를 들어오게 하지요. 때로는 잠들기 힘들고 힘이 많이 들어요.

치료자: 상황이 좋아지기 시작할 때는 뭐가 처음에 눈에 띠나요?

프레드: 제가 좀 더 강해져요. 제가 힘이 더 생기고 흥미도 생겨요. 어쩌면 심지어 사람들과 좀 얘기를 시작하기도 해요.

치료자: 이미 그런 일이 있었던 적이 있나요?

프레드: 때로는, 충분치는 않지만요.

치료자: 만약 당신처럼 환청을 듣는 사람에게 조언을 한다면 뭐라고 하시겠어요?

프레드: 가능한 한 스트레스 없는 삶을 살 필요가 있다고 말하겠어
요. 스트레스 없는 삶이 되고 그런 삶을 오래 유지하면 견
뎌 낼 가능성이 많아져요.

치료자: 다른 것은?

프레드: 먹는 것에 조심하라는 것이요. 어떤 음식은 마귀를 겁주지
요. 모로코산 쌀이나 바스마티 쌀로 밥을 해 먹으면 도움
이 되는 것 같아요.

Brett Brasher는 내담자의 독특한 자원에 대해 알게 되면서 미래를 위해
그 자원을 강화하려는 시도를 시작했다. Brasher는 이런 유형의 내담자 치
료에 개방형 접근을 권장한다. Brasher는 여러 해에 걸쳐 경험한 결과 변
화하는 것은 바람직한 것이지만 두렵기도 한 것이라는 것을 알게 되었다.
따라서 더 이상 상담실에 오지 않아도 된다는 것을 어떻게 알아챌 것이냐
는 질문은 내담자로 하여금 치료자의 지지 없이 지내는 모습을 그려 보게
만들므로 권할 만하지 않다는 것이다. 진전은 잠정적인 것으로 그리고 느
린 속도로 다루어야 하는 것이다.

다음의 대화는 치료를 시작한 지 2개월 정도 후에 나눈 것이다.

치료자: 우리가 처음 만났을 때보다 조금 더 괜찮아지셨다고 말씀
하시겠어요?

프레드: 아 네, 훨씬 좋아졌지요. 어제 밤에는 한 시간 동안 깨어
있었는데 심심했어요.

치료자: 심심했다고요?

프레드: 네, 심심했어요. 저는 심심한 기분이 아주 좋아요. 있잖아
요, 그땐 정말 평화로워요. 제가 심심할 땐 아무것도 제
머리 속에 들어오지 않는다는 걸 알아요. 전 심심할 수 있

어요.

치료자: 평화롭게 들리네요.

프레드: 저는 인내와 용기로 정신증을 극복하려고 노력하고 있어요. 인내와 용기를 계속 유지하면 마귀를 물리치게 될 거예요.

치료자: (내담자가 자신의 미래의 일부분일 것이라는 것을 확신시킨다.) 우리가 이런 대화를 6개월 후에 할 때 당신 자신에 대해 괜찮다고 느끼려면 무엇을 알 필요가 있나요?

프레드: 하나님이 저와 함께하신다는 것을 알 필요가 있어요. 하나님은 진짜 조현병 환자는 영혼에 구멍이 있다고 말씀하세요. 하나님과 얘기 나누는 것이 저를 구출하지요. 그리고 제가 비록 이런 비참한 일을 겪어 왔지만 지금은 선한 영혼을 계발하고 있다는 것을 알아요.

치료자: 지금 선한 영혼을 잘 계발하면서 확립하고 계시기도 한가요?

프레드: 네, 교회 가는 것이 마귀를 겁주지요.

치료자: (치료자가 선한 영혼 확립에 대한 자신의 생각을 좇기보다는 내담자의 생각을 좇아서) 교회 안에 계실 때는 평온함을 얻기 위해 무얼 하세요?

프레드: 교회 안에 있으면 제가 두렵지 않다는 것을 마귀가 알게 돼요. 자신 없을 때에는 용감하라. 용감하면 많은 마귀를 물리칠 수 있어요. 마귀들은 그렇게 머리가 좋지 않아요. 저는 나중에는 어려움을 겪기도 해요. 있잖아요, 특히 저녁 무렵에는 제 영적 에너지가 떨어지고 방어를 잘 못하지요.

Brett Brasher는 환청을 듣는 내담자를 너무 자주 상담하지 말라고 주의를 준다. 그들은 지속적인 지지가 필요하지만 그들이 삶의 상세한 것에 대해 너무 많이 집중하는 것은 도움이 안 될 수도 있다. 그는 종종 내담자더러 한 달에 몇 번 오는 것이 가장 편안할지를 선택하게 하기도 한다. 이 내담자는 한 달에 한 번 오는 것을 선택했다. 4개월 후에 이 내담자는 음주를 포기하기로 결심했다.

> 프레드: 이제 저는 3주간 금주해 왔어요. 술 마시면서 여기 와서 상담받는 것은 말이 안 된다고 생각했어요. 또한 제 자신에 대해서는 제가 결정해야 할 필요가 있다고 하나님이 느끼신다는 것이지요.
>
> 치료자: 그게 차이를 만들었나요? 금주하는 것 등에서요.
>
> 프레드: 네. 저는 커피를 좀 더 마시고 담배를 좀 더 피는 것 같아요. 제가 담배 필 때는 얼마 동안 별일 없이 고요하다는 것 아시지요?

내담자는 음주를 대신할 것을 스스로 찾아내고 있었다. 담배를 필 때는 자신의 머리보다는 호흡에 집중하게 된다는 이야기도 하였다. 환청이 너무 시끄러워질 때는 휴대폰을 꺼내서 휴대폰에 대고 말한다는 이야기도 했다.

> 프레드: 저는 여피 같아 보여요(웃음).
>
> 치료자: 또 어떤 것이 도움이 되세요?
>
> 프레드: 선생님과 얘기하는 거요. 그리고 제가 친구가 몇 명 있거든요. 가끔 모여서 어떻게 지내는지 얘기 나누지요. 근데 그건 어려워서 그냥 기타 치는 것이 더 나아요.
>
> 치료자: 그럼 당신이 사람들에게 소리에 대해서 말하면 그 소리들

은 어떻게 반응하나요?

프레드: 오, 안 좋아하지요. 더 시끄러워지기 시작하고요. 그러면 저는 기도를 해요. 기도를 하면 침묵을 깰 수 있는 힘이 생기거든요.

치료자: 소리들이 제안하는 것을 듣지 않으면 어떤 일이 생기나요?

프레드: 아, 걔네들이 화를 내지요. 그런데 제가 이 마귀들과 싸우면 큰 영적인 변화가 일어난다는 것을 알게 되었어요. 병 때문에 저는 하나님께 가까이 갈 수 있는 기회를 가지게 되었어요. 이게 저에게는 구원입니다. 저는 하나님께 많은 빚을 졌어요. 그런데 어디로 수표를 보내어 빚을 갚아야 할지 모르겠어요.

치료자: 제 생각에 하나님은 돈이 별로 필요 없으실 것 같으니까 수표를 보내실 필요는 없으세요.

프레드: 네, 맞아요.

치료자: 수표를 보내는 대신, 금주해서 절약한 돈으로 뭘 하시겠어요? (내담자에게 더 많은 대처 전략을 안내하려고 노력한다.)

프레드: 글쎄요, 전 컴퓨터를 사려고 돈을 모았어요. 그러면 제가 인터넷으로 다른 사람들과 대화를 할 수 있을 거예요. 제가 타이핑할 땐 아무도 제가 무슨 생각을 하는지 모르거든요.

변화는 항상 부드럽게 일어나는 것은 아니다. 이 내담자는 다음 달에 크게 재발을 경험했는데, 자신이 충분히 예배에 참석하지 않아서 사도 바울이 자신을 죽이려고 하며 사람들이 자신을 쫓아온다고 믿었다.

치료자: 무엇을 보고 사도 바울이라고 생각하셨어요?

프레드: 전 알아요. 그가 저를 쫓아오고 있었어요. 끔찍했어요.

치료자: 끔찍하게 들리네요. 그런데 사도 바울이 확실해요?

프레드: (당황해하며) 네. 그런데 그게 무슨 의미예요?

치료자: 글쎄요. 사도 바울은 사랑의 성인이에요. 왜 사랑의 성인
　　　　이 당신이 그의 사랑을 의심할 만한 일을 하려고 할까요?
　　　　(재명명을 제공한다.)

프레드: 모르겠어요.

치료자와 내담자가 사도 바울의 사명에 대하여 이야기하는 동안 내담자는 자신의 두려움에 대한 생각을 바꾸기 시작했다.

프레드: 아마 사도 바울이 저를 도우려고 한 걸까요?

치료자: 아마도 제 생각에는 사도 바울이 당신으로 하여금 주위의
　　　　일을 좀 더 의식하게 하려고 한 것이 아닐까 생각해요.

프레드: 그거에 대해 생각해 봐야겠네요.

환청을 듣는 내담자와의 상담은 내담자와의 협력과 해결중심 가정이 어떻게 상담을 안내하는지를 보여 주는 가장 두드러진 사례가 될 것이다. 이런 사례를 통해 그들의 강점과 자원을 기억하게 되고, 느린 속도로 작은 변화 목표를 향해 일해야 하며 우리가 그들을 변화시킬 수는 없다는 것을 기억하게 된다. 정서적 분위기가 이렇게 불안하고 사람들을 불신하는 내담자들의 삶에서 항상 결여되었던 안정감을 제공하기 때문에 정서적 분위기 또한 중요하다.

내담자의 정서에 대해 점차적으로 주의하는 것도 중요하다. 환청을 듣는 사람들은 자기 자신의 감정으로부터 배제되어 있으며 타인의 감정을 읽는 데 어려움을 가지기 때문이다. 따라서 치료자와의 관계는 내담자가 타인의 감정을 읽는 것을 배우는 안전한 학습 자료가 될 수 있다.

재발도 또한 학습 기회로 여겨지는데 '이번에는 무엇이 다른가'가 강조되어야 한다. 이 질문은 더 나은 미래를 구축하는 일련의 사건의 시작이 될 수 있는데 이런 내담자들은 보통 스스로 이 시작을 하기 어려워한다.

장애에 대한 적응

어떤 사람들은 삶의 방식을 크게 바꿔야 할 정도로 갑작스럽게 혹은 점차적으로 신체적 조건이 나빠지는 경험을 하게 된다. 이로 인해 이전의 정체감을 상실하게 되고 전처럼 기능할 수 없게 되어 큰 적응이 필요하다. 이런 어려운 상황에서 해결중심 치료자는 내담자들이 상실에 대해 애도하도록 돕는 것과 내담자 자신의 과거 자원 및 잠재적 자원에 기반을 두고 새로운 인생을 설계하도록 돕는 것 사이에서 균형을 잡아야 한다.

사례: 캐럴

캐럴은 그런 사례를 대표한다고 할 수 있겠다. 그녀는 인생의 황금기인 39세에 자동차 사고로 척수 손상을 입었으며 상대방은 비보험 운전자였다. 캐럴은 기혼자였고 8세부터 15세까지의 네 자녀를 둔 어머니였으며 여성 의류 매장의 공동 소유주였다. 남편은 상업 미술가였다. 사고 때문에 그녀는 내장과 방광을 자율적으로 조절할 수조차 없게 되었다. 그래서 이제는 기계가 이 장기의 기능을 수행하게 되었다. 그러나 이런 방법의 안전성은 완전히 증명된 것이 아니었기에 이따금 일어나는 사고를 피할 수 없었다.

주치의는 캐럴이 장애에 적응하는 데 도움이 필요하다고 느껴서 상담을 권유하였다. 첫 상담에는 캐럴이 남편과 함께 왔다. 캐럴은 이때쯤에는 직장에 복귀하기로 되어 있었으나 혹시라도 있을지 모르는 '사고'로 인하여 사람들을 불편하게 할까 봐 두렵고 너무 기운이 없어서 복귀하지 못하고 있다고 하였다. 항상 자신의 삶을 완벽하게 조절할 수 있었던 여성인 캐럴이 이제는 삶의 모든 부분에서 조절력을 상실한 자신을 경험하고 있음이 명백하였다. 그녀는 불안감을 해소할 항우울제나 어떠한 약물 치료도 거부하였는데 이런 약을 사용한다는 것은 이전의 자신을 포기하는 또 다른 방식이라고 여겼기 때문이다. 면접 마지막에 나는 그녀가 이전처럼 잘 지내고 있음에 대하여 놀라움을 표현하였고 그녀의 고통을 인정하는 말을 해 주었다. 나는 이런 환경에서는 다른 사람들이라면 집이나 직장에서 할 일을 재개하기 위한 노력을 이만큼은 하지 않을 거라고 진심으로 믿었다. 나는 캐럴이 여전히 삶에 대해 어느 정도의 조절력을 가지고 있음을 지적하기 위하여 그녀가 노력하는 행동(자녀들의 숙제 도와주기, 장볼 것 목록 작성하기, 사업 파트너와 계속 연락하기)을 일일이 열거하였다.

첫 면접이 끝나고 며칠 후 남편으로부터 전화가 왔는데 캐럴이 사고 플래시백과 극심한 불안으로 인하여 그 전날 응급실에 갔다고 했다. 응급실의 당직 레지던트는 영어를 잘 하지 못했는데 캐럴이 정신증적 에피소드를 겪고 있다고 생각하여 입원을 권하였다. 캐럴의 남편은 레지던트가 캐럴의 의학적 상태를 잘 이해하지 못한 채로 그것을 현재 증상과 연결하고 있다고 느꼈다. 캐럴이 입원을 거부하자 레지던트는 항불안제를 처방했으며 다음 날 정신건강의학과 의사를 만나 볼 것을 강하게 추천했다.

나는 다음 날 응급으로 캐럴과 남편을 면접했다. 캐럴은 완전한 절망감을 표현했으나 자살 위험 사정에서는 위험한 것으로 나타나지는 않았다. 그러나 전날 저녁의 일과 자신의 정신에 대해 조절력을 상실할지도 모른다는 암시가 상태를 악화시켰다. 캐럴의 주치의는 놀라서 캐럴의 건강 상태를 사정하기 위하여 그날 늦게 캐럴과 남편을 면담했다. 때는 금요일이었기에 우리는 월요일에 다시 만날 때까지 할 일을 의논하였다.

캐럴에게 어느 정도의 예상과 구조를 제공하기 위하여 다음 48시간 동안에 그녀가 할 일을 한 시간 단위로 하나씩 적어 내려갔다. 캐럴의 불안과 조절력 상실을 예상하여 할 일을 생각해 봤는데, 이때 캐럴은 자기의 생각을 꺼내 놓기 시작하면서 조절력을 좀 더 회복하는 기분을 가지게 되었다. 목록에는 밤에 부드러운 재즈 음악 틀어 놓기, 남편이나 아이들 없이 방에 혼자 있기, 친구나 친척의 전화를 원치 않으면 받지 않기 등이 포함되었다. 필요하다면 주말 동안 내게 전화를 달라 하였지만 전화는 오지 않았다.

나는 월요일에 캐럴과 남편을 다시 만났으며 그들은 주말을 잘 지냈다고 했다. 병원에서의 검사는 명확한 답을 내놓지는 못했으나 의사는 몇 가지 검사를 더 실시했으며 한 가지 약이 불안감을 증대시키는 부작용이 있을 수 있어서 그 용량을 줄여 주었다. 그 후로 2개월간 캐럴과 나는 매주 한 번씩 상담 시간을 가졌다. 캐럴은 항상 남편이 동행할 것을 주장했다. 캐럴은 상담 시간의 대부분을 분노와 좌절감을 표현하는 데 사용했으며 나는 계속해서 공감을 표했고 고난을 견뎌 내려는 그녀의 노력을 칭찬하였다.

캐럴의 분노는 점차적으로 이전의 자기를 상실한 데 대한 슬픔으로 변해 갔으며 많이 울었다. 캐럴은 여전히 신체적으로는 허약한 상태였다. 너무 큰 정서적 스트레스가 염증이나 다른 신체적 증상으로 나타났으며 이것들이 그녀를 약하게 했다. 그러므로 그녀의 애도 과정은 그녀를 압도하지 않을 만큼의 범위 내에서 이루어져야 했다. 따라서 나는 그녀가 하루에 20분씩 두 차례에 걸쳐 애도 시간을 가질 것을 제안하였다. 이렇게 함으로써 그녀는 애도의 슬픔이 밀려올 때마다 그에 굴복하지 않고 예정된 시간이 될 때까지 슬픔에 반응하는 것을 미룰 수 있다고 스스로에게 말할 수 있는 기회를 갖게 되었다. 이 제안이 그녀로 하여금 조절력을 가지게 했기에, 캐럴은 그것을 잘 받아들였다.

약 8개월 후에 캐럴은 호전의 기미를 보이기 시작했다. 위생 문제에 대해 조절력을 가지기 시작했다. 덜 울게 되었고 좀 더 미래지향적이 되어 갔으며 자신의 미래 경력에 대해 생각하기 시작했다. 그러고는 나와의 상담 약속을 덜 잡게 되었다.

그러나 캐럴이 나아지면서 남편과 자녀들이 너무나 오랫동안 참아 온 스트레스를 표현하기 시작했다. 남편과 큰아들 사이의 갈등이 불거지고 딸은 학교에서 엇나가기 시작했다. 캐럴의 신청으로 가족원 각자의 요구를 고려하면서 현재 상황에 맞는 미래를 계획하고 과거의 힘들었던 일들을 이야기 나누어 보기 위하여 가족상담을 수개월 동안 진행했다.

그다음 2년 동안 가끔 결정적으로 힘든 시간이 있어서 자주 나를 방문한 적도 있지만, 캐럴의 회복은 느려도 꾸준히 진행되었다. 때때로 상실에 대한 그녀의 분노가 다시 고개를 들 수도 있으며 그것을 가족, 친구, 의사와 분리해서 생각하기 위해서는 도움이 필요할 수도 있을 것이다. 그런 때에는 캐럴은 지지가 필요했고 분노를 표출해도 된다는 허락이 필요했다. 그녀는 운전을 할 수 있고 독립적으로 살 만큼 강해지기는 했지만 이전의 속도로 기능하며 살 수 없다는 것을 수용해야만 했다. 그리하여 사업체를 매각하고 집에서 할 수 있는 만족할 만한 활동을 찾기 시작해야 한다는 고통스러운 결정을 하게 되었다.

그녀가 상실을 다루면서 경험하는 감정을 수용해 주고 경청해 주는 것 이외에 캐럴에게 가장 도움이 된 것으로 보이는 것은 사고 이후 그녀의 회복에 대하여 척도질문을 한 것, 그 회복에 무엇이 도움이 되었는지 생각해 보게 한 것, 한 단계 작게 더 전진하려면 무엇이 필요할지 질문한 것이었다. 이것들은 캐럴이 자기 자신을 돕는 기술을 가지게 하는 데 도움이 되었다. 그녀는 치료에 의존하지 않는 데 자신감이 있다고 느낄수록 자신을 더 조절할 수 있다는 느낌을 가졌고, 더 자신을 조절한다고 느낄수록 신체적 · 정서적 수준에서 더 기능을 잘했다.

캐럴이 원하면 언제든지 전화할 수 있다는 조건으로 4년 후에 잠정적으로 상담을 종결하였다. 그러기 전에 캐럴은 아버지의 죽음으로 촉발된 또 다른 애도의 과정을 거쳤다. 그러나 이번 상실로부터 회복할 때 캐럴은 주어진 자신의 상태에서 자신의 삶의 질에 대한 최고 점수를 10으로 했을 때 자신의 경우는 8점이라고 했다.

결 론

해결중심 치료자는 단기 사례인가 장기 사례인가의 관점에서 생각하지 않는 것이 좋다. 문제가 일생을 통해 적응을 해야 하는 내적이면서도 외적인 것일 때 문제를 구분하는 것은 내담자나 치료자에게 도움이 안 된다. 어떤 사람에게는 생존과 복지의 문제가 2회기 안에 해결될 수도 있겠지만, 다른 사람에게는 일생 동안 지지와 복지를 제공하기 위하여 산발적으로 문제 해결이 되어야 할 수도 있다. 그러므로 중요한 것은 치료가 얼마나 긴가가 아니라 특정 내담자에게 가장 좋은 해결책은 무엇인가다.

간헐적 치료를 필요로 하는 내담자들에게 가장 좋은 결과는 '작은 변화는 더 큰 변화로 이끌 수 있다'는 가정에 의해서 가능하다. 각 사건이 커다란 장애의 일부분으로 여겨지는 것이 아니라 해결이 필요한 별개의 문제들로 여겨질 때 내담자는 계속해서 희망과 자신감을 가지게 된다. 마찬가지로 점차적인 기능 상실을 지속적 기능 상실로 여기는 것뿐만 아니라 기능 보존으로도 여길 때 내담자들은 계속해서 용기를 가질 수 있고 애도를 할 수 있게 된다.

짧은 기간의 개입에 익숙한 해결중심 치료자에게는 장기간 동안 사례를 담당하는 것이 힘들게 여겨질 수도 있다. 긴 기간 동안에 간헐적으로 개입하려면 일반적으로 인내가 필요하다. 적어도 처음에는 그러하다. 여러 해 동안 반복해서 도움을 요청하는 내담자들은 가족이나 원조자들로부터 무능력하고 결함이 있는 것으로 취급받는 것에 익숙해져 있을 수도 있다. 따라서 자신의 문제 해결에 자신이 도구가 될 수 있음을 깨닫는 데에는 긴 시간이 걸릴 수도 있다. 내담자와의 장기간의 관계는 전문적으로서 내담자와 거리를 유지하는 것을 다소 어렵게 할 수도 있다. 그러한 점에서 치료자가 이중 트랙 사고로 자신을 모니터링하는 것이 도움이 된다. 다시 한 번 말하자면, 내담자들은 스스로 자신을 도울 수 있는 강점과 자원을 가졌음을 기억하는 것이 가장 중요하다.

CHAPTER 12

해결중심 위기개입

이 책에서 제안하는 이론에서 볼 때 위기란 생명체가 살아가는 동안 그 생명체의 구조 결합상 위험에 처한 순간이라고 볼 수 있다. 다른 말로 하자면 개인의 생명, 생활양식, 대인관계의 유지가 위협받는 때다.

그러나 위기는 일반적으로 재난 가능성뿐만 아니라 긍정적 변화 잠재성도 가진 것으로 여겨진다. Onnis(1990, p. 43)는 '위기'라는 단어는 그리스어 동사인 krino(나는 판단한다 또는 나는 선택한다)에서 유래한 것이므로 선택 혹은 "다양한 관점과 다양한 기회가 되는 순간"이라는 의미를 내포한다고 지적하고 있다.

위기에 대한 다양한 반응

Fontes(1991)는 위기 상황에서는 치료자의 신념에 따라 내담자의 선택이 달라진다는 점을 지적했다. 예를 들면, 위기와 위기 아닌 상황을 완전히 다른 것으로 보는 관점(Everstine & Everstine, 1983; Golan, 1978; Meyerson & Glick, 1976; Rapaport, 1962)에서는 일반적으로 구조와 방향을 제공하는 것은 치료자의 책임이라고 믿기 때문이다. Elmer-Dewitt(1989, p. 79)은 위기란 정확히 범주화하기 어려우므로 위기에서는 상황별로 맞춤형 개입을 해야 한다고 했다. 위기를 일련의 단계로 보는 관점들도 있다(Caplan, 1964; Rapaport, 1962; Sachs, 1968). Caplan은 개입이란 사람과 환경 간의 자연적 균형을 재정립하는 것으로 봐야 한다고 주장한다(Smith, 1978, p. 397). 이것은 구조 결합을 생각나게 한다. 사회구성주의에 기반을 둔 Fontes의 모델에서는 객관적 진리란 없으므로 치료자가 위기인 것처럼 행동해서 자신이 적합하다고 생각하는 위에서 언급한 개입을 적용하는 것이 과연 유용할지를 결정해야 한다고 주장한다. 그러나 그러한 모델에서는 치료자가 위기의 의미와 가능한 해결책을 공동 창조하는 참가자라는 것을 인식해야 한다. 즉, "구성주의 임상가가 취하는 행동은 다른 임상가의 행동과 비슷할 수도 있겠지만 아마도 개입에 대한 태도는 다를 것이다. 숙련된 구성주의 임상가는 절대적 관점에 국한된 임상가보다 내담자에게 폭력을 덜 행할 것으로 생각한다"(p. 66).

이 장에서는 위기 상황에 있거나 그럴 위험에 있는 사례들에 대한 해결중심접근에 대하여 논한다.

위기란 무엇인가

4장에서 제시된 내담자 베티는 스스로 조절할 수 없다고 느꼈던 갑작스러운 울음 때문에 회사의 직원지원 프로그램(EAP)을 통해서 나에게 오게 되었다.

해결중심치료를 하는 나의 동료가 정강이에 칼로 자해를 한 19세 여성을 상담하였고, 상담실의 일면경 뒤에는 팀이 메시지를 작성하기 위하여 앉아 있었다.

어느 부부는 전날 밤 타이레놀 다섯 알을 삼키고는 친구에게 전화 걸어 자기가 한 일을 말한 딸을 데려와서는 입원시키기를 원하였다.

어느 내담자의 부인은 남편이 총을 가지고 있음을 치료자에게 알려 왔다.

이 사례들의 공통점은 무엇인가?

① 자신이나 타인에게 신체적 해를 끼칠 위험성
② 내담자나 타인이 위험에 놓여 있음을 내담자 외의 다른 사람(치료자를 포함한)이 인식함
③ 정서 조절을 하지 못함을 스스로 인식함

이 모든 상황은 치료자로 하여금 내담자를 구출해야겠다고 생각하게 만드는, 정서적으로 충전된 상황이다. 물론 내담자가 자신의 자원을 인식하고 있는 한, 내담자는 **스스로를 도울 강점과 자원을 가지고 있다**는 전제에 기반을 둔다면, 내담자를 구출한다는 생각은 해결중심 치료자가 일반적으로 가지는 생각과는 정반대되는 것이기는 하다. 그러나 원조 전문가로서 우리의 의무는 이론적 순수성을 초월하게 되는데 그 이유는 다음에서 논한다.

두 모자를 쓸 필요성

치료자의 모자

해결중심 단기치료자의 모자를 쓸 때 우리는 인간이란 삶의 과정에서 질병, 중요한 사람의 죽음, 허리케인, 눈보라, 화재, 폭력, 직장 문제와 대인관계 문제 등 결정적으로 중요한 상황에 맞닥뜨리게 된다고 전제한다. 우리가 이런 경험을 인생의 정상적인 일로 볼 것이냐 아니면 결정적으로 중요한 일로 볼 것이냐 하는 것은 그 상황이 개인에게 어떤 의미를 가지느냐에 따라 결정된다. 내담자와 치료자가 잠정적으로 위험한 상황에 대해 말하기 시작하면 그 상황이 갖는 의미는 내담자에 따라서 내담자에게 더 좋게 바뀌기도 하고 더 나쁘게 바뀌기도 한다. 내담자의 협력 방법에 따라서 치료자가 내담자에게 계속해서 변화를 촉발하는 한 그는 여전히 치료자의 모자를 쓰고 있다고 생각할 수 있다.

사회 통제 대리인의 모자

자격증 가진 전문가로서 우리는 우리가 살고 있는 사회(즉, 정부와 우리의 전문가 조직)가 개발한 정책과 규칙의 제한을 받는다. 이런 실천 규정은 우리로부터 내담자를 보호하고, 내담자로부터 사회를 보호하기 위한 것이다. 그러므로 우리는 내담자가 자신 혹은 타인에게 덜 안전하거나 덜 통제된다고 생각될 때에는 사회 대리인의 역할을 해야만 한다. 만약 내담자가 자신이나 타인을 해친다면 이 비극을 예방하기 위하여 우리가 행한 것에 대해 책임을 져야 할 수도 있다. 만약 우리가 책임질 수 없다면 우리는 전문가로 일할 권리를 잃거나 심지어 고소당할 수도 있을 것이다.

어떤 모자를 착용해야 할지 결정하는 방법

두 가지 모자를 착용한다는 것은 쉽지 않다. 예를 들면, 가정폭력으로 기소된 남성이 상담에 왔고 수개월 동안 분노 조절에서 많은 진전을 보인 후에 다시 가정폭력을 행했으나 그의 아내는 이를 신고하지 않았다. 치료자는 이러한 때에 보호관찰관에게 내담자의 범법 행위를 신고할 의무가 있고 그 경우 내담자는 체포될 것이다. 그러나 치료자가 신고할 경우 내담자와의 관계는 파국을 맞게 될 것이고 그동안 부부와 자녀에게 좋은 영향을 끼친 그간의 진전은 물거품이 될 것이다. 만약 치료자가 이 내담자의 재범을 신고하지 않는다면 치료자는 법을 어기는 것일 뿐만 아니라 이 부인이 장래에 심각하게 다치는 경우에 책임을 져야 한다.

그렇다면 해결중심 치료자는 어떤 모자를 써야 하는가? 혹은 어떻게 두 모자를 모두 착용할 것인가?

위스콘신 주 워소 소재 북중앙건강센터(North Central Health Center)의 Mark Becker는 치료자가 모자를 바꿔 써야 할 필요가 있는 전형적인 사례를 다음과 같이 제시했다.

사례: 랜디

14세의 랜디가 최근 집과 학교에서 '폭발'하는 일이 잦아지자 랜디와 가족이 의뢰되었다. 랜디의 '폭발'이란 공격적 행동, 재물 파손, 자살 위협과 자해 위협 등의 행동을 의미한다.

랜디는 어머니, 두 형과 함께 비좁은 이동식 주택에 살고 있었으며 두 형은 각기 16, 17세였다. 부모님은 수년 전에 이혼했고 아버지는 아들들과 거의 연락이 없었다. 랜디의 형들도 학교에서 잘 적응하지 못하고 있었다.

치료자는 현재의 어려움에서 예외가 될 만한 상황과 문제를 좀 약화시킬 수 있는 방법을 탐색하며 회기를 시작했지만 별로 얻은 정보가 없었다. 말하자면, 가족 모두는 랜디의 '폭발'에 꼼짝할 수 없이 무기력한 기분을 느끼고 있었다.

자신감과 희망을 좀 불러일으키기 위해서 치료자는 가족에게 현재의 어려움에 어떻게 대처하고 있는지 질문하였다. 어떻게 해서 상황은 더 나빠지지 않았는가? 가족 전부가 자신들의 강한 가족애 덕분이라고 답했다. 가족은 즐겁게 함께 하는 활동에 대해서 이야기했고 어머니는 특별히 랜디가 요양원에서 자원봉사 활동을 하는 것에 대해서 이야기했다.

가족이 서로에게 연결되어 있는 기분을 느껴서 기분이 좋아지자 치료자는 기적질문을 했다. 그리하여 기적이 일어나면 랜디가 '폭발' 없이 분노를 관리하고, 자신에 대해 긍정적인 말을 더 자주 하고 학교에서 더 출석 잘하고, 자해하겠다는 협박을 하지 않을 것이라는 것을 알게 되었다. 어머니 자신은 기적이 일어나면 고등학교 교육을 받고 더 좋은 직장을 구할 것이라고 했다. 형 중 한 명은 고등학교를 졸업할 것이고 군 입대를 할 것이라고 했다. 그리고 가족 전체가 더 좋은 곳에 살기를 원했다.

자살 위협에 관해서 치료자는 직접적으로 이야기해야 했고 장래를 위한 위기개입 계획을 수립했다. 안전을 사정해 본 결과, 랜디는 그렇게 많이 위험한 상태는 아니어서 입원할 필요는 없었지만 랜디와 가족, 학교 교직원에 대해서 명확한 위기개입 계획을 수립하였다.

요약 메시지에서는 상담을 하러 오게 만든 힘든 상황을 강조하였고 가족의 강한 유대감과 미래에 대한 목표에 주목하였다. 랜디와 가족에게는 아무리 사소한 것이라도 랜디가 '폭발'을 피하기 위해서 하는 모든 노력을 잘 관찰하라는 과제를 제안하였다. 치료자는 랜디의 선생님들에게도 도움이 되는 것이 있는지 잘 관찰해 줄 것을 요청하겠다고 가족에게 말했다.

랜디의 어머니와 교사들이 위와 같은 새로운 접근 방법에 매우 고무되었음에도 불구하고 랜디는 학교에서 다시 한 번 '폭발'했고 다음 상담 회기에서 화가 나 있어 보였다. 치료자는 랜디의 어머니에게 랜디를 바꿀 수 있는 사람은 아무도 없으며, 랜디 자신만이 결정할 수 있는 사람이라고 말했다.

이틀 후에 랜디는 교장선생님을 발로 차서 경찰에게 끌려가게 되었다. 랜디는 어머니와 형에게도 폭력을 행사하였으며, 고양이를 벽에 내던졌고, 노끈을 자신의 목에 감은 채 자살하겠다는 위협을 했다.

어머니와 다음 회기에 왔을 때 랜디는 명백히 달라져 있었다. 그는 더 우울해 있었고 좀 더 불안해했다. 그동안 있었던 일에 대해 그가 말했다. "저는 인생의 실패자예요. 저는 차라리 태어나지 말았어야 해요." 랜디의 어머니는 자신과 랜디의 형들의 안전에 대해서도 염려하였다. 어머니는 랜디가 자살 위협에서 그치지 않고 실행을 할까 봐 염려하고 있었다.

가족이 이전에 표현했던 절망감에다 이제는 두려움까지 상당히 있는 상태였다. 입원 필요성을 사정하기 위하여 치료자는 척도질문 몇 가지를 했다.

치료자: (어머니에게) 어머님은 랜디가 걱정도 되시고 어느 정도 두렵기도 하시고 그런 것 같아요. 만약 0부터 10까지의 줄자에 어머님의 걱정을 재어 본다면, 10이 걱정을 최대한 많이 하는 것이고 0은 전혀 걱정을 하지 않는 것이라면, 오늘은 몇 점이라고 하시겠어요?

엄　마: 어젯밤 정말 무서웠어요. 랜디가 전에도 화가 난 적이 있지만 어젯밤은 아주 심했지요. 지금은 8, 9점이라고 하겠어요. 요즘은 랜디가 자해하겠다는 말을 자주 해요.

치료자: 랜디에 대한 두려움을 같은 줄자로 재어 본다면 몇 점이라고 하시겠어요?

엄 마: 어젯밤 랜디가 한 행동을 보고 우리 모두는 랜디 아빠가 전에 하던 것이 생각났어요. 아빠가 떠날 때 우리는 더 이상 그렇게는 살고 싶지 않다고 생각했어요. 그런데 이제 똑같은 상황이 되었어요. 랜디가 똑같은 행동을 하고 있는 것이죠.

치료자: 그래서 오늘 두려움을 몇 점이라고 하시겠어요?

엄 마: 8점 또는 9점 정도요.

치료자: 어머니가 방금 말씀하신 것에 대해 어떻게 생각하니?

랜 디: 기분이 안 좋네요. 저는 바보 멍청이예요.

치료자: 랜디, 네가 너 자신이나 다른 사람을 해칠까 봐 염려하는 정도를 점수로 말하면 몇 점이라고 하겠니?

랜 디: 지금은 아마 7점 정도요. 그렇지만 어젯밤에는 10점 정도였어요. 저는 화가 나면 위험한 사람이 돼요. 사람들을 공격하지요. 사람들을 주먹으로 때리고 발로 차기도 하고 그래요.

치료자: 어머님과 랜디 모두 지금 상황이 두렵고 위험한 상황이라고 말씀하시는 것으로 들리네요.

치료자는 기본적인 안전 관련 정보를 좀 더 사정하였는데 랜디가 자살 사고가 더 많아졌고, 잠을 제대로 못 자고, 불안한 마음이 더 많아졌고, 우울한 기분이 더 뚜렷해졌음을 알게 되었다. 랜디는 모든 과목의 시험에서 낙제 점수를 받았다는 것을 오늘 알게 되었다고 했다.

치료자는 이번 일이 과거에 비하면 몇 점일지 계속해서 척도질문을 해 갔다. 랜디와 어머니는 과거에는 6이나 7이었고 이번에는 8이나 9라고 했다. 그리고 과거에 그 점수에서 항상 입원했고 별 효과를 보지 못했다고 했다. 랜디의 입원이 도움된 것은 가족이 모두 휴식을 취하고 재충전할 수 있다는 것 외에는 없었다. 그렇다면 지금 이 시점에도 재충전이 필요한가? 어머니는 가족 모두의 안전에 대해 염려를 했고 랜디는 '지쳤다'고 했다.

척도 점수를 조금이라도 줄일 수 있는 방법에 대한 질문들은 효과가 없었다. 랜디의 어머니는 집에 있을 때 안전감을 느낄 수 있는 방법에 대해 전혀 대답하지 못했다. 치료자는 이 시점에서 사회 대리인의 모자를 착용하고 입원을 권유해야 했다.

그러나 해결중심 치료자는 입원을 '재충전을 위한 휴식'보다는 '다른 미래를 향한 첫걸음'으로 보고자 한다. 왜냐하면 전자는 미래에 있을 변화보다는 현존하는 행동의 연속을 암시하기 때문이다.

치료자: 그러면 랜디가 퇴원하는 날을 상상해 본다면, 그동안의 입원이 도움이 되었다는 것은 무엇을 보고 알 수 있을까요?

엄 마: 랜디가 무언가에 화가 나더라도 어떤 식으로든 화난 것을 조절할 수 있게 되면요. 랜디는 항상 새로운 것을 배우기 전에 그만두는 것 같거든요.

치료자: 왜 그렇죠?

엄 마: 저는 랜디가 집에 없을 때 마음 아파요. 랜디는 항상 퇴원시켜 달라고 애원을 하지요. 랜디는 변하겠다고 약속을 하는데, 저는 그 말을 믿고 싶어요.

치료자: 네, 자녀가 집에 있지 못하고 다른 곳에 있으면서 집에 오고 싶어 하면 부모로서 힘들지요. 그런데 이번에는 랜디가 퇴원하기 전에 좀 더 어머님이 확신하고 싶으신 것 같네요. 랜디가 이번에는 새로운 대처 기술을 배웠으면 하시는 거지요.

엄 마: 네, 이번에는 랜디를 금방 집에 오게 할 수는 없을 거예요.

치료자: 랜디가 준비가 됐다고 어머니가 좀 더 확신하실 만한 것으

로는 무엇이 있을까요?

엄　마: 랜디가 좀 더 진지해질 거예요. 다른 사람 탓을 하거나 아무 일 없었다는 듯이 행동하지 않고 자신이 행동한 것에 대해 책임을 질 거예요.

치료자: 랜디가 책임을 더 지는 것은 어떻게 아실 수 있을까요?

엄　마: 퇴원시켜 달라고 저에게 애원하지 않을 거예요. 자신의 일부 행동에 대해서는 사과할 거고 앞으로는 화를 폭발하는 대신에 어떻게 할 것인지 말할 거예요.

치료자: 그러니까 랜디와 가족이 뭔가 다르게 하게 된다면, 랜디의 병원 입원이 지금과는 다른, 장래를 향해 가는 첫걸음이 될 수 있을 것으로 생각하시는 거네요.

엄　마: 맞아요. 랜디뿐만 아니라 저희 모두가 변해야 해요. 여기서 한 치도 양보하지 않겠어요.

치료자: 랜디, 어머니가 말씀하시는 것에 대해 어떻게 생각하지? 왜 그렇게 말씀하시는지 이해가 되니?

랜　디: 네, 이해가 가요. 그렇지만 좋아하지는 않아요. 제가 처음 입원했을 때는 변하고 싶었어요. 그렇지만 그다음에는 그냥 퇴원하고 싶은 게 다였어요.

치료자: 내 생각에는 네가 병원에 반복해서 입원하는 것에 질린 것 같구나. 나는 지난번 상담에서 네가 가족에게 해가 되는 것을 마음 아파하고 가족에 대해 많이 염려하는 것을 알게 되었어. 이번이 마지막 입원이 되려면 뭐가 어떻게 되어야 할까?

랜　디: 제가 화날 때 어떻게 해야 할지 알아서 다시는 이런 일이 없어야 해요.

치료자: 전에 입원했을 때는 왜 그러지 못했다고 생각하니?

랜　디: 제가 폭발하는 것보다 퇴원하는 것만 더 생각했기 때문이에요. 이젠 엄마가 말씀하시는 대로 충분히 있으면 퇴원시키실 것을 알고 있어요.

엄　　마: 다시 말하지만 이번에는 일찍 퇴원하는 일 없을 거야.

치료자: 그러니까 이번 입원은 병원 직원들이 랜디가 준비됐다고 말하기 전에는 퇴원을 조르지 않는다는 점에서 첫걸음부터 다르네요. 그리고 만약 랜디가 조르면 어머니는 안 된다고 하신다는 점이 다르고요.

엄　　마: 그게 어렵지요. 그렇지만 저는 그렇게 해야 돼요.

치료자: 랜디, 너 네가 화날 때 어떻게 해야 하는지 알아야 한다고 말했잖니. 이번에 병원에 있는 동안 그 답을 얻으려면 뭘 다르게 해야 할까?

랜　디: 저는 사람들이 저에게 질문하는 걸 싫어해요. 질문하면 화가 나죠. 그렇지만 앞으로는 질문을 귀담아 들어야 할 것 같아요.

치료자: 아, 그러니까 비록 네가 싫어하기는 하지만, 엄마가 양보를 안 하시니까 문제에 직면해 보는 것이 더 쉽겠다고 생각하는 거니? 네가 문제에 대한 답을 알기 시작했다는 자신감을 엄마가 느끼시기 전에는 너를 퇴원시키지 않으실 것 같니?

랜　디: 그럴 거 같아요. 엄마가 말씀하시는 것을 전혀 노력하지 않겠다는 것은 아니에요.

치료자는 첫 회기에서 입원을 권유하지 않았는데 다음 회기에서 무엇 때문에 입원을 권유했는가?

위기 상황에서 일하는 대부분의 해결중심 치료자는 안전 문제를 가장 중요하게 여기지만, 내담자가 돌출 행동이나 협박을 하지 않는 한 회기 끝에 가서야 안전 문제에 대해 언급한다. 대신에 상담에 참여한 모든 사람이 생각하고 원하는 것과 상담 목표를 향해 아주 작은 변화라도 할 가능성이 있는지를 연결하고 이해하고 명료화하려고 노력한다. 첫 회기에서 랜디의 치료자는 가족이 문제에 대해 말하는 것을 경청하고 예외와 대처 기술에 대해 탐색함으로써 이를 실행했다. 비록 가족 중 누구도 랜디의 '폭발'을 제어할 수 있다고 느끼는 사람이 없어 보였지만, 대화는 가족의 긍정적 관계를 드러내고 더 나은 미래에 대해 생각하게 했다.

랜디의 자해 위협과 타인에 대한 공격적 행동 때문에 치료자는 현재의 안전 사정과 미래를 위한 위기개입 계획을 의무적으로 해야 했다. 그러므로 치료자는 치료자의 모자를 계속해서 쓰고 있으면서 가족이 스스로 도울 수 있는 자원이 있다는 것을 신뢰했으며, 동시에 이전에 단기간의 입원이 있었으나 도움이 되지 않았다는 접수상담 시의 정보를 눈여겨보았다. 랜디는 미리 세운 자살 계획은 가지고 있지 않았으나 절망감을 느낄 때 충동적으로 자살 생각을 한다는 것을 드러냈다. 흉기를 가지고 있지 않으며 집에도 없었다. 그리고 자살 시도로 약을 먹을 때 질식하거나 토할까 봐 약을 삼킨다는 생각은 싫어하는 것으로 보였다. 그는 상당히 정상적으로 먹고 자고 있었다. 지난 몇 주 동안 폭발이 증가했지만 지금은 변하려는 동기가 보였다. 랜디는 위기개입 계획에 적극적으로 참여하는 것으로 보였고, 어머니와 형은 회기 끝에는 좀 더 희망을 느끼는 것 같았다.

치료자는 이전에 단기간의 입원이 여러 번 있었으나 도움이 되지 않았다는 접수상담 시의 정보를 눈여겨보았고 자신이 행한 위기 사정에 따라 치료자의 모자를 계속 착용하고 있었으며 가족과 다음 주 상담을 예약하였다.

랜디의 돌출 행동이 심해지자 치료자는 다른 모자를 착용해야 했다. 이번 상황에 대해 가족이 얼마나 심각하게 느끼는지를 사정한 후 입원을 권유함으로써 랜디와 가족의 안전을 확보해야 했다. 그러나 처음부터 다른 맥락을 만들어 가면서 그렇게 하였다.

긴급성

삶에 어려움이 있을 때 혹은 정서 통제가 안 될 때 내담자와 가족, 지역 사회, 치료자는 가능한 한 빨리 두려움으로부터 벗어나고자 한다. 내담자는 치료자에게 올 때 이것을 기대하고 온다.

자해를 한 내담자는 경찰의 개입을 활용해서라도 즉시 멈추게 만들어야 한다. 총을 소지한 내담자는 안전하게 다른 사람에게 확실히 총을 맡기거나 그게 안 되면 가능한 한 속히 체포해야 한다. 명백하게 위험한 상황은 신속히 다루어야 한다. 치료자가 타인을 돕기 위해서는 자신의 두려움을 먼저 통제할 수 있는 도구를 가지고 있어야 하는 것이다.

그런 위기 상황에서 치료자가 내담자를 위해 할 수 있는 가장 중요한 일은 급박하게 일하는 것이 아니라 '단기치료는 천천히 진행한다'는 가정을 따르는 것이다. 재빨리 행동하고 싶은 압력에 치료자가 굴복하는 것은 (상해를 예방하는 목적 이외에는) 길게 보면 사실상 해롭다. 왜냐하면 내적 통제를 증진하는 것은 지속적 효과가 있을 수 있지만 그게 아니라 외적 통제를 제공하는 것이기 때문이다. 통제가 안 되는 내담자를 위한 목표는 장래에 유사한 상황에서 가능한 한 많은 통제력을 가지는 데 도움이 되는 경험을 하는 것이어야 한다.

치료자 자신의 내적 대화를 눈여겨보는 이중 트랙 사고(2장)는 긴급성과 싸우는 데 도움이 되는 기술이다.

트랙 1: 두렵다. 무엇을 해야 할지 모르겠다.

트랙 2: 내담자는 어떻게 느끼고 있나?

트랙 1: 내담자는 통제를 못하고 있으므로 무기력감을 느낀다. 내 느낌도 동일하다.

트랙 2: 만약 내가 두렵다면 나는 내담자가 통제력을 갖도록 도울 수 없다. 내가 통제력을 가지려면 무엇을 해야 할까?

트랙 1: 내담자가 통제감을 느끼려면 무엇이 필요할지에 대한 정보를 내담자로부터 좀 더 얻어야겠다. 내담자는 스스로를 도울 강점과 자원을 가지고 있다.

경 청

공포를 느끼고 아드레날린이 쏟아져 나오기 시작할 때, 사람들은 감정에 휩싸여서 생존을 위한 행동인 싸움이나 도망에 집중하게 된다. 배경보다는 인물에 주의 집중한다. 그리고 위기/비위기의 차이가 과장된다. 이런 때 해결중심 치료자가 할 수 있는 가장 도움이 되는 반응은 양쪽 모두의 관점, 즉 회색 영역에 관심을 가지는 것인데, 이것은 내담자가 하는 모든 말에 귀를 기울이고 예외와 강점을 주의 깊게 경청하면서 시작된다. 다른 말로 하면, 내담자가 말하는 모든 측면에 치료자가 개방적이 될 때, 치료자는 내담자 속에 어느 정도의 통제력과 미래에 대한 희망을 불러일으킬 수 있는 반응을 할 가능성이 높아진다.

촘촘한 시간표

해결중심치료의 최초 개발자 중 한 명인 Jim Derks(개인적 담화, 2000.

11. 15.)는 결정적 상황에서 일할 때 '촘촘한 시간표'를 짤 필요성에 대해 지적한 바 있다.

사례: 필립

자살에 대해 이야기하여서 형 팻이 상담에 데려온 32세의 독신남 필립의 사례는 촘촘한 시간표의 필요성을 잘 보여 준다. 형 팻은 전날 밤 전화 통화에서 필립이 매우 낙담한 것으로 들려 신경을 많이 쓰게 되었다. 형은 필립이 현재 직장에 만족하지 못하지만 더 나은 자리를 얻을 만한 자격을 갖추고 있지 못하여서 행복하지 않다는 것을 알고 있었다. 그런데 전화 통화에서 필립이 최근 직장에서 두 번의 경고 조치를 받았고 여자친구는 자신을 사랑하는지 확신이 없다며 관계를 정리하고 있고 모든 상황이 나빠지고 있어서 유일한 해결책은 '가 버리는 것'이라고 말했다.

이 전화 통화 후에 팻은 필립의 집으로 가서 그의 마음 상태에 대해 누군가에게 상담을 받으라고 설득했다. 필립은 처음에는 거절했지만, 최근 유방암으로 항암 치료를 받고 아직 회복 중에 계시는 어머니를 위해서라도 상담을 받으라고 하니 동의하게 되었다. 그 후에 팻은 필립이 다니고 있는 직장의 근로자 지원 프로그램 핫라인에 전화하였다. 전화로 문제 사정을 한 후 치료자는 팻에게 그날 밤 필립을 혼자 놔두지 말고 다음 날 아침 데려와 달라고 부탁하였다.

치료자: (이미 상황에 대한 정보가 어느 정도 있다고 필립에게 말하며 시작한다.) 필립, 당신이 너무 우울하고 자살 생각이 좀 있다고 하면서 어젯밤 형님이 핫라인에 전화하셨다고 알고 있어요.

필　립: 네.

치료자: 오늘 아침에도 그런 생각이 좀 있으신가요?

필 립: 글쎄요…… 음…… 제…… 제 생각엔 그런 것 같아요.

치료자: (먼저 지난밤에 초점을 두면서) 그래서 어젯밤에 어떤 일이 있었나요?

필 립: 마지막 잡을 한 올의 지푸라기였어요.

치료자: 뭐가요?

필 립: 테리…… 제 여자친구가요……. 테리는 제가 직장에서 얼마나 힘든지 알고 있는데 설상가상으로 이제 저에 대한 감정을 모르겠다고 하는 거예요. (흐느끼기 시작한다.)

치료자: 정말 충격이었겠네요. (필립이 몇 분 동안 울 수 있도록 조용히 기다린다.)

팻: 이봐, 필, 너한테는 우리가 있어…… 우리는 너를 사랑해…… 우리가 있잖아. 어머니는 괜찮아지실 거야.

치료자: 어머니가 편찮으신가요?

팻: 유방암으로 항암 치료를 받으셨어요. 어머니는 용감한 분이세요. 이겨 내실 거예요.

필립은 몇 분 더 울었고 지난 몇 달 동안 그의 삶에서 무슨 일이 있었는지 이야기하기 시작했다. 이때 치료자는 이야기에 대해 상세히 묻거나 질문하지 않았다. 그는 그냥 경청하고 공감하는 소리와 몸짓만 보여 주었다. 그러고 나서 다시 전날 밤에 대해 집중했다.

치료자: 어젯밤에 어떻게 형에게 전화하게 되었나요?

필 립: 복권 때문에 전화를 했어요. 저희는 다른 형과 함께 가서 복권을 한꺼번에 많이씩 구입하곤 했어요. 이제 다시 복권 살 때가 되어서 형이 갈 건지 궁금해서 전화했어요.

치료자는 필립이 미래지향적이라는 점을 발견하였다. 이 점은 긍정적 징조다. 치료자는 필립의 가족 관계와 친구 관계의 건강성을 사정함으로써 지원 체계를 확인하였다. 이들과 얼마나 자주 전화로 연락하고 만나는지? 촘촘한 시간표로 되돌아갔다.

> 치료자: 그래서 자살에 대해 이야기하게 된 복권에 대한 대화는 어떻게 되었습니까?

Derks는 막 지나간 과거에 고통을 위치시키는 것이 중요하다고 말했다. 즉, '오늘은 다르다. 더 낫다'고 보라는 것이다. 작은 변화가 큰 변화를 이끌어 낼 수도 있다.

> 필 립: 음, 형이 테리가 우리와 함께 간다는 얘기를 했고 그게 저를 폭발시켰어요.
>
> 치료자: 그래서 당신이 어쩔 줄 모를 때 팻이 곧장 달려왔군요.
>
> 필 립: 네.
>
> 치료자: 그리고 무슨 일이 일어났지요?
>
> 필 립: 우리는 좀 더 얘기했어요.
>
> 치료자: 그게 도움이 되었나요?
>
> 필 립: 네. 형은 언제나 도움이 많이 돼요.
>
> 치료자: 그러니까 형이 와서 기분이 좋아졌군요.
>
> 필 립: 네.

비록 작은 변화가 일어났을 뿐이지만, 치료자는 이제 오늘 아침이 어제 밤과는 다르다는 인식을 건드리려고 시도하고 있다. 치료자는 필립이 아침 식사를 했는지 팻과 이야기했다. 누가 오늘 아침 상담에 올 때 운전했는지 질문했고 필립에게 형이 그를 돌보도록 허락한 것에 대해 칭찬해 주었다. 치료자는 어젯밤과 다른 것이라고 생각되는 모든 것을 강화하기 위하여 최대한 귀를 기울였다. 이런 탐색을 할 때 내담자가 긍정적인 어떤 것을 말한다고 해서 내담자가 더 이상 우울하지 않다고 생각하지는 않는다. 오히려 이것 아니면 저것이라는 식의 극단적인 사고에서 벗어나는 첫걸음이며, 복잡하고 시간이 걸릴 수도 있겠지만 해결책 형성의 시작이라고 생각한다.

치료자: 그러니까 필립, 어제 밤에 비해 지금은 스트레스 수준이 어느 정도라고 말씀하시겠어요? (치료자가 낙심이나 자살 대신에 '스트레스 수준'에 대해 말하기 시작하는 것을 눈여겨보라.) 10이 가장 나쁠 때이고 1이 가장 좋을 때라면 1부터 10까지의 척도에서 어느 정도인가요? (만약 필립이 아직도 비슷하다고 하면 치료자는 입원에 대해 의논해야 한다.)

필 립: (잠시 생각한 후) 어제 밤에는 9였는데 지금은 8…… 어쩌면 7인 것 같네요.

치료자: 제 생각에 필립 당신은 실제적으로 힘든 일을 많이 겪었다고 생각해요. 직장에서 오늘이나 내일 0.5점 정도 낮추어 줄 수 있는 일로 어떤 게 있다고 생각하세요?

필 립: 저는 어제 경고받았을 때 노동조합 임원에게 연락했어요. 내일 그 임원과 만날 예정이에요. (좀 더 미래지향적임)

치료자: 여자친구와의 상황은요? 오늘 밤 기적이 일어나서 내일 아침에 일어날 때 덜 절망적으로 느낀다면 무엇을 다르게 하고 계실까요?

필 립: 아마 그녀에게 전화하겠지요.

치료자: 전화해서 뭐라고 말씀하실까요?

필　립: 제가 화가 났다고 말할 거예요. 이건 공평하지 않다고. 그
　　　녀는 자기가 뭐가 힘든지를 말하질 않아요. 그래서 저한테
　　　는 기회가 전혀 없었어요. 저는 이에 대해 말하고 싶어요.
치료자: 좋은 생각으로 들리네요. 그러나 한 번에 한 걸음씩만 걸
　　　어 봅시다. 오늘 이 방을 나갈 때 오늘은 어떨까요? 스트레
　　　스 수준을 낮게 유지하려면 무엇이 필요하실까요?

　치료자와 내담자는 계속해서 그날과 다음 날 어떻게 하면 스트레스 수
준을 낮게 유지할 것인지에 대해서 이야기하였다. 다음 날 있을 노동조합
임원과의 회의 때 어떻게 반응할 것인지 가능한 한 구체적으로 논의했다.
여자친구에 관해서 이야기를 나누기 위해 다음 번 상담을 약속하였다. 그
리고 팻을 포함한 가족들과 그날 저녁 식사를 하기로 하였다.

　이러한 긍정적 방향으로의 움직임이 있다고 해서, 내담자를 상담실로
오게 만든 자살 위협을 치료자가 무시해도 되는 것은 아니다. 그래서 치료
자는 이 시점에서 필립에게 자살하고픈 기분을 점수로 매겨 달라고 했으
며, 필립은 약 6점이라고 대답했다. 팻과 다른 형제들이 포함된 안전 계획
이 만들어졌다. 치료자는 필립에게 응급전화번호에 전화하지 않은 채로
자살 생각을 행동으로 옮기는 일은 하지 않겠다고 계약서에 서명하도록
요청하였고 필립은 이에 서명하였다.

　Derks는 내담자를 아는 가능한 한 많은 수의 사람이 첫 회기에 참석하
는 것이 중요하다고 믿는다. 이것은 지지 목적에서뿐만 아니라 내담자나
내담자의 상황에 대한 다양한 관점이 더 많은 정보를 제공해 주어서 즉각
적인 변화를 유발할 수도 있기 때문이다. 촘촘한 시간표라는 생각은 작은
변화를 좀 더 눈에 띄게 하고 좀 더 힘을 발휘하게 만들기 위해 초점을 제
한하고자 하는 것이다. 처음에 파노라마 식의 자원 탐색을 하는 것은 너무
압도적이어서 위험할 수도 있다.

결 론

위기는 치료자가 내담자와 함께 명료하게 정의를 내려야 하는 문제다. '내담자는 스스로를 도울 강점과 자원을 가지고 있다'와 '작은 변화가 더 큰 변화를 이끌 수 있다'는 가정을 너무 성급하게 버려서는 안 된다. 반면에 안전은 첫 번째 고려 사항이어야 한다. 이 책에서 논의된 해결중심치료에 대한 모든 논의는 물론 위기 상황에서도 그대로 적용된다. 주의 깊은 경청과 내담자의 세계관에 대한 이해, 이것 아니면 저것보다는 두 가지 모두의 세계를 만드는 것, 상황이 허락하는 한 천천히 가는 것 등등. 해결중심치료에서는 내담자가 완전히 정서적·신체적으로 통제 불능 상태가 아니라면 치료자의 모자를 착용하고 시작하는 것이 좋은 것 같다. 치료자가 통제력을 발휘하기 전에 정서적으로 안전한 분위기를 만드는 것이 궁극적으로 내담자가 스스로 통제력을 가지기 더 쉽도록 만들 것이다. 만약 위기 상황 후 내담자가 다시 상담에 오게 된다면 치료자-내담자 관계에도 도움이 될 것이다.

마지막 생각

모든 사람은 훨씬 더 단순히 인간일 뿐이다.

—Harry Stack Sullivan(1953c, p. 32)

내가 내담자를 상담할 때 무엇을 하는지에 대해 생각해 본 것을 총정리한 이 책은 다른 사람과 상호작용하면서 그 결과가 축적되고 통합되어 만들어진 것이다. 이 책을 쓴 목적은 임상가들이 제멋대로 기법을 사용하지 않도록, 그래서 길 잃을 염려를 하지 않으면서 상담할 수 있도록 안내하기 위한 것이다. 이러한 노력이 만들어 내는 최고의 결과는 독자가 이 책을 읽음으로써 자신이 상담할 때 하는 것들을 왜 하는지에 대해 좀 더 생각해 보도록 자극받는 것이다. 우리가 하는 선택이 무엇인지 마주하고 설명하는 것이 숙련을 향한 첫걸음일 것이다. 심지어 잘못된 선택에서도 결국에는 배울 것이 많기 때문이다.

해결중심치료를 교육하면서 나는 모든 사람은 독특하다는 것을 끊임없이 확인하게 된다. 어떤 사람들은 좀 더 예민하고 어떤 사람들은 좀 더 공감을 잘 한다면 그게 자연스러운 일이다. 모든 사람이 다 거장 치료자의 자질을 가지고 있지는 않을 것이다. 그러나 우리는 모두 인간이다. 우리는 말하지 않아도 기본적 수준에서 서로에게서 무엇이 필요한지를 안다. 이것이 내가 치료에서 기술적 측면과 함께 정서적 측면을 강조하는 이유다. 나는 이러한 조합이 치료 기술을 훨씬 더 빨리 꽃피우게 한다는 것을 알았다.

신경과학 분야의 발전으로 인간 행동에 대한 우리의 이해 속도는 빨라지고 있으며, 이는 심리치료자인 우리에게도 장차 새로운 지식과 기술을 제공할 것이다. 열린 마음으로 새로운 지식을 환영하되, 일할 때 겸손함의 중요성만큼은 절대로 잊지 않도록 하자.

참고문헌

Adams, J. F., Piercy, F. P., & Jirhc, J. A. (1991). Effects of solution-focused therapy's "Formula First Session Tasks" on compliance and outcome in family therapy. *Journal of Marital and Family Therapy, 17*(3), 277-291.

Ahlers, C. (1992). Solution-oriented therapy for professionals working with physically impaired clients. *Journal of Systemic Therapies, 11*(3), 53-68.

Alizur, Y. (1996). Involvement, collaboration, and empowerment: A model for consultation with human-service agencies and the development of family oriented care. *Family Process, 35*(2), 191-211.

Andersen, T. (1991). *The reflecting team.* New York: Norton.

Andersen, T. (1995). Reflecting processes; acts of informing and forming: You can borrow my eyes, but you must not take them away from me! In S. Freidman (Ed.), *The reflecting team in action* (pp. 11-37). New York: Guilford Press.

Andersen, T. (1997). Researching client-therapist relationships: A collaborative study for informing therapy. *Journal of Systemic Therapies, 16*(2), 125-134.

Andersen, H. (1997). *Conversation, language, and possibilities: A postmodern approach to therapy.* New York: Basic Books.

Andersen, H., & Goolishian, H. (1986). Systems consultation with agencies dealing with domestic violence. In L. C. Wynn, S. H., McDaniel, & T. T. Weber (Eds.), *Systems consultation: A new perspective for family therapy* (pp. 284-299). New York: Guilford Press.

Bachelor, A., & Horvath, A. (1999). The therapeutic relationship. In M. A. Hubble, B. L. Duncan, & S. D. Miller (Eds.), *The heart and soul of change* (pp. 133-179). Washington, DC: American Psychological Association.

Bachrach, L. L. (1989). Case management: Toward a shared definition. *Hospital and Community Psychiatry, 40*, 883-884.

Barker, P., & Herlache, M. (1997). Expanding the view of treatment with an MPD client and her family. *Journal of Systemic Therapies, 16*(1), 47-59.

Bateson, G. (1979). *Mind and nature: A necessary unity.* New York: Dutton.

Bateson, G., Jackson, D. D., Haley, J., & Weakland, J. H. (1956). Toward a theory of schizophrenia. *Behavioral Science, 1*, 251-264.

Berg, I. K. (1994). *Family-based services: A solution-focused approach.* New York: Norton.

Berg, I. K., & Kelly, S. (2000). *Building solutions in child protective services.* New York: Norton.

Berg, I. K., & Miller, S. D. (1992). *Working with the problem drinker: A solution-focused approach.* New York: Norton.

Bergin, A. E., & Lambert, M. J. (1978). The evaluation of therapeutic outcomes. In S. L. Garfield & A. E. Bergin (Eds.), *Handbook of psychotherapy and behavior change: An empirical analysis* (2nd ed., pp. 139-189). New York: Wiley.

Beyebach, M., Morejon, A. R., Palenzuela, D. L., & Rodriguez-Arias, J. L. (1996). Research on the process of solution-focused therapy. In S. D. Miller, M. A. Hubble, & B. L. Duncan (Eds.), *Handbook of solution-focused brief therapy* (pp. 299-335). San Francisco, CA: Jossey-Bass.

Beyebach, M., Rodriguez-Sanchez, M. S., Arribas de Miguel, J., Herrero de Vega, M., Hernanadez, C., & Rodriguez-Morejon, A. (2000). Outcome of solution-focused therapy at the University Family Therapy Center. *Journal of Systemic Therapies, 19*(1), 116-129.

Bonjean, M. (1989). Solution-focused psychotherapy with families caring for an Alzheimer patient. In G. Hughston, V. Christopherson, & M. Bonjean (Eds.), *Aging and family therapy: Practitioners perspectives on Golden Pond* (pp. 1-11). New York: Haworth Press.

Bonjean, M. J. (1996). Solution focused brief therapy with older adults and their families. In T. Hargrave & S. Hanna (Eds.), *Between generations* (pp. 1-11). New York: Brunner/Mazel.

Booker, J., & Blymyer, D. (1994). Solution-oriented brief residential treatment with chronic mental patients. *Journal of Systemic Therapies, 13*(4), 53-69.

Bower, G. H. (1981). Mood and memory. *American Psychologist, 36,* 129-148.

Bradshaw, J. (1988). *Healing the shame that binds you.* Deerfield Beach, FL: Health Communications.

Brasher, B., Campbell, T. C., & Moen, D. (1993). Solution oriented recovery. *Journal of Systemic Therapies, 12,* 1-14.

Breunlin, D., & Cade, B. (1981). Intervening in family systems with observer messages. *Journal of Marital and Family Therapy, 7,* 7-46.

Brown-Standridge, M. D. (1989). A paradigm for construction of family therapy tasks. *Family Process, 28*(4), 471-489.

Cade, B., & O'Hanlon, W. H. (1993). *A brief guide to brief therapy.* New York: Norton.

Cantwell, P., & Holmes, S. (1995). Cumulative process: A collaborative approach to systemic supervision. *Journal of Systemic Therapies, 14*(2), 35-47.

Caplan, G. (1964). *Principles of preventive psychiatry.* New York: Basic Books.

Cecchin, G. (1987). Hypothesizing, circularity, and neutrality revisited: An initiation to curiosity. *Family Process, 26*(4), 405-415.

Cecchin, G., Lane, G., & Ray, W. (1992). *Irreverence–A strategy for therapists' survival.* London, UK: Karnac Books.

Cecchin, G., Lane, G., & Ray, W. (1994). *The cybernetics of prejudices in the practice of psychotherapy.* London, UK: Karnac Books.

Chapman, A. H. (1976). *Harry Stack Sullivan: The man and his work.* New York: Putnam's.

Cushman, P. (1995). *Constructing the self, constructing America.* Reading, MA: Addison-Wesley.

Dahl, R., Bathel, D., & Carreon, C. (2000). The use of solution-focused therapy with an elderly population. *Journal of Systemic Therapies, 19*(4), 45-56.

Damasio, A. (1994). *Descartes' error: Emotion, reason, and the human brain.* New York: Putnam's.

Damasio, A. (1999). *The feeling of what happens: Body and emotion in the making of consciousness.* New York: Harcourt Brace.

DeJong, P., & Hopwood, L. E. (1996). Outcome research on treatment conducted at the Brief Family Therapy Center, 1992-1993. In S. D. Miller, M. A. Hubble, & B. L. Duncan (Eds.), *Handbook of solution-focused brief therapy* (pp. 272-299). San Francisco, CA: Jossey-Bass.

Dell, P. (1982). Family theory and the epistemology of Humberto Maturana. *Family Therapy Networker, 6*(4), 26, 39, 40, 41.

Dell, P. (1985). Understanding Bateson and Maturana: Toward a biological foundation for the social sciences. *Journal of Marital and Family Therapy, 11,* 1-20.

de Shazer, S. (1982). *Patterns of brief family therapy: An ecosystemic approach.* New York: Guilford Press.

de Shazer, S. (1984). The death of resistance. *Family Process, 23,* 79-93.

de Shazer, S. (1985). *Keys to solution in brief therapy.* New York: Norton.

de Shazer, S. (1988). *Clues: Investigating solutions in brief therapy.* New York: Norton.

de Shazer, S. (1991a). *Putting difference to work.* New York: Norton.

de Shazer, S. (1991b). Muddles, bewilderment, and practice theory. *Family Process, 30*(4), 453-459.

de Shazer, S. (1994). *Words were originally magic.* New York: Norton.

de Shazer, S., & Molnar, A. (1984). Four useful interventions in brief family therapy. *Journal of Marital and Family Therapy, 10*(3), 297-304.

Dolan, Y. M. (1991). *Resolving sexual abuse: Solution-focused therapy and Ericksonian hypnosis for adult survivors.* New York: Norton.

Donovan, J. M. (1999). Short-term couple therapy and the principles of brief treatment. In J. M. Donovan (Ed.), *Short-term couple therapy* (pp. 1-12). New York: Guilford Press.

Durrant, M. (1995). *Creative strategies for school problems: Solutions for psychologists and teachers.* New York: Norton.

Efran, J. S., & Lukens, M. D. (1985). The world according to Humberto Maturana. *Family Therapy Networker, 9*(3), 22-29.

Efran, J. S., Lukens, M. D., & Lukens, R. J. (1990). *Language, structure and change: Frameworks for meaning in psychotherapy.* New York: Norton.

Efron, D., & Veenendaal, K. (1993, Spring). Suppose a miracle doesn't happen: The non-miracle option. *Journal of Systemic Therapies,* 11-19.

Ekman, P. (1992). Facial expressions of emotion: new findings, new questions. *Psychological Science, 3,* 34-38.

Elmer-Dewitt, P. (1989, September 25). Time for some fuzzy thinking. *Time,* 79.

Erickson, M. (1977). Hypnotic approaches to therapy. *American Journal of Clinical Hypnosis, 20,* 20-35.

Erickson, M. H., & Rossi, E. (1979). *Hypnotherapy: An exploratory casebook.* New York: Irvington.

Erickson, M. H., Rossi, E., & Rossi, E. (1976). *Hypnotic realities.* New York: Irvington.

Everstine, D. S., & Everstine, L. (1983). *People in crisis: Strategic therapeutic interventions.* New York: Brunner/Mazel.

Fisch, R., Weakland, J. H., & Segal, L. (1982). *Tactics of change: Doing therapy briefly.* San Francisco, CA: Jossey-Bass.

Fish, J. M. (1997). Paradox for complainants? Strategic thoughts about solution-focused therapy. *Journal of Systemic Therapies, 16*(3), 266-274.

Fisher, L., Anderson, A., & Jones, J. E. (1981). Types of paradoxical intervention and indications: Contraindications for use in clinical practice. *Family Process, 20*(1), 25-37.

Fontes, L. A. (1991). Constructing crises and crisis intervention theory. *Journal of Strategic and Systemic Therapies, 10*(2), 59-69.

Frankel, A. J., & Gelman, S. R. (1998). *Case management: An introduction to concepts and skills.* Chicago, IL: Lyceum Books.

Frankl, V. E. (1957). *The doctor and the soul: An introduction to logotherapy.* New York: Knopf.

Frankl, V. E. (1960). Paradoxical intention. *American Journal of Psychotherapy, 14,* 520-535.

Fraser, J. S. (1995). Process, problems, and solutions in brief therapy. *Journal of Marital and Family Therapy, 21*(3), 265-281.

Freedman, J., & Combs, G. (1996). *Narrative therapy.* New York: Norton.

Friedlander, M. L., Ellis, M. V., Raymond, L., Siegel, S. M., & Milford, D. (1987). Convergence and divergence in the process of interviewing families. *Psychotherapy, 24,* 570-583.

Friedman, S. (1993, Spring). Does the "miracle question" always create a miracle? *Journal of Systemic Therapies, 75.*

Friedman, S., & Lipchik, E. (1997). A time-effective, solution-focused approach to couple therapy. In J. M. Donovan (Ed.), *Short-term couple therapy* (pp. 325-360). New York: Guilford Press.

Gergen, K. (1982). *Toward transformation in social knowledge.* New York: Springer-Verlag.

Gergen, K. (1991). *The saturated self.* New York: Basic Books.

Gergen, K. (1994). *Realities and relationships: Soundings in social construction.* Cambridge, MA: Harvard University Press.

Gilligan, S. (1997). *The courage to love: Principles and practices of self-relations psychotherapy.* New York/London: Norton.

Gingerich, W. J., de Shazer, S., & Weiner-Davis, M. (1988). Constructing change: A research view of interviewing. In E. Lipchik (Ed.), *Interviewing* (pp. 21-33). Rockville, MD: Aspen.

Gingerich, W. J., & Eisengart, S. (2000). Solution focused brief therapy: A review of the outcome research. *Family Process, 39*(4), 477-498.

Golan, N. (1978). *Treatment in crisis situations.* New York: Free Press.

Goodman, H. (1986). *BRIEFER: An expert system for brief family therapy.* Unpublished master's thesis, University of Wisconsin-Milwaukee.

Goodman, H., Gingerich, W. J., & de Shazer, S. (1989). BRIEFER: An expert system for clinical practice. *Computers in Human Services, 5,* 53-67.

Gottman, J. M., & Levenson, R. W. (1986). Assessing the role of emotion in marriage. *Behavioral Assessment, 8,* 31-48.

Griffith, J. L., & Griffith, M. E. (1994). *The body speaks: Therapeutic dialogues for mind-body problems.* New York: Basic Books.

Haley, J. (1973). *Uncommon therapy: The psychiatric techniques of Milton H. Erickson, M. D.* New York: Grune & Stratton.

Haley, J. (1976). *Problem-solving therapy: New strategies for effective family therapy.* San Francisco, CA: Jossey-Bass.

Harlow, H. F., & Harlow, M. K. (1962). Social deprivation in monkeys. *Scientific American, 207,* 136-146.

Held, B. S. (1996). Solution-focused therapy and the postmodern: A critical analysis. In S. D. Miller, M. A. Hubble, & B. L. Duncan (Eds.), *Handbook of solution-focused brief therapy* (pp. 27-44). San Francisco, CA: Jossey-Bass.

Held, B. S. (2000). To be or not be theoretical: This is the question. *Journal of Systemic Therapies, 19*(1), 35-50.

Hoffman, L. (1981). *Foundations of family therapy: A conceptual framework for systems change.* New York: Basic Books.

Hoffman, L. (1985). Beyond power and control: Toward a "second order" family systems therapy. *Family Systems Medicine, 3,* 381-396.

Hoffman, L. (1990). Constructing realities: An art of lenses. *Family Process, 29*(1), 1-13.

Hoffman, L. (1998). Setting aside the model in family therapy. In M. F. Hoyt

(Ed.), *The handbook of constructive therapies: Innovative approaches from leading practitioners* (pp. 100-116). San Francisco, CA: Jossey-Bass.

Horvath, A. O., & Symonds, B. D. (1991). Relation between working alliance and outcome in psychotherapy: A meta-analysis. *Journal of Counseling Psychology, 38,* 139-149.

Hoyt, M., & Friedman, S. (1998). Dilemmas of postmodern practice under managed care and some pragmatics for increasing the likelihood of treatment authorization. *Journal of Systemic Therapies, 17*(5), 12-23.

Hoyt, M. F., & Berg, I. K. (1998). Solution-focused couple therapy: Helping clients construct self-fulfilling realities. In M. F. Hoyt (Ed.), *The handbook of constructive therapies: Innovative approaches from leading practitioners* (pp. 314-341). San Francisco, CA: Jossey-Bass.

Hubble, M. A., Duncan, B. L., & Miller, S. D. (1999). Directing attention to what works. In M. A. Hubble, B. L. Duncan, & S. D. Miller (Eds.), *The heart and soul of change: What works in therapy* (pp. 407-447). Washington, DC: American Psychological Association.

Jackson, D. (1959). Family interaction, family homeostasis, and some implications for conjoint family psychotherapy. In J. Masserman (Ed.), *Individual and familial dynamics* (pp. 122-141). New York: Grune & Stratton.

Jackson, D. (1963). The sick, the sad, the savage, and the sane. Unpublished manuscript presented at the annual lecture to the Society of Medical Psychoanalysis and Department of Psychiatry, New York Medical College.

Johnson, M. (1987). *The body in the mind.* Chicago, CA: University of Chicago Press.

Johnson, S. M., & Greenberg, L. S. (1994). Emotion in intimate interactions: A synthesis. In J. S. Johnson & L. S. Greenberg (Eds.), *The heart of the matter: Perspectives on emotion in marital therapy* (pp. 297-323). New York: Brunner/ Mazel.

Kanter, J. (1989). Clinical case management: Definitions, principles, components.

Hospital and Community Psychiatry, 40, 361-368.

Keeney, B. P. (1979). Ecosystemic epistemology: An alternative paradigm for diagnosis. *Family Process, 18,* 117-129.

King, E. (1998). Roles of affect and emotional context in solution-focused therapy. *Journal of Systemic Therapies, 17*(2), 51-65.

Kiser, D. (1988). A follow-up study conducted at the Brief Family Therapy Center. Unpublished manuscript.

Kiser, D., & Nunnally, E. (1990). The relationship between treatment length and goal achievement in solution-focused therapy. Unpublished manuscript.

Kiser, D. J., Piercy, F. P., & Lipchik, E. (1993). The integration of emotions in solution-focused therapy. *Journal of Marital and Family Therapy, 19*(3), 233-242.

Kleckner, T., Frank, L., Bland, C., Amendt, J., & Bryant, R. du Ree. (1992). The myth of the unfeeling strategic therapist. *Journal of Marital and Family Therapy, 18*(1), 41-51.

Kowalski, K. (1987). Overcoming the impact of sexual abuse: A mother's story. *Family Therapy Case Studies, 2*(2), 13-18.

Kowalski, K., & Kral, R. (1989). The geometry of solution: Using the scaling technique. *Family Therapy Case Studies, 4*(1), 59-66.

Kral, R. (1992). Solution-focused brief therapy: Applications in the schools. In M. J. Fine & C. Carlson (Eds.), *The handbook of family-school intervention: Systems perspective* (pp. 330-346). Boston, MA: Allyn & Bacon.

Kreider, J. W. (1998). Solution-focused ideas for briefer therapy for longer-term clients. In M. F. Hoyt (Ed.), *The handbook of constructive therapies: Innovative approaches from leading practitioners* (pp. 341-358). San Francisco, CA: Jossey-Bass.

Lambert, M. J. (1992). Implications of outcome research for psychotherapy integration. In J. C. Norcross & M. R. Goldstein (Eds.), *Handbook of psychotherapy integration* (pp. 94-129). New York: Basic Books.

Lazarus, R. S. (1982). Thoughts on the relations between emotion and cognition. *American Psychologist, 37,* 1010-1019.

LeDoux, J. (1996). *The emotional brain: The mysterious underpinnings of emotional life.* New York: Touchstone.

Lipchik, E. (1988a). Purposeful sequences for beginning the solution-focused interview. In E. Lipchik (Ed.), *Interviewing* (pp. 105-117). Rockville, MD: Aspen.

Lipchik, E. (1988b). Interviewing with a constructive ear. *Dulwich Center Newsletter, 3-7.*

Lipchik, E. (1991). Spouse abuse: Challenging the party line. *Family Therapy Networker, 15,* 59-63.

Lipchik, E. (1993). "Both/and" solutions. In S. Friedman (Ed.), *The new language of change: Constructive collaboration in psychotherapy* (pp. 25-49). New York: Guilford Press.

Lipchik, E. (1994). The rush to be brief. *Family Therapy Networker, 18,* 34-40.

Lipchik, E. (1997). My story about solution-focused brief therapist/client relationships. *Journal of Systemic Therapies, 16*(2), 159-172.

Lipchik, E. (1999). Theoretical and practical thoughts about expanding the solution-focused approach to include emotions. In W. A. Ray & S. de Shazer (Eds.), *Evolving brief therapies: In honor of John H. Weakland* (pp. 157-158). Galena, IL: Geist & Russell.

Lipchik, E., & de Shazer, S. (1986). The purposeful interview. *Journal of Strategic and Systemic Therapies, 5*(1&2), 88-99.

Lipchik, E., & Kubicki, A. D. (1996). Solution-focused domestic violence views: Bridges toward a new reality in couples therapy. In S. D. Miller, M. A. Hubble, & B. L. Duncan (Eds.), *Handbook of solution-focused brief therapy* (pp. 65-98). San Francisco, CA: Jossey-Bass.

Lipchik, E., Sirles, E. A., & Kubicki, A. D. (1997). Multifaceted approaches in spouse abuse treatment. In R. Geffner, S. B. Sorenson, & P. K. Lundberg-Love

(Eds.), *Violence and sexual abuse at home: Current issues in spousal battering and child maltreatment* (pp. 131-149). New York/London: Haworth Press.

Lipchik, E., & Vega, D. (1984). A case study from two perspectives. *Journal of Strategic and Systemic Therapies, 4,* 27-41.

Ludewig, K. (1992). *Systemische Therapie.* Stuttgart, Germany: Klett-Cotta.

Mandler, G. (1984). *Mind and body: Psychology of emotion and stress.* New York: Norotn.

Maturana, H. R. (1988). Reality: The search for objectivity or the question for a compelling argument. *Irish Journal of Psychology, 9,* 25-82.

Maturana, H. R., & Varela, F. J. (Eds.). (1980). *Autopoiesis and cognition: The realization of the living.* Boston, MA: Reidel.

Maturana, H. R., & Varela, F. J. (1987). *The tree of knowledge: The biological roots of human understanding* (Rev. ed.). Boston, MA: Shambhala.

McKeel, A. J. (1996). A clinician's guide to research on solution-focused brief therapy. In S. D. Miller, M. A. Hubble, & B. L. Duncan (Eds.), *Handbook of solution-focused brief therapy* (pp. 251-272). San Francisco, CA: Jossey-Bass.

Metcalf, L. (1995). *Counseling toward solutions: A practical solution-focused program for working with students, teachers and parents.* Englewood Cliffs, NJ: Simon & Schuster.

Metcalf, L., Thomas, F. N., Duncan, B. L., Miller, S. D., & Hubble, M. A. (1996). What works in solution-focused brief therapy: A qualitative analysis of client and therapist perceptions. In S. D. Miller, M. A. Hubble, & B. L. Duncan (Eds.), *Handbook of solution-focused brief therapy* (pp. 335-351). San Francisco, CA: Jossey-Bass.

Meyerson, A. T., & Glick, R. A. (1976). Introduction. In R. A. Glick, A. T. Meyerson, E. Robbins, & J. A. Talbott (Eds.), *Psychiatric emergencies* (pp. 3-7). New York: Grune & Stratton.

Miller, G., & de Shazer, S. (1998). Have you heard the latest rumor about⋯? Solution-focused therapy as a rumor. *Family Process, 37*(3), 383-379.

Miller, S. D. (1994). The solution conspiracy: A mystery in three installments. *Journal of Systemic Therapies, 13*(1), 18-38.

Minuchin, S. (1974). *Families and family therapy.* Cambridge, MA: Harvard University Press.

Molnar, A., & de Shazer, S. (1987). Solution focused therapy: Toward the identification of therapeutic tasks. *Journal of Marital and Family Therapy, 13*(4), 349-358.

Molnar, A., & Lindquist, B. (1989). *Changing problem behavior in schools.* San Francisco, CA: Jossey-Bass.

Moxley, D. P. (1989). *The practice of case management.* Newbury Park, CA: Sage.

Murphy, J. J. (1996). Solution-focused brief therapy in the school. In S. D. Miller, M. A. Hubble, & B. L. Duncan (Eds.), *Handbook of solution-focused brief therapy* (pp. 185-204). San Francisco, CA: Jossey-Bass.

Nau, D. S., & Shilts, L. (2000). When to use the miracle question: Clues from a qualitative study of four SFBT practitioners. *Journal of Systemic Therapies, 19*(1), 129-135.

Nichols, M. P., & Schwartz, R. C. (1995). *Family therapy* (3rd ed.). Boston, MA: Allyn & Bacon.

Norum, D. (2000). The family has the solution. *Journal of Systemic Therapies, 19*(1), 3-16.

Nunnally, E., de Shazer, S., Lipchik, E., & Berg, I. (1986). A study of change: Therapeutic theory in process. In D. E. Efron (Ed.), *Journeys: Expansion of the strategic-systemic therapies* (pp. 77-97). New York: Brunner/Mazel.

Nylund, D., & Corsiglia, V. (1994). Becoming solution-forced in brief therapy: Remembering something important we already knew. *Journal of Systemic Therapies, 13*(1), 5-12.

O'Hanlon, W. H., & Weiner-Davis, M. (1989). *In search of solutions.* New York: Norton.

Onnis, L. (1990). A systemic approach to the concept of crisis. *Journal of Strategic and Systemic Therapies, 9*(2), 43-54.

Orlinsky, D., Grawe, K., & Parks, B. (1994). Process and outcome in psycho-therapy. In A. E. Bergin & S. E. Garfield (Eds.), *Handbook of psychotherapy and behavior change* (4th ed., pp. 270-375). New York: Wiley.

Panksepp, J. (1998). *Affective neuroscience: The foundation of human and animal emotion.* New York: Oxford University Press.

Papp, P. (1980). The Greek chorus and other techniques of paradoxical therapy. *Family Process, 19,* 45-57.

Parry, A. (1984). Maturanation in Milan. *Journal of Systemic and Strategic Therapies, 3*(1), 35-43.

Patterson, C. H. (1984). Empathy, warmth, and genuineness in psychotherapy: A reivew of reviews. *Psychotherapy, 21,* 431-438.

Penn, P. (1982). Circular questioning. *Family Process, 21*(3), 267-280.

Penn, P. (1985). Feed-forward: Future questions, future maps. *Family Process, 24*(3), 299-311.

Pinsof, W. M. (1995). *Integrative problem centered therapy.* New York: Basic Books.

Raiff, N. R., & Shore, B. K. (1993). *Advanced case management: New strategies for the nineties.* Newbury Park, CA: Sage.

Rapaport, L. (1962). The state of crisis: Some theoretical considerations. *Social Service Review, 36,* 112-117.

Ray, W. (2000). Don D. Jackson–A re-introduction. *Journal of Systemic Therapies, 19*(2), 1-7.

Rober, P. (1999). The therapist's inner conversation in family therapy practice: Some ideas about the self of the therapist, therapeutic impasse, and the process of reflection. *Family Process, 38*(2), 209-229.

Rohrbaugh, M., Tennen, H., Press, S., & White, L. (1981). Compliance, defiance, and therapeutic paradox: Guidelines for strategic use of paradoxical inter-ventions. *American Journal of Orthopsychiatry, 51*(3), 454-467.

Rosenberg, B. (2000). Mandated clients and solution-focused therapy: "It's not my miracle." *Journal of Systemic Therapies, 19*(1), 90-100.

Sachs, V. K. (1968). Crisis intervention. *Public Welfare, 26,* 112-117.

Schmidt, G., & Trenkle, B. (1985). An integration of Ericksonian techniques with concepts of family therapy. In J. K. Zeig (Ed.), *Ericksonian psychotherapy: Vol. II. Clinical applications* (pp. 132-155). New York: Brunner/Mazel.

Selekman, M. D. (1997). *Solution-focused therapy with children: Harnessing family strengths for systemic change.* New York: Guilford Press.

Selvini Palazzoli, M., Cecchin, G., Prata, G., & Boscolo, L. (1978). *Paradox and counterparadox: A new model in the therapy of the family in schizophrenic transaction.* New York: Jason Aronson.

Shaffer, J., & Lindstrom, C. (1989). *How to raise an adopted child.* New York: Crown.

Shields, C. G., Sprenkle, D. H., & Constantine, J. A. (1991). Anatomy of an initial interview: The importance of joining and structuring skills. *American Journal of Family Therapy, 19,* 3-18.

Simon, D. (1996). Crafting consciousness through form: Solution-focused therapy as a spiritual path. In S. D. Miller, M. A. Hubble, & B. L. Duncan (Eds.), *Handbook of solution-focused brief therapy* (pp. 44-65). San Francisco, CA: Jossey-Bass.

Simon, R. (1985). Structure is destiny: An interview with Humberto Maturana. *Family Therapy Networker, 9*(3), 32-46.

Smith, L. L. (1978). A review of crisis intervention theory. *Social Casework, 2,* 396-405.

Spitz, R. A. (1951). Hospitalism: An inquiry into the genesis of psychiatric conditions in early childhood. In *The psychoanalytic study of the child* (Vol. 6, pp. 255-278). New York: International Universities Press.

Sprenkle, D. H., Blow, A. J., & Dickey, M. H. (1999). Common factors and other nontechnique variables in marriage and family therapy. In M. A. Hubble, B. L.

Duncan, & S. D. Miller (Eds.), *The heart and soul of change: What works in therapy* (pp. 329-361). Washington, DC: American Psychological Association.

Stanton, M., Duncan, B., & Todd, T. C. (1981). Engaging resistant families in treatment. *Family Process, 20*(3), 261.

Sullivan, H. S. (1953a). *The collected works of Harry Stack Sullivan: Vol. 1. Book 2. Conceptions of modern psychiatry.* New York: Norton.

Sullivan, H. S. (1953b). *The collected works of Harry Stack Sullivan: Vol. 1. Book 1. The interpersonal theory of psychiatry.* New York: Norton.

Sullivan, H. S. (1953c). *The interpersonal theory of psychiatry.* New York: Norton.

Sullivan, H. S. (1953d). *The psychiatric interview.* New York: Norton.

Sullivan, H. S. (1956). *Clinical studies in psychiatry.* New York: Norton.

Todd, T. C. (1981). Paradoxical prescriptions: Applications of consistent paradox using a strategic team. *Journal of Strategic and Systemic Therapies, 1*(1), 28-44.

Tohn, S. L., & Oshlag, J. A. (1996). Solution-focused therapy with mandated clients: Co-operating with the uncooperative. In S. D. Miller, M. A. Hubble, & B. L. Duncan (Eds.), *Handbook of solution-focused brief therapy* (pp. 152-184). San Francisco, CA: Jossey-Bass.

Tomm, K. (1984). One perspective on the Milan systemic approach: Part 1. Overview of development, theory and practice. *Journal of Marital and Family Therapy, 10*(2), 113-127.

Tomm, K. (1987a). Interventive interviewing: Part I. Strategizing as a fourth guideline for the therapist. *Family Process, 26,* 3-13.

Tomm, K. (1987b). Interventive interviewing: Part II. Reflexive questioning as a means to enable self-healing. *Family Process, 26,* 167-184.

Tucker, N. L., Stith, S. M., Howell, L. W., McCollum, E. E., & Rosen, K. H. (2000). Meta-dialogues in domestic violence–focused couples treatment. *Journal of Systemic Therapies, 19*(4), 45-56.

Turnell, A., & Edwards, S. (1999). *Signs of safety: A solution and safety oriented approach to child protection casework.* New York: Norton.

Turnell, A., & Lipchik, E. (1999). The role of empathy in brief therapy: The overlooked but vital context. *Australian and New Zealand Journal of Family Therapy, 20*(4), 177-182.

Varela, F. J. (1989). Reflections on the circulation of concepts between a biology of cognition and systemic family therapy. *Family Process, 28*(1), 15-25.

von Foerster, H. (1991). *Observing systems.* Seaside, CA: Intersystems.

Walter, J. L., & Peller, J. E. (1992). *Becoming solution-focused in brief therapy.* New York: Brunner/Mazel.

Walter, J. L., & Peller, J. E. (1994). "On track" in solution-focused brief therapy. In M. F. Hoyt (Ed.), *Constructive therapies* (pp. 111-126). New York: Guilford Press.

Walter, J. L., & Peller, J. E. (1996). Rethinking our assumptions: Assuming anew in a postmodern world. In S. D. Miller, M. A. Hubble, & B. L. Duncan (Eds.), *Handbook of solution-focused brief therapy* (pp. 9-27). San Francisco, CA: Jossey-Bass.

Watzlawick, P. (Ed.). (1984). *The invented reality.* New York: Norton.

Watzlawick, P., & Weakland, J. (1977). *The interactional view.* New York: Norton.

Watzlawick, P., Weakland, J., & Fisch, R. (1974). *Change: Principles of problem formation and problem resolution.* New York: Norton.

Weiner-Davis, M., de Shazer, W., & Gingerich, W. J. (1987). Building on pre-treatment change to construct the therapeutic solution: An exploratory study. *Journal of Marital and Family Therapy, 13,* 359-363.

White, M. (1995). *Re-authoring lives: Interviews and essays.* Adelaide, South Australia: Dulwich Centre.

White, M., & Epston, D. (1990). *Narrative means to therapeutic ends.* New York: Norton.

Wynn, L. C., McDaniel, S. H., & Weber, T. T. (1986). *Systems consultation: A new perspective for family therapy.* New York: Guilford Press.

Zajonc, R. B. (1984). On the primacy of affect. *American Psychologist, 39,* 117-123.

🌿 찾아보기

내용

저자 소개

Eve Lipchik

Eve Lipchik은 1988년 미국 위스콘신 주 밀워키의 ICF Consultants, Incorporated를 공동 설립하였고, 밀워키 소재 단기치료센터(Brief Family Therapy Center)의 핵심 멤버로서 해결중심치료의 개발에 참여하였다. 현재 미국 부부가족치료학회 공인 슈퍼바이저로 활동 중이며, 가족상담을 실천하는 것 외에도 국내외의 교육 및 자문, 강의 등을 활발하게 진행하고 있다. 또한 *Interviewing*의 편집위원이자 *Psychotherapy Networker, Journal of Systemic Therapies, Family Process* 등의 책과 저널에 다수의 논문을 발표하였다.

역자 소개

김유순(Kim Yu-Soon)
미국 Florida State University 사회복지학 석사, 박사
현 성공회대학교 사회복지학과 교수
　　구로구건강가정지원센터 및 구로구다문화가정지원센터 센터장
　　부부가족상담 슈퍼바이저(한국가족치료학회)

이재원(Lee Jae-Won)
현 성공회대학교 사회복지학과 박사과정
전 서초구립 한우리정보문화센터(장애인복지관) 사회복지사

정서지향 해결중심치료

Beyond Technique in Solution-Focused Therapy

2015년 5월 21일 1판 1쇄 발행
2024년 1월 25일 1판 2쇄 발행

지은이 • Eve Lipchik
옮긴이 • 김유순 · 이재원
펴낸이 • 김진환
펴낸곳 • (주) 학지사

        04031 서울특별시 마포구 양화로 15길 20 마인드월드빌딩

대표전화 • 02-330-5114   팩스 • 02-324-2345
등록번호 • 제313-2006-000265호

홈페이지 • http://www.hakjisa.co.kr
인스타그램 • https://www.instagram.com/hakjisabook

ISBN 978-89-997-0686-8 93180

Korean Translation Copyright © 2014 by Hakjisa Publisher, Inc.

정가 18,000원

출판미디어기업 학지사

간호보건의학출판 **학지사메디컬** www.hakjisamd.co.kr
심리검사연구소 **인싸이트** www.inpsyt.co.kr
학술논문서비스 **뉴논문** www.newnonmun.com
교육연수원 **카운피아** www.counpia.com